福祉権保障の現代的展開

生存権論のフロンティアへ

尾形 健［編］
Takeshi Ogata

日本評論社

福祉権保障の現代的展開

生存権論のフロンティアへ

目　次

序章

福祉権保障から、生存権論のフロンティアへ……………尾形　健　1
――本書の目的と内容

はじめに………1
1　本書の前提………2
　(1)　「福祉国家」の意義について　2
　(2)　「福祉権」の意義　3
2　本書の内容………5
　(1)　福祉権保障の理論的諸相　6
　(2)　福祉権保障の具体的展開　8

むすびにかえて………11

第Ⅰ部　福祉権保障の理論的諸相

第1章
生存権論の現況と展開……………………………………遠藤美奈　15

はじめに………15
1　憲法25条をめぐる議論の現況………16
　(1)　司法による実現　16
　(2)　憲法25条の実現主体の再検討　20
2　諸外国における社会的経済的権利研究の潮流………21
　(1)　国際的な議論の段階的理解　21
　(2)　南アフリカの社会権判例とこれらへの反応　22
　(3)　社会権判例の動向――漸進的達成アプローチとミニマムコア・アプローチ　24
3　ミニマム・コアと政府の義務………29
4　生存権実現のための憲法機関の役割――裁判所による救済………31
　(1)　救済方法の幅　31
　(2)　強い審査、弱い審査　32
5　議会による人権保障の構想………36

結びにかえて………38

第2章
生存権と勤労の義務をめぐって　……………………………　辻　健太　43
――運の平等主義論争の生存権論への含意

 1 序 論――勤労の義務とは………43
 2 自律基底的理論とその批判………46
  (1) 自律基底的理論　46
  (2) 自律基底的理論批判　48
  (3) 自律基底的理論からの応答　48
 3 運の平等主義とその批判………50
  (1) 運の平等主義　50
  (2) 運の平等主義批判　52
  (3) 運の平等主義からの応答と憲法学への示唆　54
 4 財産私有型民主制と自己尊重の社会的基盤………57
 5 結びに代えて――再び勤労の義務とは………59

第3章
ケアの倫理から考える福祉権の可能性　……………………　岡野八代　65

 はじめに――今なぜ、「福祉権」を論じるのか？………65
 1 ケアの倫理が示す、新たな人間像………67
  (1) 自由と福祉（＝「善く生きること　well-being」）の二元論　68
  (2) ギリガンの主張　70
  (3) ケアの倫理と四つの人間の条件　73
 2 福祉権運動から、未来を構想する………75
  (1) オルタナティブな「家族」――家父長制と資本主義への抵抗の拠点　76
  (2) 自由か福祉かの二元論を超えて　79
  (3) 関係性アプローチによる、所有権モデル批判　81
 結びにかえて――個人の価値に根ざした福祉権と民主主義へ………85

第4章
福祉権保障と国家　……………………………………………　冨江直子　89
――闇市から福祉国家へ

 1 社会史の視点から………89
  (1) 福祉権と国家　89
  (2) 闇市と福祉国家　90
  (3) 三つの道――餓死事件をめぐって　93

2 闇市の生存権………94
　(1) 「自助」の決意　94
　(2) 反転した秩序　95
　(3) 〈国家からの自由〉としての生存権　96
3 福祉社会としての闇市………98
　(1) 「闇」の公共性　98
　(2) 闇市の秩序　100
4 「闇」との闘い………103
　(1) もう一つの現実　103
　(2) 戦後民主主義と生存権　104
　(3) 主婦たちの生活防衛　105
5 生活犯罪から生活保障へ………107
　(1) 「闇」取締りの論理　107
　(2) 「青空の下から屋根の下へ」　111
6 「闇」の終わり………113
おわりに………116

第Ⅱ部　福祉権保障の具体的展開

第5章
就学援助制度・義務教育無償・福祉権 …………… 藤澤宏樹　121

1 就学援助制度と義務教育無償………121
2 教育費支援制度の概観………122
　(1) 二系列の支援制度成立の経緯　122
　(2) 厚労省による支援制度　124
　(3) 文科省による支援制度　125
　(4) 子どもの貧困対策法　128
　(5) 各制度の特徴　128
3 義務教育無償に関する判例と学説………129
　(1) 教育を受ける権利と義務教育──旭川学力テスト事件最高裁判決　129
　(2) 義務教育無償──教科書費国庫負担請求事件　130
　(3) 義務教育無償の範囲をめぐる学説　131
4 就学援助制度成立過程………132
5 就学援助制度から見た義務教育無償──就学援助請求権構想………134
　(1) 就学援助請求権構想　135
　(2) 義務教育無償の生成・発展可能性　136
　(3) 就学援助制度から見た義務教育無償の実現　138

  6 就学援助制度・義務教育無償・福祉権………139

第6章
インクルーシブ教育における特別支援教育と普通教育の関係─────今川奈緒　143

 はじめに………143
 1 日本のインクルーシブ教育の現状………144
  (1) 日本の障害児教育法制　144
  (2) インクルーシブ教育の現状　145
 2 特別教育と普通教育の接近………146
  (1) アメリカの障害児教育法制の概要　147
  (2) 特別教育と普通教育の接近　150
  (3) 小　括　157
 むすびにかえて………158

第7章
自然災害における生活保障─────山崎栄一　161

 1 総　論………161
  (1) 被災者支援法制の歴史　161
  (2) 自然災害における特徴　162
  (3) 被災に基づく支給　163
  (4) 福祉権の時間的整理　163
  (5) 福祉権の担い手──国家的支援の限界　164
 2 福祉権に関する基本理念、立法・運用指針………165
  (1) 憲　法　165
  (2) 災害対策基本法　166
  (3) 障害者に関する条約・法令　166
  (4) 性別への配慮──男女共同参画　168
  (5) 国際的な基準　169
 3 支援の内容──給付・サービス………170
  (1) 災害直後の生存保障──災害救助法　170
  (2) 家屋の損害に対する弔慰金・見舞金──被災者生活再建支援法　171
  (3) 遺族・障害者に対する弔慰金──災害弔慰金等法　172
  (4) 住居・家財への損害、負傷に対する貸付制度──災害弔慰金等法　172
  (5) 医療サービス・福祉サービス──救助法、医療・福祉各法　173
  (6) 収入保障──生活保護法、生活困窮者自立支援法、雇用保険法　173
  (7) その他の支援制度　173

(8)　情報提供と相談業務　173
　　　(9)　被災者支援制度の統合化に向けての動き　174
　4　配慮の対象——福祉権の対象………175
　　　(1)　災害時要配慮者　175
　　　(2)　被災者　176
　5　福祉権の実現に向けて………178
　　　(1)　被災者支援制度へのアクセス　178
　　　(2)　被災者支援制度の改善　179
　　　(3)　配慮の実現——柔軟なニーズ充足と救助法の「特別基準」　179
　　　(4)　参画の保障　180
　　　(5)　福祉権と個人情報　181
　　　(6)　権利保障——司法的救済の可能性　183
　むすび——自然災害における福祉権………185

第8章
障害者の権利保障……………………………………尾形　健　189
——刑事裁判における障害者の一側面

　はじめに………189
　1　刑事手続と障害者——問題の所在………190
　　　(1)　事案の概要　191
　　　(2)　問題の所在——訴訟能力の判断基準と、裁判所のとるべき措置　193
　2　刑事訴訟における訴訟能力の意義………194
　　　(1)　訴訟能力の意義　194
　　　(2)　最高裁判例における訴訟能力の諸相　195
　3　訴訟能力をめぐる裁判例の展開………198
　　　(1)　昭和期から平成初期の展開　198
　　　(2)　平成中期以降の展開　201
　　　(3)　訴訟能力欠如の場合の裁判所の措置　206
　4　刑事裁判における障害者とその憲法的保障………210
　　　(1)　訴訟能力の意義　210
　　　(2)　訴訟能力に欠ける場合の措置のあり方　212
　むすびにかえて………214

第9章
財政と福祉権保障 ………………………………………………… 坂田隆介　217

　　はじめに………217
　1　アメリカ財政連邦主義の機能不全………219
　　　(1)　アメリカ型福祉国家における財政連邦主義　219
　　　(2)　州予算構造が抱えるバイアス　222
　　　(3)　連邦議会と連邦最高裁による州政府課税権への侵害　226
　2　新たな財政連邦主義………229
　　　(1)　協調的財政連邦主義の三つのモデル　229
　　　(2)　州政府予算構造の改革　232
　　　(3)　連邦政府の役割　233
　　　(4)　小　活　236
　3　日本型福祉国家への示唆………238
　　むすびにかえて………241

あとがき　245

索　引　248

執筆者紹介　254

序章

福祉権保障から、生存権論のフロンティアへ
――本書の目的と内容

尾形　健

はじめに

　わが国は、現行憲法の下、福祉国家的施策を推進することを国の責務とする体制を採用し（憲法25条2項）、国民の生活保障を目途とする政策を様々な面で展開してきた。しかし、1990年代に入り、経済の低成長基調や急速な少子高齢化の進行等により、これまで当然とされてきた福祉国家のありようが、理論的・実際的にも再検討する必要に迫られ、かつ、2000年代以降、グローバル化の進展に伴い、国際的な経済不況が日本に与える影響も深刻となり、福祉国家的施策が、改めて岐路に立たされている状況にあるといいうる。そして、わが国特有の問題状況として、様々な形で頻発する自然災害における国家の役割をどのように考えるべきか、という点も、看過しえない問いとして私たちに突きつけられている。

　こうした中にあって、人々の生きる環境をどのように確保していくべきか。本書は、現行憲法がこうした国民の権利・利益を保障するものであることをふまえつつ、理論的な観点と具体的な権利保障の観点から、現代福祉国家が直面する問題の一端を、権利保障のあり方を軸に、総合的に検討しようとするものである。以下、ここでは、本書の前提となる概念として、「福祉国家」・「福祉権」について簡単に言及したのち、各章を概観し、本書の内容を明らかにしておきたい。

1 本書の前提

(1) 「福祉国家」の意義について

まず、本書が議論の念頭におく「福祉国家」の意義について、簡単にふれておきたい[1]。

(a) 「福祉国家」概念の多義性

「福祉国家」については様々な位置づけがあり、わが国憲法学でも、かつては、「独占資本主義ないし国家独占資本主義体制」と対比される理念として「社会国家＝福祉国家の体制」が語られることがあった（鈴木 1966：4）[2]。一方、福祉国家分析では、福祉国家においてサービス等を社会的に供給する際、国家活動が市場・家族の役割といかに結びついているかを考慮する必要があることをふまえつつ、「自由主義的な福祉国家」（アメリカ、カナダ、オーストラリア等）、「保守主義的あるいは強度に『コーポラティズム的』な福祉国家」（オーストリア、フランス、ドイツ、イタリア等）、「『社会民主主義』レジーム」（スカンジナビア諸国が多いとされる）の類型に大別して検討するのが有力なようである（エスピン＝アンデルセン 2001：23, 28-31, 111, 232-233. 厚生労働省編 2012：5-18, 78-86 も参照）。

(b) 福祉国家の機能・特質

このように「福祉国家」については様々な議論がありうるが、「福祉国家」の主要な機能・特質としては、おおよそ次の点に集約できるのではないかと考えられる（Brest, et al.: 1791-1795）。つまり、それは、現代社会において生じる諸問題に対処すべく、法令による規制を通じた行政作用を特徴とする「規制国家（regulatory state）」的側面と、資源の再分配について積極的な役割を果たそうとする（狭義の）「福祉国家（welfare state）」的側面という、複合的な機能を担う国家像といいうるであろう。なお、こうした把握は、「福祉国家」について、

---

[1] この点については、さしあたり尾形 2011：12-13 参照。
[2] 「福祉国家」のこうした把握を疑問視するものとして、宮本 2009：34-35。戦後憲法学における、「社会国家」・「福祉国家」をめぐる「国家性の最小化」の要請と「その最大化」の希求という「アンビバレンス」について、大石 1996：139-141 も参照。また、憲法論における「福祉国家」の意義について、樋口 1994：第 3 章第 I 節、中島 2007：序章・第 1・2 章参照。

目的から捉える当為概念と手段から捉える存在概念とに区別し、前者について「国家目標としての福祉国家」として把握し、後者については「規制国家としての福祉国家」と「給付国家としての福祉国家」とを区別して「福祉国家」を定義する、(経験社会学的な)福祉国家研究とも、軌を一にするように思われる(武川 2007：3-16)。

(2) 「福祉権」の意義

以上のような福祉国家的現象を、本書は、権利保障の観点から検討しようとするのであるが、それを、「福祉権」をめぐる諸問題として把握しようとするものである。ここで、「福祉権」の意義等について、簡単に説明しておきたい。

(a) 「生存権」と「福祉権」

わが国憲法論では、憲法25条が保障する権利を指して、「生存権」という言葉が用いられることが多いように思われる。「生存権」とは、「生存または生活のために必要な諸条件の確保を要求する権利」とされ、日常的な「生活」一般に対する権利としての「生活権」よりも、より緊急的かつ強い意味をもつ言葉として理解されている(田上編 1968：385〔池田政章執筆〕)。従来の憲法学説ないし社会保障学説でも、おおむねこうした意味で「生存権」が用いられてきたように見受けられるが、これに対し、本書で「生存権」という語を冠しない理由には、次の諸点が挙げられる。

第一に、現代国家にあっては、国家が積極的に市民生活の様々な側面を支援する状況は、上記の意味での「生存権」に限定されるのか、という問題がある。緊急度の高い生活保障のみならず、人の様々な生の側面において生じる必要に対応した権利保障のあり方を模索するためには、従来の「生存権」的理解で問題を語るのは少々難しいように思われる。また、憲法25条の権利の内容として考えたとき、「生存権」という言葉で限定して語るのは、その多面的な内容を、意を尽くして示すことが難しくなるのではないか、という問題もありうる(遠藤 2004：165-166)。同条1項にいう「健康で文化的な最低限度の生活」の内容が、人間像の多様性に応じたものであるとすれば、そこで問題となる国家による支援等も多様となるはずであり、それを「生存」という言葉で限定してしまうのは、本来憲法25条が意図していた趣旨と異なるのではないか、という点も、

考慮する必要があるだろう。

　第二に、生存権のほか、勤労権や教育権といった権利については、一般に「社会権」と観念されているが、「生存権」では問題を把握するには狭いというのなら、「社会権」ではどうか、という考えがありうる。しかし、この「社会権」とは、国家からの関与を排除することを要請する権利としての側面と、国家的支援を要求する権利としての側面がそもそも併存するものであり（中村 1973：300 以下）、これらの「規制」と「給付」の両面にわたる複合的な論点を含む権利を「社会権」でくくってしまうと、問題を適切に把握しきれないのではないか、との疑問もある。たとえば、教育権でいえば、「教育の自由」と「教育を受ける権利」とでは、前者は親の教育観に基づく自由といった精神的自由と深く関わる部分がある反面、後者は、国家による支援を前提として語らざるをえない場合があり、こうした問題側面をあげて「社会権」として把握してしまうことに、難点があるのではないか。

　(b) 「福祉権」の意義

　以上の点から、本書では、従来の「生存権」・「社会権」では必ずしも尽くされない、市民の生活に対し国家的支援ないし配慮が要請される場面を、市民の側から権利として理解するキーワードとして、「福祉権」という語を冠することとした。直接には、アメリカ憲法論で用いられている "welfare rights" を訳出したものである。本書の岡野八代論文（第 3 章）が指摘するように、「福祉権（welfare rights）」という語は、アメリカ合衆国において 1960 年代に展開された、「福祉権運動（welfare rights movement）」で掲げられたものである。それは、1950 年代末から 1960 年代初頭にかけ、要扶養児童家庭扶助（Aid to Families with Dependent Children: AFDC）を受給していた、主としてアフリカ系アメリカ人のシングルマザーが、各地で一体となり、彼女たちに対するケースワークのあり方や福祉政策への理解、極めて低い給付水準でいかに家計をやりくりするか、といったことを議論することから始まったとされる。彼女たちはまもなく各地で団体を組織し、福祉システムの改革を訴えるべく全国的な組織へと発展していった。そして、その運動への参加者は、人種・社会階層・性差等を包括する多様な意識を背景とし、市民権・住宅・教育・消費者運動・労働運動などにかつて携わっていた者も含まれおり、運動の多様性も指摘されている（Nadasen

2005：pp. xiv-xv, xvii, 15)。

　こうした点もふまえつつ、本書では、「福祉権」とは、単なる所得保障給付という意味のみならず、より広く市民の生活の質を確保するために承認されるべき権利を包摂するものとして捉えておきたい。具体的には、教育、住居、生存、医療その他およびこれらに要する費用に対する積極的権利として理解する立場（Michelman 1973：962）や、実定法の用例でいえば、「難民の地位に関する条約」第4章（福祉）で示される諸施策（物資の配給、住居、公の教育、公的扶助、労働法制及び社会保障）に近いものが想定される[3]。

　このように捉えることの意義としては、次の点を挙げることができる。第一に、市民生活に国家的支援ないし配慮を求める場面での問題を、以上のような「福祉権」として理解することで、社会保障・教育・労働、そしてわが国特有の問題として災害時の生活保障という、様々な局面を横断的に理解する一つの視点となりうる、ということである。本書の各論文は、憲法・行政法・教育法・災害法といった視点から、国家が市民に対して支援ないし配慮する諸側面を論じてもらうことを想定しているが、その際の一つの共通分母として「福祉権」を位置づけることができるのではないか、と考えている。第二に、以上の点と関連して、「福祉権」というキーワードを設けることで、法学研究のみならず、社会学・政治学的な研究領域との「対話」を形成する契機となりうるのではないか、という思いがある。国家による市民生活への支援ないし配慮という問題は、法学的関心にとどまらず、様々な学問分野でも論じうるところであるが、「生存権」・「社会権」という法学的タームではない権利観をあえて掲げることで、こうした関連する学問領域との関係でも対話の途を拓く可能性をもつことができるのではないか、と考えている（この点につき、尾形 2012：30 注47 参照）。

2　本書の内容

　本書は、大別して、理論的検討の部分と具体的検討の部分で構成される。第

---

[3]　岡野論文は、アメリカの文脈において、「福祉（welfare）」は、「保護に値しない、社会に寄生する、怠け者たちに対する施し」などとして、否定的に語られることがあったことに注意を促している。

Ⅰ部「福祉権保障の理論的諸相」と、第Ⅱ部「福祉権保障の具体的展開」である。

(1) 福祉権保障の理論的諸相

　第Ⅰ部では、「福祉権」という語をふまえつつ、現代国家において市民の生活の質を確保するための権利保障に関する理論的課題を検討する（第1章～第4章）。

　第1章「生存権論の現況と展開」（遠藤美奈）は、本書で展開される福祉権保障の議論の出発点として、わが国と諸外国における福祉的給付への権利をめぐる議論の現在地を素描する。憲法25条をめぐる今日までのわが国の判例法理と学説展開を整理した上で、遠藤論文は、福祉的給付への権利をめぐる議論が活況を呈している国際的文脈に視点を向ける。各国における社会権の裁判的実現に関する潮流として、社会権規約委員会によって示された二つの義務、すなわち、利用可能な資源の中で権利の完全な実現の漸進的達成に向けた措置を取る義務と、権利の最低限不可欠な水準の即時達成義務のいずれかまたは双方の遵守を目指す流れがあることを紹介し、各国の裁判的実践が、立法者等の権利実現機関に対する義務の遵守に焦点を置いている点で、権利の性質を中心に論じてきたわが国の生存権論との相違があることを明らかにする。そして、国家機関による権利実現に関し、裁判所による司法審査や救済のあり方、さらには立法府（議会）による人権保障の構想といった諸外国の理論ないし実例を展望し、比較法的考察を通じた「生存権論のフロンティア」を探ろうとする。

　第2章「生存権と勤労の義務をめぐって——運の平等主義論争の生存権論への含意」（辻健太）は、労働と生存権保障との対立関係の再検討を通じ、福祉権保障における労働の意義を考察する。憲法27条1項にいう「勤労の義務」との関わりで生活保護法上の能力活用要件（同法4条1項）を捉える憲法学説は本格的検討を経たものではないなどとして、辻論文は、生存権保障を勤労の義務に劣後させる解釈の妥当性を原理的に検討する。自律基底的社会保障法論とその批判を概観し、両者の間に勤労の義務の捉え方をめぐる対立があり、そこには、憲法の背後にどのような主体を想定するかという問題があり、それは、どのような政治哲学を想定するかという問題に関連するとして、自律基底的学説の背後にある理論としてR.ドゥウォーキンの「運の平等主義」を取り上げ、

その批判等を検討する。そして、生存権の基礎づけ論として、原理の多元化を志向する方向性と、運の平等主義から離れる方向性がありうることを指摘するが、辻論文は後者を選択し、J. ロールズ『正義論』で示された財産私有型民主制論に議論の可能性を見いだし、その見地から、経済的自由対公共の福祉という構図の下、勤労の義務を、生存権はじめ他の社会権規定とともに公共の福祉を構成する一要素として捉え直すべきことを展望する。[4]

　第3章「ケアの倫理から考える福祉権の可能性」(岡野八代)は、「市民の生そのものが脅かされるような時代」を迎えつつある内外の政治状況等をふまえつつ、「福祉権」に訴える必要性と可能性を、ケアの倫理を手掛かりにしつつ考察する。岡野論文は、アリストテレス等の政治思想史の原点には、人間的な善(自由)を獲得するために、身体に関わるニーズは奴隷を使用してでも克服すべきであるといった理念があり、こうした自由とニーズの充足との二項対立は、T.H. マーシャルの市民権論にも維持されたことを指摘し、福祉概念の「捩れた関係」——善く生きるために福祉を必要とする者が、現状では善く生きることができない(自由でない)ために、その権利から排除されがちであるということ——を、C. ギリガンらのケアの倫理を通じて批判的に検討する。ケアの倫理に示される個別具体性・相互依存性といった人間理解を抽出した上で、岡野論文は、アメリカ合衆国の福祉権運動が、「福祉『か』自由かではなく、『適度な収入、正義、尊厳、そして民主主義』」を求めた権利運動であったことに注目し、「福祉」と「自由」の二者択一を乗り越える可能性を「福祉権」に見い出そうとする。

　第4章「福祉権保障と国家——闇市から福祉国家へ」(冨江直子)は、第二次世界大戦終結直後の「闇市」での人々のありようを描くことで、福祉権実現を担う国家と社会の相克を鮮明にし、〈福祉権と国家〉の問題に社会史の視点から接近しようとする。「福祉権」は、市民生活への国家的支援を念頭に置くものであるが、冨江論文は、福祉をめぐる国家と社会との関係は、協働関係だ

---

[4] 辻論文は、その論旨において本章筆者(尾形)への批判も含んでおり、多くのご教示をいただいた。ここに記して篤く御礼申し上げたい。ただ、筆者としては、生活保護法上の就労要件を憲法27条1項との関係で理解することには、なお相応の意味があると考えている(この点につき、前田 2016 に対し行った筆者のコメント(尾形 2018：177 注3)も参照)。

けでなく緊張・相互依存・矛盾を含むものであり、「社会」も一枚岩ではなく多様な主体がせめぎ合う場であった、という認識から始まる。その主題として、冨江論文は闇市を取り上げるが、そこは、配給で生活することが困難であった市民にとっては、食料や生活必需品を入手するために不可欠のものであり、困窮者が生業を営む場であった反面、物資が闇市に流れることで都市市民の生活を圧迫するものでもあり、都市の消費者運動にとっては、撲滅の対象でもあった。「〈生存権の社会史〉とは、ある人びとの生存権の正当性が他の人びとの生存権の正当性を奪っていくような、複数の『生きるため』がせめぎあう歴史なのだ」、という視点から、冨江論文は、闇市の生成・発展、そして消滅の過程での人々の動態と、それに対する国家の応答を克明に描出し、福祉権保障と国家・社会の関係が、矛盾と緊張に満ちた協働関係でもあることを鮮やかに示そうとする。[5]

(2) 福祉権保障の具体的展開

　以上の理論的検討を経て、第Ⅱ部では、福祉権保障の諸側面を、より具体的・実証的に研究することを目指す（第5章～第9章）。

　第5章・第6章は、いずれも教育と福祉権保障のあり方を、それぞれ異なる観点・対象で検討する。まず第5章「就学援助制度・義務教育無償・福祉権」（藤澤宏樹）は、福祉権保障に関連して、教育を受ける権利を費用面から支援する仕組みである就学援助制度を考察する。憲法学・社会保障法学・教育法学において就学援助制度の研究が不十分であることを指摘し、藤澤論文は、就学援助制度の歴史・理念を再考する。まず、現在の教育支援制度を概観し、厚労省系の制度、文科省系の制度、そして就学援助制度の特徴を把握する。続いて、義務教育無償に関する判例・学説を検討し、学説上、憲法26条2項後段にいう義務教育の無償に関し授業料無償説・就学必需費無償説の対立があるところ、

---

[5] 食糧管理法違反事件（最大判昭和23・9・29刑集2巻10号1235頁）は、今日に至る憲法25条解釈の基礎を築いた先例として知られているが、冨江論文は、この事件が、「法による生存権の保障が絵に描いた餅でしかない現実を前にして、被告人は『自助』の道を解放せよと主張した」ものであり、「〈国家からの自由〉としての生存権」の正当性を問うた事件であったと位置づけ、その歴史的文脈での意味を明らかにする。

藤澤論文は後者に親近感を抱きつつ、その範囲の不明確性等の問題を克服すべく、就学援助制度の成立過程と、就学援助請求権構想を提唱した小川政亮の学説に注目する。これらの歴史的展開や学説検討を通じ、藤澤論文は、就学援助制度は学校生活全般を保障する制度という性格があること、同制度の成立過程からは義務教育無償の生成・発展可能性を見いだすことができ、市町村主体の段階的無償化を展望できること、就学援助制度の給付内容等は柔軟な制度設計が可能であること、そして、福祉権のコンセプトが、就学援助制度の多様な側面を整合的に説明しうる可能性に言及する。

第6章「インクルーシブ教育における特別支援教育と普通教育の関係」（今川奈緒）は、障害児のインクルーシブ教育をめぐる今日的課題をアメリカ教育法との比較で考察しようとする。障害者権利条約の批准と学校教育法施行令の改正等により、わが国でもインクルーシブ教育が障害児教育法制の法原理となったものの、現状はそれに程遠いという認識を前提に、今川論文は、日本におけるインクルーシブ教育の現状を概観する。わが国では、中教審において障害児教育における合理的配慮に関し基礎的環境整備という概念が提示され、特別支援学校等の「場」を前提として合理的配慮が検討されるが、それは、結果的に障害特性に応じた特別支援学校が充実するものの、通常学級での障害児の受け入れ態勢が整わないなどの問題点が生じることを指摘する。今川論文は、アメリカ障害児教育法制、特に2004年の障害者教育法（IDEA）改正において法制化された、学習障害を対象とした教育指導モデルであるResponse to Intervention（RTI）に着目し、アメリカ法制の特色として、分離された環境での特別教育に至るまでに複数の層からなる仕組みがあることを描き出す。これらを手がかりに、特別教育と普通教育を可能な限り接近させ、普通教育における複層的な仕組みの整備を通じたインクルーシブ教育の実現への途を展望する。

第7章「自然災害における生活保障」（山崎栄一）は、福祉権の意義をふまえつつ、自然災害における国家的支援ないし配慮のあり方について考察を行う。山崎論文は、自然災害の特徴として、自然現象による加害力と人々の脆弱性があり、自然災害は、住民が災害前にすでにもっていた脆弱性をさらに悪化させ、「平常時において潜んでいた社会福祉の問題が一気に噴出する」との認識を示す。さらに、自然災害における福祉権保障は、国家的支援・配慮を求める権利では

なく、被災者支援・配慮が、公助−共助−自助の連携に基づくガバナンスとして展開されるという認識の下、それぞれの守備範囲を明らかにしつつ、国家が相応の役割を果たすべきことに注意を促す。その上で、自然災害における福祉権保障のための基本理念・指針を憲法・条約・法令等から導出し、現行法上の支援内容を概観するが、そこでは、各制度間の連携が不十分であるといった問題点も指摘される。そして、配慮の対象をめぐる諸問題を検討し、さらに、災害時における福祉権保障の実現を、制度へのアクセスの問題や政策参画、被災者把握のための個人情報の取扱い、司法的救済の可能性等を検討する。自然災害における福祉権保障には、「支援」のみならず個別的な「配慮」も必要であること、その実質的保障のために「参画」という視点が重要であることを指摘する。

　第8章「障害者の権利保障──刑事裁判における障害者の一側面」（尾形健）は、障害者が刑事被告人となった場合、その訴訟能力が問題となる場面を中心に、立憲主義憲法下で想定される憲法的刑事手続と、障害者の権利保障の問題を検討する。基本的には、当事者主義を基調とする刑事手続は、その前提として一定の判断能力等を備えた主体を前提とするものと解されるところ、障害者については、しばしばこの点でその前提と齟齬を来す事態を生じることがある。しかし、現代福祉国家において、障害者権利条約をはじめ、各種現行法制上も、障害者の生に格別の配慮をなすべきものとすれば、障害者の特性に配慮しつつ、立憲主義の古典的要請と解される刑罰権の発動とその手続のあり方にかかる法的統制をどのように確保するか、という困難な問いに向き合わねばならない。尾形論文は、こうした問題関心から、訴訟能力が問題となったわが国の裁判例を分析・検討し、アメリカ法の知見を参照しながら、憲法的刑事手続の構造における障害者たる刑事被告人の権利の適正な保障を考察しようとする。

　第9章「財政と福祉権保障」（坂田隆介）は、福祉権保障にとって基盤的制度である生活保護における国と地方の財政責任の配分のあり方を検討し、財政と福祉権保障の問題の一端を解明しようとする。坂田論文が参照するのは、1990年代以降の連邦政府から州政府への権限移譲に関連し、福祉政策にも大きな影響を与えたアメリカ合衆国の動向、特に、これらに対し批判的議論を展開するD. スーパーの見解である。1996年福祉改革法等による州政府への権限

移譲の展開に対し、スーパーは、安易な権限移譲はアメリカ財政連邦主義を機能不全に陥れるなどとして批判し、連邦政府と州政府との関係について、「新たな財政連邦主義」の展開を目指そうとする。彼によれば、その基本モデルとして、「補償モデル」・「優越能力モデル」・「リーダーシップモデル」とがありうるところ、スーパーは、連邦政府は強力な財政資源を有しているため、州が自身では対応困難な問題を抱える場合に連邦政府による援助が要請されるという、「優越能力モデル」に基づく協調的財政連邦主義を提示する。これらを参照しながら、坂田論文は、日米の憲法構造の相違に留意しつつ、憲法25条を有するわが国での国－地方との政府間関係は、「優越能力モデル」および「リーダーシップモデル」に基づいて構想されるべきことを述べ、生活保護費の国庫負担割合が憲法25条の統制下にあるべきことを指摘する。

むすびにかえて

　以上、本書のプロジェクトのねらいと概要を紹介した。少子高齢化の進展による生活保障制度の基盤の脆弱化に加え、経済の低成長に伴い、現役世代の雇用の劣化・低所得化の進行、そしてその世代の子どもの貧困化、さらには低所得者世帯で老親を抱えることの経済的負担等、わが国は現在、社会構造的にも様々な困難に直面していることが指摘されている（宮本 2017：第1章参照）。本書は、これらから生じる難問すべてに解答を与えうるものではもちろんないが、このような状況下にあるからこそ、市民生活を国家的に支援・配慮することの意味を再確認しておくことには、重要な意味があるものと考えている。法学内での横断的研究と、他の学問分野との響き合いを、「福祉権」というキーワードを軸に展開させ、そして、生存権論のフロンティアへと歩み出そうとすること――本書の試みに独自性があるとすれば、こうした点に求めることができるのではないか、と思われる。

[参考文献]

《邦文文献》

エスピン゠アンデルセン, G.（岡沢憲芙・宮本太郎監訳）2001『福祉資本主義の三つの世界』ミネルヴァ書房

遠藤美奈 2004「『健康で文化的な最低限度の生活』の複眼的理解」齋藤純一編著『福祉国家／社会的連帯の理由』ミネルヴァ書房、155 頁

大石眞 1996『立憲民主制』信山社

尾形健 2011『福祉国家と憲法構造』有斐閣

―― 2012「『ナショナルミニマム』の憲法的基礎をめぐって」日本社会保障法学会編『新・講座社会保障法 3 ナショナルミニマムの再構築』法律文化社、13 頁

―― 2018「生存権保障――その来歴・現在・将来」宍戸常寿＝林知更編『総点検 日本国憲法の 70 年』岩波書店、169 頁

厚生労働省編 2012『平成 24 年版厚生労働白書』全国官報販売協同組合

鈴木安蔵 1966「社会国家の理念と実態」公法研究 28 号 1 頁

田上穣治編 1968『体系憲法事典』青林書院新社

武川正吾 2007『連帯と承認』東京大学出版会

中島徹 2007『財産権の領分』日本評論社

中村睦男 1973『社会権法理の形成』有斐閣

樋口陽一 1994『近代憲法学にとっての論理と価値』日本評論社

前田雅子 2016「個人の自立を支援する行政の法的統制」法と政治（関西学院大学法政学会）67 巻 3 号 1 頁

宮本太郎 2009『生活保障』岩波書店

―― 2017『共生保障』岩波書店

《欧文文献》

Brest, Paul, et. al. 2015 Processes of Constitutional Decisionmaking, 6th ed. Wolters Kluwer.

Michelman, Frank I. 1973 "*In Pursuit of Constitutional Welfare Rights: One View of Rawls' Theory of Justice,*" University of Pennsylvania Law Review,.vol.121, p.962.

Nadasen, Premilla 2005 Welfare Warriors : The Welfare Rights Movement in the United States, Routledge.

第Ⅰ部

福祉権保障の理論的諸相

第1章

生存権論の現況と展開

遠藤美奈

はじめに

　日本国憲法25条1項は「すべて国民は、健康で文化的な最低限度の生活を営む権利を有する。」と定める。「生存権」と呼び慣らわされてきたこの権利は「権利」と称されながらも、憲法施行から70年を経てなお、その規範内容が明らかにされ、権利の実現方法が確立されたとはいえない。いったい何が「健康で文化的な最低限度の生活を営む権利」の核心部分なのか。核心部分とそれ以外の部分にはどのような違いがあるのか。そしてどのような方法がこの権利の実現に最善の選択肢といえるのか。実はこうした問いは、日本国憲法に固有なものではない。

　本章は、次章以降で展開される福祉権をめぐる議論の出発点として、日本と諸外国における福祉的給付への権利をめぐる議論の現在地を素描するものである。現行憲法下で展開された福祉国家（的な国家）の在りようは、少子高齢化と経済成長の行き詰まりによって見直しを迫られており、そこにおいて憲法25条がいかなる規範的内容を提示し、政策にどのような枠をはめ、方向性を示すことができるのかが憲法学に問われ続けている。一方で、最高裁は堀木訴訟上告審判決（最大判昭和57・7・7民集36巻7号1235頁）の広い立法裁量論をもって「生存権」論に概ね決着をつけたという姿勢を現在も崩しておらず、判例の差し出す憲法25条解釈への手がかりは多くない。そこで本章は、社会的

弱者への公的給付に関する憲法上の権利をめぐって、国際的には議論が活発化していることに着目したい。

議論が拡がる大きな契機となったのは、アパルトヘイト克服後の1996年に新憲法を獲得した南アフリカ共和国で、憲法裁判所が社会権規定を用いた判決を示したことであった（Alston 2008 : ix）。日本において「生存権」論に包摂されるいくつかの問題群をめぐっては、日本国憲法25条に相当する、あるいは類似する規定――主観的権利か客観法規定かを問わず――を憲法にもつ国々において、さらには憲法に社会権的規定をまったくもたない国においても、活発に議論が展開されている。これらの豊かな成果を生存権保障に向けた新たな思考の材料として提示しようとするところに本章のねらいがある。そのため、次節ではまず、日本国憲法25条をめぐる判例と学説の状況を簡単にまとめ、その上で諸外国における議論の現在地を確認してゆくこととしたい。

1　憲法25条をめぐる議論の現況

(1)　司法による実現

どのようにすれば「健康で文化的な最低限度の生活」は「権利」として保障されるのか。「生存権」論はこの問いに答えるべく、いくつかの論点をめぐって展開されてきた。25条の裁判規範性の有無は、権利実現の主たる担い手として司法が想定されていたがゆえに当然問題となる。この点につき、学説では抽象的権利説および具体的権利説によって25条の法的権利性が主張されてきたが、堀木訴訟最高裁判決によって、25条の趣旨にこたえて制定された法律が「著しく合理性を欠」くために立法裁量の逸脱・濫用となるか否かについて裁判所は審査しうる旨判示されており、裁判規範性のハードルはひとまず乗り越えられている[1]。「健康で文化的な最低限度の生活」が「きわめて抽象的・相

---

1) 先行する朝日訴訟最高裁判決（最大判昭和42・5・24民集21巻5号1043頁）も傍論ながら、「何が健康で文化的な最低限度の生活であるかの認定判断」を「厚生大臣の合目的的な裁量に委」ねた上で、その判断が、「現実の生活条件を無視して著しく低い基準を設定する等憲法および生活保護法の趣旨・目的に反し、法律によって与えられた裁量権の」逸脱・濫用があった場合には、「違法な行為として司法審査の対象となる」としていた。

対的な概念」であることから、立法の内容は広い立法裁量に委ねられるとされつつも、純粋なプログラム規定説は否定され、給付について定める法律が存在しさえすれば、当該法律の内容に25条が一定の統制を及ぼせることが示された。そこで憲法学へは次なる課題として、政治部門の裁量を統制できる規範を、憲法から抽出して提示する作業が課せられることになった。

なお、25条の法的性質を捉えなおそうとする近年の試みにおいては、最高裁の認める同条の裁判規範性は主観的権利としてではなく客観法として認められたのであり、立法裁量論は客観法による国家への義務付け内容として採用されたとする理論も示され、法的性質論に新たな視点が加えられている。これによれば客観法としての25条に対応する主観的権利として具体的権利は与えられておらず、権利の具体的内容は立法裁量行使の結果として実現されると整理される（髙橋 2013）。[2]

裁量統制には給付内容の質・量を問おうとする実体的アプローチとこれを問わない非実体的アプローチが考えられる。通説である抽象的権利説そして堀木訴訟最高裁判決のいずれも、「健康で文化的な最低限度の生活」の積極的定義を行わないため、実体的アプローチは困難を伴う。そうした中にあっても、25条1項上の権利の実現方法に国側の裁量は認められるが、権利の実現そのものには裁量が認められないことをあらためて確認し、「健康で文化的な最低限度の生活」は客観的に確定可能であるから、この水準を下回る部分の給付判決を裁判所が下せるとする見解（棟居 1995）[3]、「生活保障にかかる必要・需要が存在することが明白であるにもかかわらず一切措置を講じない場合や、保障水準が極めて低度の場合など、およそ人が自律的・主体的生を営むことが著しく困難か又は不能とするような事態は、憲法上厳しい非難に値」し、裁判所は「毅然とした態度で審査に臨まなければならない」とする見解（尾形 2011：155）、あるいは、生命に関わる「最低限度の生活」保障を生存権の核心的部分とし、当

---

[2] もっともこの論者も、最高裁の25条理解をそのまま肯定しているわけではない。髙橋 2017：322 を参照。あわせて小山 2017：119-120 も参照。
[3] いわゆる「言葉どおりの意味における具体的権利説」である。この見解を支持するものとして渋谷 2017：278 も参照。渋谷は抽象的権利説・具体的権利説における司法部の政治部門への過剰な自制を指摘する。

該部分について裁判所には迅速かつ実効的な救済が求められ、争点が生存権の核心に近いほど、より厳格な審査基準の適用を要するとの見解（鄭 2012：265）[4]などが示され、司法部が積極的に介入すべき局面の画定が試みられている。この点につき、「どんな人であっても、仮に自分がそのような境遇に置かれたとすれば、立法府の決定に反してでも裁判所によって厚く保護してもらいたいと思うであろう利益として何を想定するか」という問いを立て、「『救貧施策』が『絶対的な生活水準』を確保するに足るものであること」が、そうした「裁判所による厚い保護に値する要請であることは、広く支持を得られるように思われる」として、審査の厳格度を分ける目安を最低生活に関する社会の合意に据える見解も現われ（長谷部 2018：287）、さらには、「健康で文化的な最低限度の生活」の保障は、「人間存在の生の過程・側面における必要に応じて、多様に検討」されなければならないことから（尾形 2011：127）、制度による個々人の個別具体的な需要の充足については制度のあり方そのものとは別に評価しうるのであり、法令違憲のみならず適用違憲の判断を下す余地がないか真剣に検討することを司法に求める見解も示されている（葛西 2011：221-222、宍戸 2014：174）。

　非実体的アプローチとしては、給付における別異の取扱いに平等原則を適用し、憲法 25 条の要請に応える目的の給付である場合には具体的な生活実態等をふまえた実質的関連性を審査するべきとする主張が有力である（芦部 2015：133、戸松 1993：111-113 など）。最高裁も、堀木訴訟および学生無年金訴訟（最判平成 19・9・28 民集 61 巻 6 号 2345 頁）において憲法 25 条違反とは別に 14 条

4）　山内 2012：194-195、202-203 は、憲法 25 条 1 項の内容を最狭義（文字どおり人間としての生命のぎりぎりの維持を求める権利）・狭義（最低限度の物質的な生活権の保障を求める権利）・広義（物質的生存を超えて文化的にも精神的にも「健康で文化的な最低限度の生活」を営む権利）に三分し、最狭義の内容において「要保護者はまさに餓死寸前の状態」にあって「生命の維持そのものが危うい状態に置かれて」おり、「生存権侵害の現実的可能性は客観的にも明確なので、行政庁の側に裁量の余地はなく、裁判所としては厳格に審査を行うべき」とし、給付判決を求める訴訟も認めるべきであるとする。佐藤 2011：365-366 も、25 条 1 項の具体的な保障のあり方につき、裁判所には「明白性の原則」によらない「通常期待される審査機能を果たすこと」が求められるとした上で、同条同項にいう「生存権」は「本来的に不確定的なものではなく、法律の制定を待つことなく核となる内実をもつ」とし、象徴的な例として緊急の医療扶助を挙げる。

1項違反の問題が生じうるとし、その審査を行っている。もっともその手法は、25条に関する合憲判断をふまえた手短な「総合的」判断で簡単に14条違反を否定するものであり、現実の救済にはつながっていない。

　また、給付水準の切り下げに対しては、合理的理由なく社会保障等を後退させてはならないとの規範的要請が存在するという有力な主張もある[5]。これは平等原則を用いる方法とともにベースライン論を前提とする考え方として整理しうる（長谷部 2018：287）[6]。

　給付基準の切り下げに関してはさらに、判断過程統制審査を用いることによる踏み込んだ裁量統制の試みが注目されている。東京と福岡二つの老齢加算廃止違憲訴訟において最高裁は、結論としては老齢加算廃止を適法・合憲と判断したものの、厚生労働大臣の保護基準設定行為につき判断過程審査を採用した（最判平成24・2・28民集66巻3号1240頁、最判平成24・4・2民集66巻6号2367頁）。これら二判決は、基準改定に専門技術的かつ政策的見地からの裁量権を認めながらも、そのことを切り下げの適法性・合憲性容認の判断に直結させず決定過程に対する審査を一段階加えたことで、より綿密な統制の可能性を開くものとの評価が可能である（尾形 2017：405）。こうした踏み込んだ審査を行う憲法上の根拠については、生活保護が憲法25条1項の具体化であることに求める見解が有力である（宍戸 2014：173、駒村 2013：183）[7]。調査官解説によれば最高裁もこの点をふまえて保護基準改訂には一定の密度の司法審査が要請されると見、厚生労働大臣の老齢加算の廃止を相当とした判断過程における過誤・欠落について裁量統制を及ぼすべきと考えている（岡田 2015：470, 475）[8]。

---

5) いわゆる「制度後退禁止原則」。憲法25条2項を根拠とするものとして内野 1991：377。また、棟居 2007：158-159および棟居 2008：385-386は、抽象的権利説によって25条1項はその具体化の内容を立法に丸投げするものではないと理解し、社会保障は、その都度の歴史や社会状況における「社会通念」としての「健康で文化的な最低限度の生活」を基礎とする内容をもつから、切り下げとこの「社会通念」との合致が憲法上要請されるとする。一方、LS憲法研究会 2011：383〔小山剛執筆〕は、「健康で文化的な最低限度の生活」を割り込む制度後退は、この水準を満たさない制度形成と同様に違憲となるだけなのであって、制度の形成か後退かによる違いは生じないとする。小山 2017：126も参照。
6) 立法が存在し給付が行われているならば、その状態をベースラインとすべきであり、「給付を受ける地位を国が理由もなく剥奪することは違憲」とする考え方である。
7) 尾形 2012：149、前田 1997：6-7も参照。

(2) 憲法25条の実現主体の再検討

　前項で示した議論では、司法が25条実現の主たる担い手として想定されている。このように学説の関心がかねて司法的救済へ「傾斜」していたことをふまえつつ、司法外の統治機関にもさらに視野を拡げ、「憲法25条の実現を憲法構造全体においてどのように確保していくか、それを憲法学としてどのように論じていくか」（尾形 2017：406）が、新たな問いとして提示されている。

　この問いを提示した尾形健自身の応答は、憲法25条の理念を個人の自律的生への尊重・配慮に置きつつ[9]、この理念は「国会・内閣という『政治部門』と、司法権を付託された司法府とによって、いわば『協働』して実現されることが期待されている」というものであった。具体的な両者の役割と関わり合いについて尾形は次のように述べる。すなわち、政治部門は「その時々における文化の発達の程度、経済的・社会的条件、一般的な国民生活の状況等との相関関係」（堀木訴訟最高裁判決）に顧慮しつつ、そこに顕在化する生活上の必要に応答すべく、様々な福祉国家的施策を展開・形成するが、それは第一に、憲法25条の理念の具体的実施を企図するものでなければならない。しかしその展開・形成は、憲法構造による統御から自由であるということはできない。25条の理念実現の責務を一方で担う裁判所は、政治部門による福祉国家の具体的形成について、その進むべき道を拓きつつ、憲法各条の支持を根拠に、その統制をなすべき地位にあると解することができる、と。尾形によれば、通説的見解である抽象的権利説は、このような意味での「協働」を含意するものと解しうることになる（尾形 2011：129-130）。近時、違憲審査論の領域においても、人権保障や憲法的価値は「最高裁による違憲判決という一つの点によって実現するのではなく、主に、最高裁と国会や政治部門との対話という一連の相互プロセスの中で実現する」（佐々木 2013a：5）と考える「対話理論」が練り上げられつつある。そして尾形のいう「協働」は、対話理論と共鳴しつつも、国家機関や社

---

8) なお、柴田 2017：182-183 は過程審査が要請される憲法上の根拠として、国には「最低限度の生活」を実現するという「結果義務」のみならず最低限度を「探求」すべき行為義務（努力義務）が課されていることを、朝日訴訟における奥野健一補足意見を手がかりにして指摘している。原則論としては前記長谷部のベースライン論と軌を一にするものと思われる。

9) 尾形を含み25条の理念を自律的個人像から導き出す見解については山内 2012：194-195、202-203 のまとめを、これらに対する批判的検討と留保については辻 2013：29-37 を参照。

会といった異なる対話の主体が「理由ある見解の不一致」を前提としながら憲法論をめぐって、その価値を具体化する上で方向を一にする場合がありうると考え、「対話」の先にある「協働」関係の構築を模索しようとしている（尾形2016 : 204）。

このように日本における生存権論は、政治部門への統制方法を編み出す営為を重ねながら、権利実現の方法を司法の外にも開こうとする新たな展開の中にあるといえる。以上をふまえ、次節では生存権領域の問題が国外でどのように議論されているのか、その粗描を試みてみたい。なお、以下の記述では各論者の用いる用語法に従い、「社会的経済的権利」「社会権」「社会福祉権」といった権利の名称が混在しているが、特に注記のない限り、これらはなべて日本でいう社会権から勤労の権利および労働基本権を除いたものを指している。用語が統一されていないことをあらかじめお断りしておきたい。

2　諸外国における社会的経済的権利研究の潮流

(1) 国際的な議論の段階的理解

アルストンは、社会権の司法判断適合性 justiciability に関する議論の展開を次の三期に分けて説明している（Alston 2008 : ix-x）。最初は、社会権に対する「中傷 name-calling の段階」、すなわち社会権への反対者がこの権利の司法による審査と実現は不可能であると公言していた時代である。こうした否定的な議論は、多くの国の司法機関および準司法機関で社会権の適用例が徐々に登場し、幅広い問題につき多様な判断が下されるとともに、研究も活発化したことで妥当性を失っていった。第二期は、国を超えた議論が、南アフリカの憲法裁判所が生み出した判例をめぐる「熱狂的な討議」に献げられた時代である。国連の社会権規約で採用されたアプローチを色濃く反映した同国憲法の判例による運用は、後述のように理由づけや救済の点で限界を伴ってはいたものの、他の国々でも同様の展開を可能なものとして想定するための礎石となり、また、判例法を他の地域からも見いだすことへの関心を呼び覚ます契機となったのである。なお、この時期はインドの最高裁が公益訴訟において示した社会権をめぐる判断にも注目が集まったが、最高裁への苦情の手紙からでも開始されうる訴訟手続の特

殊性や、社会権規定がないために生命への権利（インド憲法21条）の「創造的な解釈」に依存する判断であったこと、また理由づけが南アフリカほど体系的ではなかったことなどから、大きな影響を与えるには至らなかったという[10]。

アルストンによれば、司法判断適合性の議論は2008年の段階で、南アフリカとインドを超えた拡がりを見せ、すでに第三期に入っている。同年には、司法判断適合性に関する比較共同研究の成果として、Social Rights Jurisprudenceと題した600頁を超えるモノグラフが登場しており（Langford 2008a）[11]、上記のアルストンの説明も、実は同書の前書きによる。本章も多くを負っている同書は、15の国と14の地域的・国際的人権保障機関における社会権の司法判断可能性をめぐる理論と実践を分析したもので、刊行から10年を経ようとする本稿執筆時においても、これまでで最も包括的な比較研究といえるであろう。まさに、「社会権は人権法学 human rights jurisprudence の影であり末端であった部分から、この20年で抜け出てきた」のである（Langford 2008b : 3）。

(2) 南アフリカの社会権判例とこれらへの反応

ここでアルストンのいう第二の段階で、国を超えて検討の対象とされた南アフリカ憲法裁判所の判例を見ておきたい。同国において社会権のリーディングケースとされるのは、州立病院に人工透析の実施を命じる判決を求めたSoobramoney事件、立ち退きを強制されたスラムの人々が恒久的な住居を得るまでのシェルターを求めたGrootboom事件、そして限られた研究・訓練拠点を除く一般医療機関でのHIVの母子感染予防薬ネビラピンの使用を禁じた政策が問題となったTAC事件である[12]。

南アフリカ共和国憲法はすべての人の適切な住宅へアクセスする権利（26条）と、リプロダクティブ・ヘルスを含む医療、十分な食料と水、社会保障へアク

---

10) インドの司法部における社会権の適用状況についてはMuralidhar 2008を、また同国の公益訴訟については伊藤 2006を参照。
11) 同書は社会権の中でも、特に社会保障、住宅、医療、教育、食糧、水に関わる権利に焦点を当てている（Langford 2008a : 4）。
12) *Soobramoney v. Minister of Health, KwaZulu-Natal*, 1997（12）BCLR 1696（CC）; *Government of the Republic of South Africa and Others v. Grootboom and Others*, 2000（11）BCLR 1169（CC）; *Minister of Health and Others v. Treatment Action Campaign and Others (II)*, 2002（10）BCLR 1033（CC）.

セスする権利（27条）を定める。Soobramoney事件において憲法裁判所は、病院当局の透析プログラムが受けられるためのガイドラインが不合理であることの上訴人による立証も、ガイドラインが上訴人の事例において「公正かつ合理的に適用されなかった」ことへの立証もなかったことから憲法27条違反を否定した上で、医療関係予算の確定と治療の優先順位を「取り扱う責任を負う政治機関および医療当局によって誠意を持って行われた合理的決定に、裁判所が介入するには時間がかかる」として謙譲的姿勢を示した。

　しかし続くGrootboom事件判決では、社会権規約委員会の一般的意見3がいう、各権利の最低限不可欠な水準の充足を確保することをすべての締約国の義務とする最低限の中核的義務 minimum core obligation[13]に触れつつも、裁判所は今回の事案では憲法の文脈において何が最低限の中核であるのかを判断する十分な情報がないとして、それを定義はせず、本件での問いは「憲法26条によって与えられた権利を実現するために国によって取られた措置が合理的 reasonableであるか」であるとした。その上で、①憲法26条は国に対し、利用可能な資源の範囲内で、適切な住居にアクセスする権利を実現するための包括的かつ調整されたプログラムを考案し履行することを要求しており、②当該プログラムは土地へアクセスできない人々、頭上に屋根をもたない人々、そして耐え難い条件または危機的状況の中で生活する人々への救済を提供する合理的な措置を含まなければならない、③（問題となった地域における）国の住宅プログラムは、（地域の）こうした人々に利用可能な資源の範囲内で合理的な給付を行えなかったという点で②の要請を満たさない、と判断した[14]。この判決は具体的な救済についての指示を含まず、プログラムが合理的措置を含んでいなければならないこと、そして実際のプログラムがその要請を満たしていないことを宣言する、宣言的判決であった（Liebenberg 2008 : 85）。

　さらにTAC事件判決は、Grootboom事件での合理性による審査を踏まえつつ、薬の有効性や安全性、母子感染を防ぐ包括的プログラムを公的医療機関で拡大してゆく資源と能力の欠如といった政府の主張をすべて退け、適切な設備があ

---

13)　その規範的内容について詳しくは申2013 : 292-293。なおGrootboom事件憲法裁判決が社会権規約に言及する部分は、遠藤2007 : 118-119で訳出されている。
14)　本判決については葛西2010 : 239-240でサンスティンのコメントとともに紹介がある。

るにもかかわらず国内の公的医療機関でネビラピンを処方できず、同薬使用を支援する相談員の訓練が政策に含まれていないことは不合理であり、これらの不作為が憲法 27 条上の医療サービスにアクセスする権利を漸進的に実現するための、利用可能な資源の範囲内で包括的かつ調整されたプログラムの考案と履行を求める憲法 27 条の要求を満たさないと宣言した。判決ではこの宣言的判決部分に加え、ネビラピンの使用を妨げる制限の除去、同薬の使用の許可と促進、医学的に指定された公的医療機関での使用を可能にすること、そして使用を助長・促進するための検査およびカウンセリング設備の拡大を政府に命じたのである。

　Grootboom と TAC の両事件は、同国内外の報道機関とローレヴューにおいて大量の論評を生み出したという（Hirschl and Rosevear 2011 : 217-218）。比較憲法の分野で一つの国の一つの裁判所が議論の展開をここまで主導した例はまれだとも評価されている（Alston 2008 : ix）。とはいえ、それ以外の多くの国でも社会権に関する判例が、1980 年代後半以降急速に現れ始めていたことは看過されるべきでない。[15] 2004 年に開かれた、社会権規約の選択議定書の作成に関する選択肢を検討する作業部会の第一回会合において、経済的、社会的および文化的権利が司法判断適合性を有する根拠として、多くの国が国内裁判所や地域的裁判所の判例を援用しつつ、これらの権利はすでに裁判所の司法判断の対象になっていると主張していたとの指摘もある（申 2009 : 182）。ではこうして社会権判例が空間的・時間的に拡がりつつ蓄積されてゆく中で、生存権に含まれる問題領域については他にどのような司法判断がなされているのだろうか。いま少し、別の国の状況にも触れてみよう。

(3) 社会権判例の動向──漸進的達成アプローチとミニマムコア・アプローチ

　Social Rights Jurisprudence の編者であったラングフォードは、国家の義務に関する社会権規約委員会の分類に便宜的によりながら、多くの国の裁判機関が社会権の充足義務に向けて前進していると述べる。その上で、権利の充足に向

---

[15] ラングフォードはこうした動きが顕著であった地域として、この時期に民主主義への変革を経たラテンアメリカ、東欧、南アフリカと、憲法上の生命への権利から一定の社会的諸権利を導いてきたインド最高裁の実践に学んだ南アジアを挙げる（Langford 2008b : 7）。

けたアプローチは国によって一様ではないものの、大きな傾向として、多くの審判者 adjudicators が社会権規約委員会によって示された二つの義務、すなわちⒶ利用可能な資源の中で権利の完全な実現の漸進的達成に向けて適切な措置をとる黙示の義務と、Ⓑ各権利の最低限不可欠な水準を即時に達成するという明示の義務のいずれか、あるいは両方の義務の履行を目指しているとする (Langford 2008b : 21-22)。このうちⒷは、社会権規約にいう諸権利の最低限の中核（ミニマム・コア、以下互換的に使用する）の法的実体を確立しようとするものであり (Young 2012 : 67)、本章が先に示した実体的アプローチをとるものといえる。もっとも、これらがいずれも権利実現のために生じる公権力の義務の履行を問うアプローチである点で、日本——生存権学説が義務ではなく権利の法的性質を軸に展開され、判例もまた公権力の義務を問うことなく今日に至っている——とは方向性を異にしていることに注意が必要である。

　Ⓐを原則としながらも、Ⓑのミニマムコア・アプローチをとった例としてしばしば挙げられるのがコロンビア憲法裁判所の実践である。1991 年制定のコロンビア憲法は、経済的・身体的・精神的状況のゆえに明白に脆弱な境遇にある個人を特別に保護する義務を国に課し (13 条)、社会保障、健康の増進・保護・回復のためのサービスへのアクセス、適切な住居などへの権利を明記している (48・49・51 条)。加えて、同国の批准した国際人権条約は国内法に優位する旨の規定もある (93 条)。

　コロンビアの憲法裁判所は、1990 年代に判例を通じて、生命、健康、労働、社会保障に対する憲法上の権利規定に依拠しつつ、ドイツの判例法理を取り入れた「生活最低限」mínimo vital 概念——「尊厳ある生の最低限の条件」に対するすべての人の権利——を発展させてきた。たとえば、社会保障への権利について画期とされる 1992 年の憲法裁判所判決では、当事者が明らかに脆弱な状態にあり、かつ家族による支援が実質的に不可能であることが争いなく示される場合、とりわけ支援の欠如が当事者の生活最低限への権利を奪うときには、この権利は司法により直接履行可能であるとされた。そして困窮状態にあって稼働能力を取り戻そうと目の手術を求めて裁判所に保護（令状）tutela を申請

---

16)　ドイツとの比較の文脈でこの点を指摘するものとして西村 2016 : 70, 77 注 14 を参照。

していた原告が、憲法13条上の特別の保護を公的機関から受けられるかどうかを判断するよう、申請の受理裁判所に命じている。憲法裁判所は、個人とその家族の基礎的生存が危機にさらされる極度に窮迫した状況にある場合、経済的社会的文化的権利を実現する迅速な非常手段として保護が申請できるとしている。保護の申請は憲法に定められた手続であり、何人もその基本的な憲法上の権利が公的機関——条件を満たせば私人でも——の作為および不作為によって侵害され、あるいは侵害の危機にある場合に即時の保護を求めて、裁判官に対し時と場所を問わず申請できる。申請は優先的な略式手続で審査され、申請から10日以内に決定が下される迅速さも特徴である。保護が得られるのは一時的措置として不可逆的な損害を回避する場合を除き、他に司法的防禦手段がない場合である。保護は裁判官による作為または不作為の命令によって与えられ、方法については裁判官の裁量に委ねられる（憲法86条）。基本的権利の保護に関する下級裁判所の決定はすべて憲法裁判所に送付され、同裁判所は変更が必要であるか判例法を発展させるのにふさわしいものとして自ら選んだ事案について最終的な審査を行う（同241条9号）。社会的経済的権利を履行する迅速な非常手段として保護の申請が可能なのは、個人が極めて脆弱な状況にあり、かつ即時の保護が得られていない場合、その生活状況は一般に容認される最低限を下回り、当人に固有の人間の尊厳を侵害するからというのが憲法裁判所の理由づけである（本段落の記述は Sepúlveda 2008：146-150 による）。

「生活最低限」に言及する判決はほかにも多数存在しており、その後2008年には、医療改革により憲法上の健康への権利が侵害されたとして何万件もの保護が申請された際、憲法裁判所は医療制度の問題点を網羅できる22の申請を抽出して併合し、まとめて憲法判断を行っている。判決において同裁判所は、

---

17) Corte Constitucional. Sala Segunda de Revisión. Sentencia T-533 del septiembre de 23 de 1992. 憲法裁判所はほかに、困窮精神障害者の無償での施設受け入れ、困窮高齢者への品位ある終の住処の提供が「生活最低限」に関わるものとしてきた（Sepúlveda 2008：150-151）。なお、スペイン語による判決の読解に関しては、浜邦彦早稲田大学教育・総合科学学術院准教授にご教示いただいた。記して感謝する。

18) 本稿執筆時でも憲法裁判所の判例検索（http://www.corteconstitucional.gov.co/relatoria/）で mínimo vital と入力すると、10,000件以上がヒットする。掲載判例の基準も不明であり、全体像の把握は困難である。

社会権規約委員会の設定した健康への権利の枠組みに依拠しつつ、健康への権利から導かれる最低限の義務が充足されないことで不合理な害悪を被る危険に晒される場合、権利主体は即時に司法的な保護を求めることができ、追加的財源は必要だが事案の重大性と緊急性が即時の国の行動を要請するときには、当該義務は即時に履行されなければならないとの理解を示す。そして生命、心身の全一性 personal integrity もしくは尊厳が著しく脅かされている場合にその人の健康を維持するために不可欠なサービスへのアクセスが保障されるという憲法上の権利をすべての人が有し、現在の憲法秩序は少なくとも、生活最低限および人としての尊厳の拠り所となるサービスへのアクセスを保障しているとした。そのうえで、憲法判例がこれまで子ども、妊婦、高齢者、障害者、および軍関係者や自由を剥奪されている者の健康への基本的権利に特段の保障を行ってきたことをふまえ、複数の申請者に対し健康への権利についての保護令状を付与して、すでに給付された費用負担なしの医療措置（子どもの人工内耳埋め込み）を肯定するほか、必要な医療ないし医療保険による金銭給付を受けるための検査や移動・滞在費用を含む措置を、サービス提供の委託を受けた民間保険会社を含む関係機関に命じている[19]。ここでは「生活最低限」に関わる給付がそれ以外の給付と区別されている。

　一方で④の漸進的達成・非実体的アプローチをとった例として、本節(2)で挙げた南アフリカ憲法裁判所の諸判断が挙げられる。前述のように、問題となった諸権利について、権利主張の評価軸となるミニマム・コアは、憲法裁判所によって定義されなかった。代わりに同裁判所は、社会的経済的権利に影響を及ぼす政府プログラムの合理性を概ね次のような規準で評価している。すなわち、当該プログラムが①包括的で一貫しており、よく調整されたものか、②適切な財政的・人的資源を利用できるものか、③バランスが取れ、柔軟であり、短期・中期・長期的なニーズに対し適切な給付を行えるものか、④合理的に構想され、履行されるものか、⑤わかりやすく、その内容は一般に対し実効的に周知されているか、というものであり（Liebenberg 2008：85）、これらを満たしたプログ

---

19) Corte Constitucional. Sala Segunda de Revisión. Sentencia T-760 del 31 de julio de 2008. 同判決の英語による抄訳は Dorsen et al. 2016：1435-1441 を、意義については、Yamin and Parra-Vera 2009 を参照。コロンビアにおけるその後の判例の動向にも触れるものとして Davis 2012：1030-1032.

ラムにすることは政府の義務である。これらを満たさず合理性を否定された政府のプログラムに対し、憲法裁判所は前述のように、具体的な給付を命じるのではない、宣言的判決を下している。

　ドイツもまた同様に、ミニマム・コアの画定は控えつつも、社会保障給付に対し司法による有効な憲法的統制を及ぼしている国として挙げられる。憲法に明文で社会的経済的権利規定が置かれている南アフリカとは異なり、そのような規定をもたないドイツでは、2010年の連邦憲法裁判所のハルツIV法判決で、社会国家原理を定める基本法20条1項と結合した基本法1条1項の人間の尊厳への基本的権利により、「人たるに値する最低限度の生活保障への権利」が保障されると判示された[20]。判決は、この最低限度の生活保障への権利の内容につき、「食糧、衣類、家財道具、住宅などといった物理的生存と、人間間の関係及び社会的・文化的・政治的生活への最小限度の参加を維持する可能性の確保との双方を含む基本権によって生存の最低限を保障する」ものとする一方で、この基本権はいかなる量的な要請ももたらさないと述べ、ミニマム・コアの画定を放棄する。その上で、立法府が、①基本法20条1項と結びついた1条1項の示すとおりに人間に値する生存を確保するという目標を包摂し、それを言葉で述べているか、②裁量の範囲内で最低生活の評価に基本的に適合した計算手順を選んでいるか、③必要な事実を完全かつ正確に確認しているか、④給付額の算出過程のすべての段階において、理解可能な一連の数値により、選択された計算方法とその構造原理の範囲内で正当化可能な範域にとどまっているか、という四点が充足されることを求めた。その上で、④に関し、立法者が選択した計算方法とその構造原理から立法者自身が事実に基づいた正当化なしに逸脱しており、憲法に反するとした。そして立法者の形成裁量のゆえに裁判所自ら

20）　BverfG125, 175。本稿では判決文の英訳を参照した（http://www.bverfg.de/entscheidungen/ls20100209_1bvl000109en.html〔2017年11月27日取得〕）。この判決については日本でも行き届いた紹介があり、本稿もその恩恵を受けている。判例および関係法令の日本語全訳と判例の分析は嶋田 2011、本判決を取り扱った憲法学者の業績としては、さしあたり玉蟲 2013：215-231および西村 2013：34-38を参照のこと。なお関連して石塚 2016 は、ドイツにおける「生存権」を、憲法上の枠組みとしての第一段階とそれを補充する形で形成される一般法律上の給付請求権という第二段階からなる「枠組み基本権」として理解し、この理解がハルツIV法判決とも整合することを示す。

が給付額を特定する権能を有しないことから、判決では、特定の給付額を確定させたり法令の無効を宣言したりするのではなく、一定期間内に合憲的な手続に則って給付額の設定された規定を作るよう立法府に指示している。

以上、漸進的達成とミニマム・コアという二つのアプローチについてそれぞれ援用例を瞥見した。これらとこれらをめぐる議論から見えてくるものは何か。

3　ミニマム・コアと政府の義務

福祉的給付への権利を積極的に実現しようとする上記の判断のうち、南アフリカは前出Ⓐの「利用可能な資源の中で権利の完全な実現の漸進的達成に向けて適切な措置をとる黙示の義務」の履行を宣言的判決によって促すアプローチをとり、裁判所の能力の欠如を主な理由としてミニマム・コアを自ら確定することを回避した。もっとも、前出Ⓑの「各権利の最低限不可欠な水準を即時に達成するという明示の義務」を裁判所が各機関に履行させるアプローチをとるコロンビアにおいても、健康への権利の「最低限度」は量的水準として示されてはいない。それは質的問題と捉えられ、同国の憲法裁判所は、健康への権利という憲法上の権利から、生命、心身の全一性、尊厳の維持に必要な医療にかかわる給付を「生活最低限」のために必要な給付として、実現を政府──民間セクターの媒介を経る場合を含む──に義務付け、それが履行されているか否かを判断している（前出 T-760/2008）。では質的言説で語られるミニマム・コアの規範としての性質は、どう理解されるのだろうか。

南アフリカの憲法学者であるビルシッツは、ミニマム・コアと向き合わない自国の憲法裁判例を批判する中で、義務が充足されるために満たされるべき、変わることのない普遍的な規準 standard と、この規準を満たして憲法上の義務が遵守されるために採用されうる数多くの特定の手段とを区別する。そして両者を混同しないことの重要性を指摘し、裁判所は一般に、個々の事案における事実を超えて政府や個人に当てはまる義務を明らかにする、一般的な原理とルールを突きとめようとするが、これはとりわけ、憲法の主たる解釈者として、憲法上の権利によって課される義務の性質を解明する責任を負う、憲法裁判所の非常に重要な役割であるとする。社会的経済的権利についていえば、裁判所

の役割は、国の最低限の中核的義務を構成する一般的規準 general standard を設定するところにあるのである（Bilchitz 2007 : 197-199）。「生命、心身の全一性もしくは尊厳」の維持に必要な医療であることや、ハルツIV法判決における「食糧、衣類、家財道具、住宅などといった物理的生存と、人間間の関係及び社会的・文化的・政治的生活への最小限度の参加を維持する可能性の確保との双方を含む基本権」といった質的指標を含むフレーズは、ビルシッツのいう規準にあたるであろう。その上でこの規準から、政府・立法府に課される義務が分節化されている。

ラングフォードは、司法機関および準司法機関のほぼ 2000 に及ぶ決定を扱った前出の編著書 Social Rights Jurisprudence において、これら数多くの決定から看て取れる明らかな傾向として、人権上の義務を負う者がその実体的または手続上の作為・不作為を正当化できるかどうかに、司法機関等の審査の焦点が置かれていることを指摘する。たとえば、資源を理由とした国の抗弁は条文上の根拠が明らかでなくても認められてきた。しかし国はその様々な義務の充足いかんにつき、過去にも増して綿密な審査に付されてもいる。このことは裁判所が政策メカニズムではなく、アカウンタビリティのためのメカニズムとして立ち現れつつあることの表徴であるとラングフォードは指摘するのである（Langford 2008b : 43-44）。

翻って日本では、「健康で文化的な最低限度の生活を営む権利」と立法による具体化の必要性との関係が、憲法が立法者に対してどのような義務を課しているかというかたちで問われるのではなく、権利の性質の問題——抽象的権利か、具体的権利か——にずらされてしまうことは、すでに日独比較を行う論者によって的確に指摘されていた[22]。こうした権利中心の理論展開を見せてきた日

---

21) こうした規準の例として、ビルシッツは選挙権における投票の秘密を挙げる。投票権が国に課す積極的義務を実現する手段は複数存在するが、国は投票の秘密という規準に見合った手段を選ばなければならない（Bilchitz 2007 : 198）。なお、ビルシッツの記述においてはルールと規準の区別は明らかではないが、彼の議論を支持するヤングは両者を区別する。社会的経済的権利の文脈において、ルールは確実性や予見可能性をもたらす一方で、事案の個別性や差異には対応できないことに加え、裁判所の役割を不可避的に拡張するという問題を伴う。他方で規準は文脈や個々人の状況に応じた裁量の余地を認める（Young 2012 : 86-87）。高橋 2013 : 14 における規準と解釈基準の使い分けもあわせて参照されたい。

本は、社会的経済的権利をめぐる国際的な潮流とは異なった位置にある。

4　生存権実現のための憲法機関の役割──裁判所による救済

(1) 救済方法の幅

　司法による救済の方法においても、国際比較からは興味深い知見が得られる。保護令状制度のあるコロンビアでは、給付が得られるよう必要に応じて保護申請者ごとに個別の命令を発している。命令は特定の救済方法を取るよう枠付けられてはおらず、その内容には裁判官に裁量がある。加えて、前出 2008 年の判決では、憲法裁判所は保護が申請される要因となった医療制度の問題点──給付内容・水準とその改定方法や人的集団ごとに分かれた不統一な給付制度など──を是正し、公的医療制度の持続可能で普遍的な射程を確保するために、制度の「劇的な」（Yamin and Para Verra 2009 : 148）変革ともなりうる数々の必要な措置をとるよう、期限を定めて社会保障省や医療制度監督委員会をはじめとする関係機関に命じている。一方でハルツⅣ法判決におけるドイツ連邦憲法裁判所は、既述のように原告に対する個別の救済は行わず、一定期間内に合憲的な手続に則って給付額の設定された規定を作るよう立法府を義務づけている。南アフリカの憲法裁判所でも同様に個別の救済は行われていないが、Grootboom 事件で出された宣言的判決のほか、TAC 事件で HIV 感染予防薬の使用を促進する措置を政府に命じている。

　このように三つの国を瞥見しただけでも、個々人の直接的な救済にとどまらない、救済のあり方の幅が看て取れる。こうした司法による救済の違いは、政治部門に対する介入の積極度の違いとして理解できるが、裁判所は社会的経済的権利のよりよい実現のために、政治部門に対してどのようにふるまうべきなのか。ここでは、アメリカ憲法の文脈において、裁判所の力を減じることによって社会福祉権のより確かな実現に備えようとするタシュネットの議論を見ておきたい。

---

22)　前出の西村 2016 : 70, 77 注 14 をあらためて参照されたい。ここでは生存権の規範的把握の仕方における日独の違いが鮮鋭に示されている。

(2) 強い審査、弱い審査

『弱い裁判所、強い権利——比較憲法における司法審査と社会福祉権』と題する2008年の著書においてタシュネットは、アメリカを典型とする強い形態の違憲審査とは別の特徴をもち、より新しい時代に登場した弱い形態の違憲審査に注目する（Tushnet 2008 : 18）。強い形態の審査とは、司法による憲法解釈が終局的であり、立法府の過半数では覆せないシステムを指す。司法による解釈を覆しうるのは、特別多数による憲法改正か最上級裁判所が自らの見解を見直す場合のみである（Tushnet 2008 : 33-34）。

一方、弱い形態の審査においては司法による憲法解釈は終局的ではなく、裁判所の違憲判断を他の憲法機関が覆しうる。タシュネットがそうした例として挙げるのは、ある法律の解釈を同じく法律である権利章典法（1990年）に適合するよう行うことが司法に求められているニュージーランド（司法による権利章典法適合的解釈に立法府が同意しなければ、法律は完全に問題なしとされるのみ）、同様に、ある法律の解釈を同じく法律である人権法（1998年）に適合するよう行うことが司法に求められるのに加え、裁判所が問題となった法律の人権法への「不適合」を宣言できるイギリス（宣言は法的権利に影響を与えないが、法改正による不適合性の除去が議会には期待され、実際人権法は責任大臣の発する救済命令を議会が承認する形で制定法を迅速に改正する方法を認め、緊急の場合のために命令原案の取扱いに関してさらに簡易な手続も設けている）、人権憲章（1982年）に適合しない法律に裁判所は違憲無効との判決を下せるが、にもかかわらず議会が当該法律を時限的に有効と宣言できるカナダである（Tushnet 2008 : 25-33）。カナダ型は対話的審査として知られるが、タシュネットはこれに限らず弱い形態の審査を対話的なものと位置づけている。では対話的審査とはどのようなものか。

カナダの憲法学者であるローチによれば、一般に理解されている司法的救済は、裁判所が法を適用する強制的で権威的な手続の一局面をなすものであり、そのプロセスは裁判官が独断的に命令して紛争を解決する、強制を伴うモノロ

---

23) 強い形態の審査と弱い形態の審査の区別については、Tushnet 2014 : 56-63 でも取り扱われている。日本への紹介として佐々木 2017 : 227-228 を参照。
24) この点に関しては、佐々木 2013b : 4-5 に紹介がある。

ーグである。こうした伝統的な理解では、憲法機関間での継続的な反復する対話的プロセスに裁判官が関わることは、裁判官が法を放棄し、権威的な判決の代わりに交渉や取引を用いる政治に身を落とすものと受けとられた。しかし第二次世界大戦後には、司法審査に際してより対話的なアプローチが展開してゆくことになる。ヨーロッパ人権条約や国連自由権規約などの人権文書が、立法による人権への制限と同時に人権上の義務からの逸脱を認めることで審判機関と立法府の対話を企図したことがその嚆矢であり、次いで国内の人権規定においても同様の構造が見られるようになったという。制限および逸脱条項を通じて、裁判所と政府の間の権利の取扱いをめぐる往還的な相互作用を意図する権利章典のあり方は、憲法に適合した状態を実現するための救済方法の提案を政府に要求する、より複雑で対話的な救済プロセスの受容を促進するものとされている（Roach 2008：48-52）。[25]

カナダに限らず、「モノローグ」ではない弱い形態の審査は対話的といえる（Tushnet 2008：76）。対話的審査においても、①立法府による法律制定、②違憲審査を行う裁判所に宛てた当該法律への異議申立て、③同裁判所による違憲判断、という段階までは従来の違憲審査と同様だが、その次の段階が異なっている。従来型では法律を維持するのに短期的には④憲法改正がありうる唯一の政治部門の応答であるが、対話型には④の段階で立法府が法律を制定しなおす可能性が続く。これにはもちろん、憲法改正のような特別多数を要しない。対話型ではさらに、⑤裁判所がそうした立法府の応答の適切さを判断するという次のステップも想定できるのである（Tushnet 2014：57-58）。

裁判所と立法府の間に対話をもたらす弱い形態の審査には、立憲主義と民主主義の対立を調停しようとする意図がある。タシュネットによれば、弱い形態の審査は、立憲主義が民主的自己統治への限界づけを求めていることを認識しつつ、司法審査と自己統治との緊張関係を緩和できる可能性をもたらしてくれる。弱い形態の審査の基本的な考え方は、国民が理性的に考えて誤りだとする決定に応答するための、憲法改正や裁判官の任命プロセスよりも迅速に展開で

---

25) なおローチは、タシュネットが例に挙げる三国のほか、イスラエルと南アフリカも対話的構造を内包した権利章典をもつものとして挙げている。イギリスにおける「対話理論」の現況を分析するものとして、上田 2016 を参照。

きる仕組みを国民に提供する、というものである（Tushnet 2008 : 23）。

　もっとも、強い形態の審査と弱い形態の審査の間で司法による解釈の終局性に違いがあるといっても、司法の判断が変更されるまでの時間軸の中で見ると、両者の違いは相対的である。つまり、憲法改正や判事の任命による（あるいはよらない）判例見直しのみでしか違憲判断が変更できないにせよ、そもそも政治部門が司法の憲法解釈を採用しなくともよい構造になっているにせよ、いずれの審査でも国民、立法府、行政府、そして裁判所が対話の中にある存在として置かれることに変わりはない。両者の違いは判断の変更に要する時間に過ぎない（Tushnet 2008 : 33-34）。強い形態の審査と弱い形態の審査それぞれに適した問題領域を識別する原理的な根拠は突き止められそうもなく、実際、裁判所はある特定の時点で、ある問題領域については強い形態の審査をする一方で、他の領域では弱い形態の審査も行っている（Tushnet 2008 : 75）。タシュネットが指摘するのは、にもかかわらず裁判所は強い形態の審査を行うものだという想定が、社会的経済的権利の司法による実現を批判する議論に浸透していることである（Tushnet 2008 : 231）。しかし司法審査という概念は、アメリカ型の強いものに限られず、弱い形態の審査の発展によってすでに拡張されている（Tushnet 2008 : 237）。救済のあり方を見ても、強い救済――数値尺度などにより容易に評価できる形で達成すべき目標を明確にし、政府関係者の成すべきことを詳細に説明した「作為を命じるインジャンクション mandatory injunction」（Tushnet 2008 : 249）[26]――だけでなく、弱い形態の審査と対になった弱い救済――純粋な宣言や、合理的な短期間で憲法違反の除去を保証できる計画を立てるよう政府関係者に要請することなど――も方法としてありうる（Tushnet 2008 : 248）[27]。いずれの審査、いずれの救済方法にもそれぞれ長短があることを認めながらも、司法における民主的正統性、専門性そして社会的経済的権利の履行能力の欠如

---

[26]　こうしたインジャンクションでは期限が明示され、裁判所が政府に進捗の報告を課すなど、両者の関係は密になる。なお、葛西 2011 : 209-210 の紹介も参照のこと。

[27]　ローチは、①宣言ないし勧告、②インジャンクションおよび監督的管轄権の保持、③法律を合憲とするための修正または無効の宣言の将来効判決、④仮の救済、⑤賠償と原状回復を挙げ、さらにこれらの組み合わせによって個人を対象とした即時的・個別的な仮の救済と、原告のみならず関係するグループを対象とした長期的な全体的救済とを実現できる、⑥複線的 two-track 救済ストラテジーを推奨する（Roach 2008 : 52-57）。

といった、この権利の司法判断適合性に関わる問題を緩和できるものとして、タシュネットは弱い形態の審査に目を向けることを私たちに促すのである。

なお、この「弱い形態の審査」はコモンローの系譜から導き出されているように見えるが、ドイツにおけるハルツⅣ法判決が示すように、拡がりはそこにとどまっていないことにも留意するべきであろう[28]。日本においても、「違憲の場合に憲法上の義務の名宛人である立法者に投げ返す判決手法の開拓」(西村 2016 : 71)[29]として、司法の「モノローグ」に終わらない審査と救済の可能性が追究されてもよいように思われる。事案の性質によって、個別の救済を控え違憲の確認にとどめるほうが有用な場合はないか、あるいは、行政の判断権を尊重しつつ質的な基準の提示により切り下げられた給付水準の見直しを義務付けることができるかなどは検討の余地があろう[30]。なお、尾形も指摘するように(尾形 2016 : 207)、障害者自立支援法に基づく介護給付費支給の義務付け請求を認容しつつ、判決上の支給量に幅をもたせて行政に具体的判断を委ねた裁判例(和歌山地判平成22・12・17判自366号54頁等)[31]は、司法のみで完結しない判断様式の一つの萌芽ともいえるだろう。このように「対話的／弱い形態の審査」をめぐる議論は司法による生存権保障に有益な示唆を与えてくれる。しかし他方で、これらの議論は、司法に重きを置きすぎた人権保障メカニズムへの懐疑を背景としていることもまた、理解しておかなければならない。次に問われるべき問いは、政治部門で積極的に生存権保障を担うことはできないのか、というものである。

---

28) ドイツの判例展開にも尾形のいう協働と同じ方向性を見いだすものとして玉蟲 2013 : 231。なおDavis 2008 : 1029は、ハルツⅣ判決で示されたドイツ連邦憲法裁判所による審査をタシュネットに従って弱い形態の審査に分類しつつも、給付額の計算し直しを要する新しい手続の開始を立法府に求めた救済のあり方を、「強い救済」とする。

29) なお、もちろん行政府も義務の名宛人たりうる。

30) この点、行政法学から示された、「『健康で文化的な最低限度の生活』が脅かされている状況があれば、給付されるべき社会保障の内容について立法者の裁量が認められる場合であっても、一般的に生存権保護のための『一定の』〔傍点原著者〕立法措置を促すような訴訟が認められてしかるべきである」とする見解が注目される(鵜澤 2006 : 298)。

31) 控訴審である大阪高判平成23・12・14判自366号31頁のほか、和歌山地判平成24・4・25判時2171号28頁、東京地判平成28・9・27LEX/DB文献番号25537717も参照。

5　議会による人権保障の構想

　前節では、先に挙げた対話的審査における政治部門と司法相互の応答のうち、②の裁判所への異議申立て以後を検討の対象とした。しかし実のところ、「弱い形態の審査」に分類される議論の中には、①の立法府による法律制定段階に人権保障の可能性を見いだす見解がある。タシュネットがホッグらの主唱する対話的審査（Hogg and Bushell 1997）とともに対話的モデルの一つとして位置づけている（Tushnet 2014：57）、ガードバウムの提示するコモンウェルス・モデルがそれである（Gardbaum 2013）。

　著作の名称通り、『新しい立憲主義のコモンウェルス・モデル』として提唱されるこのモデルは、裁判所による人権保障を導入したカナダ、ニュージーランド、イギリス、オーストラリアといったコモンウェルス諸国の人権保障モデルであり、弱い形態の司法審査に加え、立法過程での必要的事前審査を行うのが特徴である。立法優位型でも司法優位型でもない「第三の道」として示されるコモンウェルス・モデルは、両者の弱点を克服し、長所を活かせる革新的な「ハイブリッド型」モデル（愛敬　2014：761）である。中でもイギリスで1998年人権法施行後の2001年に議会に設置された人権合同委員会 Joint Committee on Human Rights は、その人権保障作用において高い評価を得ている。[32]

　人権合同委員会は各議院の政党構成を反映した委員で構成され、すべての政府提出法案を欧州人権条約適合性の観点から審査し、議会に報告書を提出するとともに、欧州人権裁判所判決の履行状況も監督する（江島　2016：303）。その作業は「専門的、献身的で質の高い」ものと評価され（Gardbaum 2013：193）、議会討論における報告書への言及が大幅に増えて2005年から2010年で1,000件を超えている（江島　2016：307）。さらに報告書の勧告に基づいて政府が法案の修正を提案するか提案することに同意する事例も少なからず生じており、人権保障に大きな影響を与えているのである（Gardbaum 2013：167）。

32）　コモンウェルス・モデルは愛敬　2014：761-762で扱われている。なお、コモンウェルスのほかに、議会の事前的審査と控えめな事後的司法審査を組み合わせた合憲統制を行っている法圏として北欧が挙げられる。両者のバランスは北欧内でも国ごとに異なるが、いずれも市民的自由を犠牲にしない運用に成功しているといえる（Husa 2002：128ff、Hirschl 2014：180）。

翻って日本ではどうか。裁判所は主として「強い形態の審査」を行使し（佐々木 2017：227）、立法過程に議会自身による事前の憲法適合性審査は組み込まれていない。近年の憲法改正に関わる動きの中でも政治的・民主的メカニズムを通じた人権保障は検討に付されてすらいないように思われる。しかし司法による「弱い形態の審査」の可能性を模索するならば、ボールが司法から投げ返される場合に限られない、立法者による人権保障にも目を向ける必要があろう。統治機構の人権保障的再構築は、日本でも国際人権をも視野に入れた憲法学の立場から示唆されており（江島 2011、2017）、その必要性は、政治部門への謙譲を裁判所の基本的姿勢とさせる生存権領域においてより強いのではないか。もちろん、法律問題を取り扱う上での個々の議員の能力や政治そのものへの不信、憲法機関の構成員として政府に対峙できるための議員の党派を超えた行動への習熟、さらには委任立法に対する統制方法など、克服されるべき課題は存在する。そうでありながらなお、司法による生存権実現を目指しつつ、同時に、司法の謙譲の前提となるべき政治部門での熟議が実際にも行われるよう、議会による一歩踏み出した人権保障のあり方を構想することも、意義のある作業であるように思われる。それはまた、人権保障という共通の目標に向かって進められる、統治機関間の「協働」の一つのありうる形態にもなりえよう。

---

33) 正確には、衆参の憲法審査会は、現行憲法に「密接に関連する基本法制について広範かつ総合的に調査を行」う自らの権限（国会法 102 条の 6）を通じて、基本法制すなわち憲法の諸規定を実際に運用するのに必要な法律の憲法適合性について「包括的に精査」することが求められている。このことから、高見勝利が指摘するように、憲法審査会は「憲法上疑義のある基本法制に関する法案が国会に提出されてきた場合、本来、その設置の趣旨・目的からして、そうした法案の合憲性の『調査』を託されている」と考えられる（以上、高見 2017：182-185）。が、実際にはこうした機能は発揮されていない。

34) Campbell 2011：471 も、司法中心の人権保障モデルで通常は排除される社会的経済的権利が議会では審査の対象となりうることを示唆する。そもそも司法審査の可能な人権規定を置くことは社会福祉権を実現するさまざまな方法のひとつに過ぎず、そうした規定の獲得が再分配の水準を向上させるわけではないことも、実証的な比較政治の手法によって示されている（Hirschl and Rosevear 2011）。

35) 佐々木 2013a：234-235 もあわせて参照。なお、本章では立ち入ることができなかったが、議会による人権保障の構想に際しては、これを擁護する議論の背後に息づく、自己統治への真摯なコミットメントを求める考え方（たとえば Bellamy 2007 の提示する「政治的立憲主義」）にも考慮を及ぼす必要がある。憲法理論のレベルではイギリスの議論状況に関する愛敬 2016 が興味深い。

結びにかえて

　本章は生存権をめぐる司法審査のあり方、具体的な救済の方法、そして権利保障の担い手について、より広い空間的視座から検討を行った。そこからは各国における社会権規約委員会とその一般的影響、福祉的給付については権利ではなく公権力の義務履行の有無を対象に司法審査が行われている傾向、救済の選択肢と裁判所の役割、議会による人権保障の可能性について示唆が得られた。タシュネットがいうように、比較法の知見は国内の憲法解釈にそのまま持ち込めるような決定的な根拠にはならない「注意書き」にとどまる。しかし少なくとも、経験にとらわれがちな物の見方を、これまで見過ごしたり非現実的と考えたりしていた可能性へと解き放ってはくれる（Tushnet 2008 : 13）。[36] 狭い権利論に自閉することなく、生存権論はどこまで行けるのか。本章は、まさに「生存権論のフロンティア」を諸外国の憲法実践の中から探り出そうとするささやかな試みであった。

［付記］
　本研究は平成 29 年度科学研究費補助金（課題番号 16H03545）の成果の一部である。

［参考文献］
《邦文文献》
愛敬浩二 2014「ジェレミー・ウォルドロンの違憲審査制批判について」法政論集 255 号 757-784 頁
―― 2016「イギリス憲法の『現代化』と憲法理論」倉持孝司＝松井幸夫＝元山健編著『憲法の「現代化」――ウェストミンスター型憲法の変動』敬文堂、41-56 頁
芦部信喜 2015 高橋和之補訂『憲法〔第 6 版〕』岩波書店
石塚壮太郎 2016「『生存権』の法的性質」法学政治学論究 110 号 101-134 頁
伊藤美穂子 2006「インドにおける公益訴訟、その誕生と展開」横浜国際社会科学研究 10 巻 5 号 491-509 頁
上田健介 2016「人権法による『法』と『政治』の関係の変容――不適合宣言・適合解釈・

---

36) 山元 2011 の提唱する「トランスナショナル人権法源論」は、比較法の一つの実践的な可能性を示すものといえる。

対話理論」川﨑政司＝大沢秀介編著『現代統治構造の動態と展望——法形成をめぐる政治と法』尚学社、151-183 頁
鵜澤剛 2006「憲法訴訟の新たな可能性」立教法学 71 号 283-307 頁
内野正幸 1991『憲法解釈の論理と体系』日本評論社
江島晶子 2011「憲法の未来像における条約のポジション——多層レベルでの『対話』の促進」辻村みよ子＝長谷部恭男編『憲法理論の再創造』日本評論社、311-324 頁
―― 2016「イギリス憲法の『現代化』とヨーロッパ人権条約」倉持孝司＝松井幸夫＝元山健編著『憲法の「現代化」——ウェストミンスター型憲法の変動』敬文堂、297-311 頁
―― 2017「裁判所による適用から統治機構による実現——多層的人権保障システムの視点から」樋口陽一＝中島徹＝長谷部恭男編『憲法の尊厳——奥平憲法学の継承と展開』日本評論社、445-461 頁
LS 憲法研究会編 2011『プロセス演習憲法〔第四版〕』信山社
遠藤比呂通 2007『市民と憲法訴訟』信山社
岡田幸人 2015「生活扶助の老齢加算の廃止を内容とする生活保護法による保護の基準（昭和 38 年厚生省告示第 158 号）の改定が生活保護法 3 条又は 8 条 2 項の規定に違反しないとされた事例」法曹会『最高裁判所判例解説民事篇平成 24 年度(下)』451-481 頁
尾形健 2011『福祉国家と憲法構造』有斐閣
―― 2012「生存権保障」曽我部真裕＝赤坂幸一＝新井誠＝尾形健編『憲法論点教室』日本評論社、143-150 頁
―― 2016「権利保障と憲法的協働——政治部門・社会領域と司法府との『対話』をめぐって」公法研究 78 号 201-211 頁
―― 2017「生存権保障の現況」長谷部恭男編『論究憲法——憲法の過去から未来へ』有斐閣、401-413 頁
葛西まゆこ 2010「生存権の現代的意義——格差をめぐる憲法問題」大沢秀介＝葛西まゆこ＝大林啓吾編著『憲法.com』成文堂、228-244 頁
―― 2011『生存権の規範的意義』成文堂
小山剛 2017『「憲法上の権利」の作法〔第 3 版〕』尚学社
佐々木雅寿 2013a『対話的違憲審査の理論』三省堂
―― 2013b「対話的違憲審査の理論——法の支配と憲法的対話の融合」新世代法政策学研究 19 号 1-107 頁
―― 2017「人権保障の現状と日本の特徴」中村睦男＝佐々木雅寿＝寺島壽一編著『世界の人権保障』三省堂、225-242 頁
佐藤幸治 2011『日本国憲法論』成文堂
宍戸常寿 2014『憲法　解釈論の応用と展開〔第 2 版〕』日本評論社
柴田憲司 2017「生存権訴訟」横大道聡編著『憲法判例の射程』弘文堂、174-185 頁
渋谷秀樹 2017『憲法〔第 3 版〕』有斐閣
嶋田佳広 2011「ドイツ保護基準における最低生活需要の充足」「ドイツ法参照条文」「2010 年 2 月 9 日ドイツ連邦憲法裁判所違憲判決」賃金と社会保障 1539 号 4-71 頁
申惠丰 2009『人権条約の現代的展開』信山社

―― 2013『国際人権法』信山社
高橋和之 2013「生存権の法的性格論を読み直す――客観法と主観的権利を区別する視点から」明治大学法科大学院論集 12 号 1-25 頁
高橋和之 2017『立憲主義と日本国憲法〔第 4 版〕』有斐閣
高見勝利 2017『憲法改正とは何だろうか』岩波新書
玉蟲由樹 2013『人間の尊厳保障の法理――人間の尊厳条項の規範的意義と動態』尚学社
鄭明政 2012「司法による生存権の保障及び権利促進の可能性(1)――日本・アメリカ・台湾の司法審査を中心に」北大法学論集 63 巻 3 号 272-233 頁
辻健太 2013「個人から、再び国家へ（2・完）」早稲田政治公法研究 104 号 27-40 頁
戸松秀典 1993『立法裁量論』有斐閣
西村枝美 2013「ドイツにおける社会権の法的性質と審査基準」関西大学法学論集 62 巻 4・5 号 23-75 頁
―― 2016「老齢加算訴訟――憲法の観点から」関西大学法学論集 66 巻 2 号 68-80 頁
長谷部恭男 2018『憲法〔第 7 版〕』新世社
前田雅子 1997「生存権の実現にかかわる行政裁量の統制」社会問題研究 46 巻 2 号 1-42 頁
棟居快行 1995「生存権の具体的権利性」長谷部恭男編著『リーディングズ現代の憲法』日本評論社、155-169 頁
―― 2007「社会保障法学と憲法学」社会保障法 22 号 151-160 頁
―― 2008「生存権と『制度後退禁止原則』をめぐって」初宿正典ほか編『国民主権と法の支配(下) 佐藤幸治先生古稀記念』成文堂、369-390 頁
山内敏弘 2012「生存権をめぐる今日的課題」龍谷法学 45 巻 2 号 175-216 頁
山元一 2011「憲法解釈における国際人権規範の役割――国際人権法を通してみた日本の人権法解釈論の方法論的反省と展望」国際人権 22 号 35-40 頁

《欧文文献》

Alston, Philip 2008, *Foreword*, Langford, Malcolm (ed.), *Social Rights Jurisprudence: Emerging Trends in International and Comparative Law*, Cambridge University Press, pp.ix-xiii

Bellamy, Richard 2007, *Political Constitutionalism*, Cambridge University Press.

Bilchitz, David 2007, *Poverty and Fundamental Rights: The Justification and Enforcement of Socio-Economic Rights*, Oxford University Press.

Campbell, Tom 2011, *Parliamentary Review with a Democratic Charter of Rights*, Campbell, Tom, Ewing, K. D. and Tomkins, Adam (eds.), *The Legal Protection of Human Rights: Sceptical Essays*, Oxford University Press, pp.453-471.

Davis, D.M. 2012, *Socio-Economic Rights*, Rosenfeld, Michel and Sajó, András (eds.), *The Oxford Handbook of Comparative Constitutional Law*, Oxford University Press, pp.1020-1035.

Dorsen, Norman, Rosenfeld, Michel, Sajó, András, Baer, Susanne and Manchini, Susanna 2016, *Comparative Constitutionalism: Cases and Materials, Third Edition*, West Academic Publishing, pp.1435-1441.

Gardbaum, Stephen 2013, *The New Commonwealth Model of Constitutionalism: Theory and Practice*, Cambridge University Press.

Hirschl, Ran 2014, *Comparative Matters: The Renaissance of Comparative Constitutional Law*, Oxford University Press.

Hirschl, Ran and Rosevear, Evan 2011, *Socio-economic Rights and Political Realities*, Campbell, Tom, Ewing, K. D. and Tomkins, Adam (eds.), *The Legal Protection of Human Rights: Sceptical Essays*, Oxford University Press, pp.207-228.

Hogg, Peter W. and Bushell, Alison A. 1997, *The Charter Dialogue between Courts and Legislatures (Or Perhaps the Charter of Rights Isn't Such a Bad Thing after All)*. Osgoode Hall Law Journal 35.1: pp.75-124.

Husa, Jaakko 2002, *Nordic Reflections on Constitutional Law: A Comparative Nordic Perspective*, Peter Lang.

Langford, Malcolm (ed.), 2008a, *Social Rights Jurisprudence: Emerging Trends in International and Comparative Law*, Cambridge University Press.

Langford, Malcolm 2008b, *The Justiciability of Social Rights: From Practice to Theory*, Langford, Malcolm (ed.), *Social Rights Jurisprudence: Emerging Trends in International and Comparative Law*, Cambridge University Press, pp.3-45.

Liebenberg, Sandra 2008, *South Africa: Adjudicating Social Rights Under a Transformative Constitution*, Langford, Malcolm (ed.), *Social Rights Jurisprudence: Emerging Trends in International and Comparative Law*, Cambridge University Press, pp.75-101.

Muralidhar, S. 2008, *The Expectations and Challenges of Judicial Enforcement of Social Rights*, Langford, Malcolm (ed.), *Social Rights Jurisprudence: Emerging Trends in International and Comparative Law*, Cambridge University Press, pp.102-124.

Roach, Kent 2008, *The Challenges of Crafting Remedies for Violations of Socio-economic Rights*, Langford, Malcolm (ed.), *Social Rights Jurisprudence: Emerging Trends in International and Comparative Law*, Cambridge University Press, pp.46-58.

Sepúlveda, Magdalena 2008, *The Constitutional Court's Role in Adressing Social Injustice*, Langford, Malcolm (ed.), *Social Rights Jurisprudence: Emerging Trends in International and Comparative Law*, Cambridge University Press, pp.144-162.

Tushnet, Mark 2008, *Weak Courts, Strong Rights: Judicial Review and Social Welfare Rights in Comparative Constitutional Law*, Princeton University Press.

Tushnet, Mark 2014, *Advanced Introduction to Comparative Constitutional Law*, Edward Elgar.

Yamin, Alicia Ely and Parra-Vera, Oscar 2009, *How do courts set health policy? The case of the Colombian Constitutional Court*. PLoS Med 6 (2), pp.147-150.

Young, Katharine G. 2012, *Constituting Economic and Social Rights*, Oxford University Press.

第2章

生存権と勤労の義務をめぐって
――運の平等主義論争の生存権論への含意

辻　健太

1　序　論――勤労の義務とは

　本章の筆者に与えられたテーマは、生存権ないし社会権の現在の理論状況を総論的に検討すること、そして、その中で、労働と生存権保障の関係についても言及することである。そこで本章では、労働と生存権保障の対立関係の再検討を課題として設定したい[1]。そのように課題を設定する理由は、生活保護における自立ないし自律とその助長をめぐってジレンマが存在すること、そのジレンマに憲法学説も無関係ではないこと、そして、詳しくは本論で述べるように、このジレンマは憲法典の背後にどのような政治哲学を措定するかに関わっており、労働と生存権保障の対立関係という課題は、総論的検討というテーマに好適であると考えられたことである。

　憲法25条が定める生存権の具体化法である生活保護法は、国民に最低生活を保障するとともに、国民の自立を助長することを目的とする。この法律による保護は、生活困窮者が、「その利用し得る資産、能力その他あらゆるものを、その最低限度の生活の維持のために活用することを要件として行われる」（4条1項）。ここにいう「能力の活用」は、具体的には稼働能力の活用を意味し

---

[1]　本章では、労働と生存権保障の関係を勤労の義務と生存権保障の対立関係と理解して考察していくが、もちろん労働と生存権保障の関係はこれに尽きるものではない。遠藤 2015 は、勤労の権利と生存権保障の補完関係について論じる。

ている。つまり、生活保護を受給するためには、①稼働能力がないか、②稼働能力があり、稼働能力を活用する意思もあるが、しかし実際に稼働能力を活用する場がないことが必要であると、一般的には理解されている。

このように、生活保護の受給は能力活用要件によって規律されているため、この要件をどのように運用するかは理論上も実務上も極めて重要である。しかし、ここに問題が存在する。

近年の社会保障・生存権研究においては、生存権保障の目的を、国民に経済的な最低生活を保障することにとどまらず、個人が自律的・主体的に自らの生を追求するための条件整備ととらえる見方が主流になっている。しかし、稼働能力の活用を厳密に保護開始の前提条件として求めると、最低生活水準以下の困窮状態にあり、保護を必要としている者に対しても保護が行き渡らないという問題が起こりうる。こうした事態は、かつての生活保護法に存在した「欠格条項」を廃止し、困窮原因を問わずに無差別平等に保護を受けることができるとした改正生活保護法の趣旨にそぐわず、かえって国民の自立を遠ざける可能性があるほか、生活保護の見返りに一定の生き方の規準を押しつけるならば、[2] 個人の自律の観点からも問題となる。選別主義的な公的扶助による自立・自律支援には、このような、漏給と一定の善き生の押しつけというジレンマがつきまとう。

ところが多くの憲法学説は、能力活用要件を、憲法27条1項が規定する「勤労の義務」との関わりの中で理解してきた。多数説によれば、勤労の義務は、勤労の能力ある者がその機会があるにもかかわらず勤労しないときには、生存権の保障を国に求めることはできないという限りで、法的意味をもつ（宮沢 1974：330; 樋口ほか 1997：195-6〔中村睦男執筆〕; 木下＝只野 2015：319〔倉田原志執筆〕）。つまり、勤労の義務には生存権制約原理としての法的意味があると理

---

[2] 法改正当時、厚生省社会局保護課長として改正に尽力した小山進次郎によれば、怠業者や素行不良者には保護を行わないとしていた旧生活保護法2条や、有力な扶養義務者がいる者には窮迫した事情がない限り保護を行わないとしていた旧生活保護法3条をあえて削除する法改正を行った趣旨は、「何等かの意味において社会的規準から背離している者を指導して自立できるようにさせることこそ社会事業の目的とし任務とするところであって、これを始めから制度の取扱対象の外に置くことは、無差別平等の原理からみても最も好ましくないところだからである」（小山 1975：106）。

解されてきたのである。生活保護法4条1項にいう能力活用要件は、こうした解釈を確認したものだといわれる[3]。

　しかし筆者には、この多数説の見解は、本格的な検討の結果得られたものとはいいがたいように思われる。しばしば主張されるのは、財産権を保障する憲法29条が国民個々の財産権のみならず私有財産制度も保障していると解され、憲法22条が職業選択の自由を保障していることから、日本国憲法は全体として資本主義経済体制を採用しており、資本主義体制の下では自己の生計は自力で維持することが原則であるので、勤労の義務は生存権保障に優先するということである。しかしながら、こうした見解は、次の理由から自明なものとは言いがたい。

　第一に、資本主義と勤労の義務に上述のような法的意味を認めることとの間には距離がある。勤労の義務が社会主義政党の発案で憲法に書き込まれたにもかかわらず、資本主義を根拠にしてその法的意味の正当化が図られていることにも一端が表れているように、資本主義と勤労の義務のつながりは必然的というわけではない。

　第二に、抽象的にであれ、憲法上の国民の義務に法的意味を認めることは、立憲主義の考えともにわかには整合しない。仮に多数説の立場が、生存権の抽象的権利説とのアナロジーで、勤労の義務をいわば「抽象的義務」を定めた規定であると理解するものだとすれば、多数説の立場からは、国民に勤労を義務づける法律が存在しない場合、そのような立法不作為状態が、実体的問題としては、憲法の命じる客観法的原則に違反していることになり、生活保護法4条1項を改廃して能力活用要件を緩和・撤廃することが、むしろ違憲の評価を受けるということになりそうである。言い換えると、国民は法律を媒介にしつつも、究極的には憲法によって、勤労する法的義務を負わされているということになりそうである。しかし、立憲主義に基づく憲法の主要な役割は、個人の人権を保障するために公権力を制限することにある。立憲主義的憲法の下で国民もまた憲法に拘束されるのだとすれば、それはその分だけ立憲主義を相対化することにつながる。

---

3) この他、雇用保険法32条も勤労の義務の法的意味を確認した規定だと指摘されることがある。

第三に、勤労の能力ある者が懈怠して勤労しないときには生存権の保障は及ばないという解釈は、すでに紹介した生活保護法の改正趣旨と齟齬があるが、そのことについて、憲法学の多数説はさしたる説明を施しているわけではない（笹沼 2008：45; 山森 2012：37）。

　かように幾重にも疑問が提起されうるにもかかわらず、勤労の義務に生存権保障の前提条件としての法的意味を認める解釈が長らく憲法学の多数説だとされてきたのは、この解釈が「働かざるもの食うべからず」という直観に訴える力をもっていること、および、憲法が公権力に対する法規範であることから、国民の憲法上の義務というテーマに憲法研究者の食指が伸びにくいという事情があったからかもしれない。本章は、生存権保障を勤労の義務に劣後させる解釈の妥当性を原理的に検討することを課題として、勤労の義務理解について一定の貢献をなすことを目指している。

　本章の構成は以下の通りである。第2節において、今日の生存権の基礎づけ論の最高到達点といえる自律基底的社会保障法論（以下、「自律基底的理論」）とそれに対する批判を紹介することで、勤労の義務に生存権制約としての意味を認めるかどうかをめぐって理論状況に対立が存在していることを示す。この対立は、憲法典の背後にどのような政治哲学を措定して憲法構造を理解するかに関わる。第3節では、自律基底的理論に影響を与えている「運の平等主義 luck egalitarianism」をめぐる議論状況を概観することで、生存権の基礎づけ論に対する示唆を得る。第4節では、運の平等主義に代わる構想としてジョン・ロールズの正義論を取り上げ、最後にそれを踏まえて勤労の義務の法的意味について試論を提示する。

2　自律基底的理論とその批判

(1)　自律基底的理論

　生存権の基礎づけにおいて、近時、憲法13条が保障する「個人の自律」に生存権の基礎を求める学説が有力に主張されている（佐藤 2008; 竹中 2010; 尾形 2011; 菊池 2010）。その典型といえるのが、菊池馨実の自律基底的理論である。自律基底的理論によれば、社会保障の目的は、国民の生活保障に止まるもので

はなく、「個人の自律の支援」、すなわち「個人が人格的に自律した存在として主体的に自らの生き方を追求していくことを可能にするための条件整備」にある。この目的から、尊重されるべき規範的価値として、①個人基底性、②自律指向性、③生き方の選択の幅の平等ないし実質的機会平等といった原理が導き出され（菊池 2010：59）、さらに下位原則として、個人基底性原理からは、「国家による個人への過度の干渉に対する警戒」と「個人単位での権利義務の把握」が、自律指向性原理からは、「参加原則」、「選択原則」、「情報アクセス原則」、「貢献原則」が、生き方の選択の幅の平等ないし実質的機会平等の原理からは、「医療・福祉・介護サービスの充実」、「子どもへの実体的保障」、「精神的自律能力の不十分・欠如に対するサポート」、「失業者等の就労支援」といった原則が導き出される（菊池 2010：15-27）。

　自律基底的理論がこのような原理原則を掲げることには、それが前提とする人間像が関係している。自律基底的理論は、憲法13条の解釈学説であるいわゆる人格的自律説に依拠して、自律的個人像に生存権を基礎づける。ただし、自律基底的理論がいう自律的個人は、共同体における個人間の関係性を前提とした存在であり、また一定の公共心を備え自己利益のみを追求する存在ではないとされる（菊池 2010：60）。自律基底的理論は、社会保障のメタ理論的な基礎づけに、このように理解された自律的諸個人が契約を取り交わし、社会保障制度を設立するという社会契約論的説明を用いる。社会保障制度は、人間が生まれてから自律的個人へと向かって成長を遂げ、自律性を保持しながら生きていくための前提条件として捉えられ、それがゆえに自律的諸個人は、社会保障制度の設立に合意するとされる。

　以上のような自律基底的理論には、契約論的構成を採用し、生存権の規範的基礎づけに構造を与えることによって、論争すべき論点を浮かび上がらせることに成功したという意義を指摘することができる。自律基底的理論の貢献は、生存権そのものの基礎づけを自覚的に推し進めることにより、生存権の規範的基礎づけ論の問題地平を切り開いたところに求められる。また、次の議論との関係で指摘しておかなければならないのは、自律基底的理論が、自律を基調として自由権と社会権を統一的に把握しようとしたことである。福祉国家のパターナリスティックな介入が個人の自律を損なうという批判に対して、社会保障

がむしろ個人の自律を下支えするのだと指摘することには、重要な意義があろう[4]。

(2) 自律基底的理論批判

もっとも自律基底的理論に対しては批判がないわけではない。代表的な批判者である笹沼弘志は、かねてより宮沢俊義に始まる「戦後立憲主義憲法学」を批判してきた。それは、戦後立憲主義憲法学が、自立自助、自己決定＝自己責任を内実とする「古い自立」のイデオロギーを共有しているとされるからである。古い自立イデオロギーは宮沢の勤労の義務理解に現れているとされる。勤労の義務が自己責任と結びついたとき、勤労の義務による生存権制約に論拠が与えられ、国民に勤労の義務がある以上、勤労の能力ある者がその機会があるにもかかわらず勤労しないときには生存権の保障を国に対して求めることはできないことになる。序論（第1節）で述べたとおり、この見解が現在でも憲法学界の多数説だとされているが、笹沼によれば、こうした見解は、自己決定＝自己責任論に内在している、保護を通じた恣意的支配＝服従の構造を等閑視しているものとして批判されるべきものである（笹沼 2008 : 42-9）。笹沼の批判は、自律的個人像を基底にして、自律指向性原理から貢献原則を導き出す自律基底的理論にも向けられる（笹沼 2008 : 53-6）[5]。

(3) 自律基底的理論からの応答

以上のような批判に対して、自律基底的理論の側は原則的立場を崩していない。菊池は、社会保障法関係において想定されるべき基礎的法主体として、「積極的能動的な権利義務主体」が想定され、個人は権利主体であると同時に積極的能動的な義務主体でもあるから、一方的に社会保障給付を受けるにとどまらず、自らも一定の「貢献」を積極的になすべきことが規範的に求められるとする（菊池 2010 : 20）。この貢献は、典型的には社会保障の費用負担として現れるが、生活保護受給者のように現実的に費用負担能力を欠く場合であっても、

---

[4] 本項は、旧稿の記述（辻 2013b: 29）を大幅に利用している。
[5] 菊池の各論的な政策提言が「主観的に批判しているはずの新古典派経済理論に依拠した『改革』提案と一致する」ことを指摘する倉田 2009: 60 も参照。

抽象的な負担可能性がある以上、自立に向けた積極的取組みが、貢献として求められる（菊池 2010：33）。ゆえに菊池は、「『勤労の能力があり、その機会があるのに関わらず、勤労しようとしない者に対しては、生存権や労働権の保障が及ばないというかぎりで、勤労の義務に法的意味を認める』とする憲法学の有力説ないし多数説を支持する」（菊池 2010：32）ことになる。尾形健も同様に、生存権の文脈で想定されるべき自律的・主体的個人という法主体は、「一定の社会的責務を担いうる主体としても観念しうる」として、「無拠出の給付についても一定の社会的責務を担いうる主体として観念することも認められ、通説的見解〔憲法学の多数説〕が、生活保護法4条1項（保護の補足性）について、『勤労の義務』（憲法27条1項）との関係で論じてきたことには、相応の意味があるのではないか」、「公的扶助システムの創設に際し就労要件等を課すことに合理性が認められるとすれば、一つの説明として上記のような立場もありうるのであって、それは憲法構造ないしそれが想定する法主体の観念からも正当化しうるのではないか」と述べる（尾形 2011：128-9）。

このように、自律基底的理論と笹沼の理論は、勤労の義務のとらえ方を巡って対立を示している。すなわち、義務、貢献、責務といった観念を強調し、勤労の義務を果たすこと、あるいは少なくとも果たそうとすることを生存権保障の要件と捉える自律基底的理論と、困窮に陥ったことをおそらく唯一の要件に生存権を保障しようとする笹沼という対立である。そして、この対立は、憲法の背後にどのような法主体を想定するかに関係している。自律基底的理論は、生存権の基礎づけ論の文脈で想定される自律的個人像という法主体像から、自己決定の主体→責任主体→勤労の義務の法的規範性の肯定という論理をたどって、勤労の義務の法的基礎づけ論としても機能しているのである。

憲法の背後にどのような法主体を想定するのかという問題は、さらにさかのぼると憲法の背後にどのような政治哲学を措定して憲法構造を理解するかという問題に関連している。そこで次節では、自律基底的理論に影響を与えていると考えられる、ロナルド・ドゥオーキンの選択による運と自然の運との区別を嚆矢とする運の平等主義の考え方を見ておきたい。[6]

3　運の平等主義とその批判

(1) 運の平等主義

　運の平等主義とは、個人が責任を負うべき選択による運（option luck）と、個人が責任を負いえない自然の運（brute luck）とが区別できることを前提に、自然の運が個人の社会的地位に影響を与えることを不当と考え、その影響を除去することを狙いとする平等主義の立場である（Hirose 2015 : 45）。日本の憲法学説においては、運の平等主義をもっぱら厚生主義（welfarism）と結びつけて理解する見解もあるが（小泉 2016 : 41）、本来、運の平等主義は、平等の指標を資源と見るか、厚生と見るかという、いわゆる「何の平等か」という論点とは別の次元にある。運の平等主義は、平等の指標を資源と見るのであれ、資源から引き出される厚生と見るのであれ、個人が負うべき責任の有無によって平等に分配すべきかどうかが決まるとする理論である。運の平等主義にとって重要な区別は、責任の有／無の間に引かれ、この区別は資源と厚生の間の区別をまたがって引かれる（Hurly 2007 : 324）。したがって、運の平等主義は、資源主義とも厚生主義とも結びつく[7]。

　運の平等主義の一応の魅力は、人々の直観に訴求する力をもっているところにあるだろう。説明のために、生まれもった障碍のために経済的に不遇な状態

---

[6] たとえば菊池 2000 ではドゥオーキンやアラン・ゲワースらの政治哲学が参照されている。菊池は、ドゥオーキンの正義論について、社会保障法関係における基礎的法主体である個人が「適切な費用負担を負い積極的に運営に参加するなど、単に受動的な受給者であることを超えて果たすべき役割を改めて明確化することにつながるとともに、社会保障の根本目的を自律した個人の主体的な生の追求による人格的利益の実現のための条件整備ととらえる筆者〔菊池〕の考え方とも大きく重なり合う」とする（菊池 2000 : 238）。また、尾形 2011 が社会保障関係において想定される法主体を一定の社会的責務を担いうる主体としていたのも、マイケル・ウォルツァーやドゥオーキンの分配的正義論から示唆を受けてのことだとされる（尾形 2011: 128）。尾形は、ドゥオーキンの正義論について、「具体的な社会保障制度のあり方を構想する際、その基本理念として有力な原理となりうる」とする（尾形 2011 : 89; 130 の記述も参照。なお、ゲワースの道徳的人権論について、筆者は辻 2016 において検討したことがある。

[7] たとえば、資源の分配を支持する運の平等主義者としてドゥオーキンの他にエリック・ラコウスキ（Rakowski 1991）を挙げることができる。フィリップ・ヴァン・パリースも資源主義的な運の平等主義を一部取り入れている（Van Parijis 1995）。厚生主義的な運の平等主義者としてはリチャード・アーネソン（Arneson 1989）を、資源と厚生の中間的指標（有利性）を用いる運の平等主義者としてジェラルド・コーエン（Cohen 1993）を挙げることができる。

にある者のことを想像してみよう。この者は、障碍をもって生まれ落ちたことを選択したわけではない。しかし、にもかかわらず、障碍のない者との間で経済的格差を生じさせているとする。このような例を想像したとき、多くの人は直観的に次のように考えるのではないだろうか。この障碍者の不遇な経済状態は、道徳的に恣意的な要因によってもたらされており、道徳的に恣意的な要因の被害者であるこの障碍者の経済状態は改善されるべきであると。他方、一攫千金を夢見てリスキーなギャンブルに手を出した結果、ギャンブルに負け、莫大な借金を負った者についてはどうだろうか。この例において、莫大な借金は、ギャンブラーの選択の結果もたらされたものである。おそらく多くの人は、ギャンブルの帰結は道徳的に恣意的ではなく、結果として生じた不遇な状態は、ギャンブラー自身が責任を負うべきであると考えるであろう。個人の選択の結果もたらされた不運は不正義ではなく、是正の必要はないのに対して、個人のコントロールを超えた、道徳的に恣意的な要因によってもたらされた不運は不正義であり、是正されるべきである。運の平等主義は、このような直観を反映しようとする分配的正義の理論である。

　よく知られたことだが、道徳的に恣意的な要因への対処は、ロールズの正義論においても重要なテーマとなっていた。ロールズによれば、生まれ落ちた家庭や社会の環境、生まれもった才能や能力といった偶然性から影響を受けることは、道徳的観点から見て恣意的である。社会の基礎構造を統制する正義の諸原理を選択するにあたり、これらの偶然性から人々が利益を得たり、不利益を被ったりすることがあってはならない。このことを確実にするためにロールズが編み出した概念装置が、「原初状態」における「無知のヴェール」というアイディアである。原初状態において無知のヴェールに覆われた契約当事者たちは、社会的・自然的偶然性についての情報を遮断された上で正義の諸原理を選択する。契約当事者は、無知のヴェールが取り払われた現実の社会においては、自らが偶然性によって不利な影響を受ける立場に置かれるグループであるかもしれないと考え、最も不遇なグループの生活状態を改善しうる限りでの不平等を容認する格差原理を採択する。

　しかし、運の平等主義が先の障碍者とギャンブラーの例を区別するのに対して、ロールズの格差原理は二つの例を区別しない。いったん無知のヴェールが

取り払われると、最も不遇なグループがどのような要因でその不遇な状態に至ったのかについて、格差原理は無差別である。たとえ自己の選択が要因で不遇な経済状態に至ったギャンブラーであっても、彼がその社会で最も暮らし向きの悪いグループに属する者と同定されるのであれば、格差原理は、そうした人々の最大の利益になるようにしか経済的不平等を許容しない。他方、選択による運と自然の運の区別や、自然の運を選択による運に読み替える働きをする「仮想的保険市場」といったドゥオーキンの概念装置は、ロールズの正義論以上に、個人の選択に対して感応的である。このようなロールズ理論と運の平等主義との違いは、ロールズ理論が道徳的に恣意的な要因の影響を、分配原理の内容を構想する段階で除去するのに対して、運の平等主義はむしろ、構想された後の分配原理によって除去しようとするところに由来する。この点は、運の平等主義とロールズ理論の明確な違いといえる[8]。そしてこの点ゆえに、運の平等主義は、ある面では、ロールズの格差原理より、人々の直観と整合的であるといえる。

(2) 運の平等主義批判

しかしながら、運の平等主義には、いくつかの批判も提起されてきた。ここでは大きく分けて二点批判を紹介したい。

第一は、選択による運と自然の運を截然と分けることができるのかというものである。小泉良幸も言うように、「具体的個人は、つねに・すでに『環境』のなかに巻き込まれて『在る』」（小泉 2016：8）。決定する自己は、自己を取り巻く環境につねに・すでに規定されながら決定をする。そうした状況の中で、自己が責任を負うべき選択による運と、自己が責任を負わない自然の運とを画然と分かつことは、容易ではない。また、自己が責任を負わない偶然の環境にまったく規定されない、純粋に自己の責任の下でなされる決定などがかりにも存在しないとすれば、自己決定の結果に自己責任を負う必要はないと考えることも不可能ではない。にもかかわらず、運の平等主義者の多くがそのように考

---

[8] 運の平等主義とロールズの正義論との違いについては、Hirose 2015：42-7 や井上 2016：160 を参照。

えないのは、彼らが多かれ少なかれ自由意志の存在を前提にしているからだと考えられる。しかし、自由意志の存在は哲学上の難問である[9]。ドゥオーキン自身は当然、選択による運と自然の運の間の線引きを可能だと考えているわけであるが、この線引きは、「一般人の倫理的経験に基づいてなされる」(Dworkin 2000 : 289-90)。選択と自然の線引きという形而上学的難問は、市井の人々の倫理的経験を介して、実践的には、社会保障受給権を社会通念に依存させることになる。「反平等主義的右派の武器庫にある最も強力な観念、すなわち選択と責任という観念を平等主義に導入する」(Cohen 1989 : 933) ことで右派的言説に対抗しようとした運の平等主義が、実際に平等主義としての実質をもつか否かは、国民感情に依存する。

　批判の第二は、運の平等主義の実践的含意に関わる。この批判はさらに二つに細分される。その第一は、運の平等主義が、個人の責任を問いえない不平等に対しては何らかの給付を行う点に関連している。個人の責任を問いえない不平等とは、典型的には、天賦の才能に恵まれないことや先天的障碍をもっていることである。エリザベス・アンダーソンによれば、障碍者に対して、たとえば次のような手紙が政府から送られたとしても、運の平等主義はそれを批判する視点を持ち合わせていない。

> 障碍者のみなさまへ：嘆かわしいことに、みなさまの生まれつきの障碍で損なわれている能力、ないし現時点での障碍によって、みなさまの人生は普通の人の人生より価値の低いものとなっております。この不幸を埋め合わせるべく、われわれ健常者はみなさまに、少なくともみなさまのうち一人くらいは、自分の人生が他の人の人生と比べうるものだと思っていただけるような、価値のある生活を送っていただけるよう、特別に資源を提供します (Anderson 1999 : 305)。

給付を受ける側にとって、これほど自尊心を傷つける措置はないであろう。しかし、アンダーソンによれば、運の平等主義はこうした措置を、個人に降りかかった自然の不運の影響を除去するものとして正当化してしまう。

---

9) たとえば Scheffler 2003 : 17-21 を参照。

また、自分の才能の欠如や障碍の存在を公的機関に訴えないと給付が受けられないとすると、給付の申請者は、自らの才能の欠如や障碍が給付に値することを、スティグマを覚悟して訴えなければならない。その際、公的機関の担当者は、申請者の訴えが真に給付に値するかどうかを判断するために、申請者のプライベートな部分を調査することになろう。申請者は、受給に至るそうした一連の手続の中で、自らの「劣った」部分を他者に暴露し、それがもたらす不遇な境遇が自己の責任によるものではないことを自ら他者に証明しなければならない。給付を受けることと引き換えに自己の劣位を自他に意識させる制度は、申請者にとって「恥ずべきことか、あるいは屈辱的ですらある」（Wolff 1998：114）。こうした状況下では、給付の申請者が、一人の人間として等しく尊重されているという感覚を保持することは難しく、スティグマを恐れて申請を控える事態も想定しうる。個人の責任を問いえない自然の不運に対する給付という観点からでしか平等な分配を構想しない場合、自己尊重や平等な尊重といった価値は、容易に毀損される。

　運の平等主義の実践的含意に対する批判の二つ目は、運の平等主義が、個人に責任のある不平等は放置してしまう点にある。たとえば、保険をかける機会があったにもかかわらず保険をかけず、不注意で重大な交通事故を起こし、重体に陥ったドライバーは、自己責任として不遇な状況にあることが放置される。こうした事態は一般的にいって道徳的直観に反しようが、しかしアンダーソンによれば、運の平等主義はこうした事態を不正であると評価することができない。なぜなら、このドライバーは無謀にも無保険で運転することを自ら選択したのであり、選択による運の結果は自ら責任を負うべきだというのが運の平等主義の基本テーゼだからである（Anderson 1999：295-6）。

(3)　運の平等主義からの応答と憲法学への示唆

　こうした運の平等主義批判に対し、多くの運の平等主義者は、原理を多元化することで応答している。つまり、運の平等主義を他の原理で補完することによって批判を回避しようとしている。例えばシュロミ・セガルによれば、分配的正義は単一の原理から構成されるわけではなく、責任（セガルの用語では「公正」）は複数ある原理のうちの一つにすぎない。他の原理としては、自己尊重

やベーシックニーズの充足などがあり、時にこれらは比較衡量される（Segall 2010：64-6）。つまり、責任は他の原理に常に勝る切り札ではないのである。屈辱的な告白を強制したり、無謀なドライバーを放置したりする事態は、まさに原理間の比較衡量が行われるべき場合に該当し、不遇な事態に陥ったことが自己責任であろうとなかろうと、自己尊重を傷つけないために「公正」と考えられるところ以上の給付をしたり、ベーシックニーズを満たす給付をしなければならない（Segall 2011：68, 188）。[10] ニコラス・バリーも同様に、平等主義の核となる原理は一つ以上あるとした上で、運の平等主義は平等なベーシックケイパビリティの保障とも結びつけることが可能であるとしている（Barry 2006：99-101）。

　生存権の基礎づけ論は、運の平等主義的な考え方を一つの基盤にしてきたが、こうした運の平等主義をめぐる議論動向は、生存権の基礎づけ論にどのような示唆を与えるだろうか。ここでは二つの方向性を提示したい。

　第一の方向性は、生存権の基礎づけ論も、運の平等主義にならい、原理を多元化することである。実のところ、自律基底的理論は当初からそのようなものとして構想されたか、あるいはそのような構想として理解することができる。というのも、たとえば菊池は、貢献原則のほかに、国家による個人への過度な干渉に対する警戒などを自律基底的理論の諸原則に挙げていたし、アマルティア・センのケイパビリティアプローチに着目した実質的な分配の重要性を説いている。そのような菊池がベーシックニーズの充足を軽視しているとは考えにくい。尾形も同様に、センやマーサ・ヌスバウムのケイパビリティアプローチにも着目しつつ、福祉を自己尊重の観念の基礎として位置づけている。

　ただし、多元化を志向する場合にもいくつか問題があるように思われる。第一に、責任原理以外の原理それ自体の正当化と原理間の優先づけの問題である。先に紹介した運の平等主義批判が教えてくれているのは、責任原理と、自己尊重などの責任原理以外の原理とが、時に対立するということである。このような対立が生じたとき、運の平等主義の側は、自己尊重やベーシックニーズの充

---

10) セガルは、ジョナサン・ウルフの議論を引きながら、無条件の失業給付がいかに怠惰な者を生む結果になろうとも、それは「恥辱的告白」を避けるための正当な給付であるとする。

足という責任以外の原理に訴えることで、責任原理を強調することに伴う難点が表立つのを避けている。同様の筋道を自律基底的理論もたどることができると考えられる。しかし、自己尊重やベーシックニーズという原理自体は、どのように理論的に基礎づけられるのだろうか。それは責任原理と整合的に基礎づけられるのだろうか。こういった点について、多元主義的な運の平等主義は十分答えられていないように見える（Hirose 2015：60）。かりに生存権の基礎づけ論において、自己尊重などの原理は、貢献原則とは別の理論的基礎から導き出されるとするならば、その理論的基礎は一体何だろうか。反対に、かりに自己尊重などの原理も、貢献原則と同じく人格的自律の観念から導き出されるならば、これらの原理原則間で対立が生じた場合に、当の人格的自律の観念を基準にして、原理原則間の優先順位を決することはできるだろうか。[11] いずれにせよ、生存権の基礎づけ論は、複数存在する原理原則のアドホックな衡量とならないよう、原理それ自体の理論的正当化に加えて、諸原理間の優先づけをも理論化する必要があるように思われる。

　第二に、責任原理以外の原理が正当化されたとして、逆説的に生じる問題がある。それは、運の平等主義の必要性である。責任原理以外の原理をなんらかの理論的基礎に基づいて正当化することができ、その原理に生存権を基礎づけることで、スティグマなどの運の平等主義の難点を回避することができた場合、生存権の基礎づけに関心を寄せる者にとって、それでもなお、運の平等主義にこだわる理由は残っているだろうか。というのも、運の平等主義の実践的含意に対して提起された問題は、いずれも希少な福祉資源ないし医療資源を誰に分配するかという、まぎれもない分配的正義の問題である。このような問題に対して、運の平等主義の側は、運の平等主義に訴えるのではなく、それ以外の原理に訴えて答えようとしている。そのことはつまり、運の平等主義は、それ単独では分配的正義の問題に対して満足な答えを示すことができないことを意味している。多元化を志向する場合、このような戦略に訴えなければならない運の平等主義を、生存権の基礎づけの文脈で援用する必要があるのかが、改めて

---

11) たとえば、ともに自己尊重の価値を強調しつつも、無条件給付に肯定的なセガルと、社会的責務を強調することで無条件給付を否定する尾形という具合に、自己尊重と責任の比較衡量の結果は、同様の価値を前提に置く論者の間であっても一様ではない。

問題となろう。

　このように考えてみると、もう一つの方向性に思い至る。それは、運の平等主義の立場から離れるということである。自律基底的理論に対する笹沼の批判や、運の平等主義に対する批判が示しているように、自律を強調することが自己責任論と結びつき、そのことがかえって自己尊重の基盤を掘り崩しているのだとしたら、責任の有無によって平等に分配すべきかどうかを決める理論から離れる方向性も、真剣な考慮に値しよう。本章は、その一つの可能性をロールズの正義論に見出す。

4　財産私有型民主制と自己尊重の社会的基盤

　前節の内容を簡単に確認しておきたい。運の平等主義批判が示していたことは、自己尊重と責任は互いに対立することがあり、少なくともある場面においては、自己尊重が責任に対して優先されるべきことである。そのように考えるからこそ、運の平等主義は、多元化することによって批判を回避しようとしていたのである。しかし、これらの原理間の整合性や相対的優先性という問題について、運の平等主義は十分な回答を与えることができていなかった。

　この点、ロールズの正義論において、正義の諸原理は、自分自身の善の構想を有しかつ正義の感覚を発揮できる合理的な存在者である道徳的人格が、各自の利益を増進しようとした結果到達した基本的合意として採択され、相互の優先順位も明確である。原初状態において無知のヴェールの背後にいる契約当事者は、合理的な選択の結果、辞書式順位づけをもった正義の二原理に合意するのである。これらの原理は、自己利益の増進という同一の観点から説明される。

　また、ロールズの格差原理は、運の平等主義とは違って、不遇な状態に至った者がなぜ不遇な状態に至ったのか原因を問うことがない。さらに、ロールズが分配の対象にしている社会的基本財のうち、ロールズが最も重視しているのは、自己尊重の社会的基盤である。ロールズ理論においては、運の平等主義のようにスティグマをもたらすような不平等は、あらかじめ排除されていると考えるべきである。

　ロールズは正義の二原理を体現する経済体制として「財産私有型民主制」を

構想している。財産私有型民主制の特徴を、福祉国家と比較してロールズは次のように述べている。勤労の義務の法的意味を再考する上で示唆的であるので、少々長くなるが引用しよう。

〔財産私有型民主制と福祉国家の〕一つの主要な差異は、財産私有型民主制を支える諸制度が、その下で（よく機能する）競争市場システムとともに、富と資本の所有の分散を図り、そうして社会のごく一部が経済を支配し間接的に政治生活そのものを支配することを防ごうとすることである。財産私有型民主制は、これを、各期の終わりに低所得者層に所得を再分配することで防ぐのではなく、いわば、生産用資産の所有と人的資本（教育された能力や訓練されたスキル）の所有を各期の初めに広範に分散させることを確保することによって防ぐ。……この理念は、アクシデントや不運によって負け組となった人々を援助することだけではなく（もちろんそれはなされるべきだが）、むしろあらゆる市民が適切な平等の条件の下で相互尊重に基づいて自分のことは自分でなんとかしつつ社会的協働へと参画できるような態勢をとれるようにするものである。……
　福祉国家が掲げる目標は、いかなる人もディーセントな生活水準以下に陥らないようにすることであり、またすべての人が……アクシデントや不運からの一定の保護措置を受けることにある……。だがこうしたシステムは、格差原理を侵害する大幅な所得格差だけでなく、政治的諸自由の公正な価値とは両立しない甚大かつ後続世代に受け継がれる富の不平等を許容してしまう。
　反対に、財産私有型民主制が目指すものは、自由かつ平等な人格とみなされる市民たちによる、長期にわたる公正な協働のシステムという社会の理念を実現することにある。……強調されるべきは、資本および資源の所有が相続と譲渡に関する法律によって時間をかけて着実に分散されること……である（Rawls 1999：xiv-xv）。

　以上の引用から読み取れる財産私有型民主制の特徴は、生産用資産や人的資本を事前に広範に分散させること、それによって社会のごく一部に財産所有が集中することを防ぐこと、そして自由かつ平等な人格とみなされる市民たちによる公正な社会的協働への参画を目指すことである。ロールズは、福祉国家がいかなる人に対してもベーシックニーズを充足するディーセントな最低限度の生活を保障するものの、そのための所得再分配は、援助を必要としている人を事後的に同定することによって行われるのみであり、福祉国家が資産や所得の

集中を許容し、自由かつ平等な市民としての地位の保障を軽視しているとして、これを批判する[12]。自由かつ平等な市民の地位、すなわち、「適正な程度の社会的・経済的平等を足場として自分自身のことは自分でなんとかできる立場」(Rawls 2001 : 139) に市民を置くためには、財産所有の脱集中化が必要なのである。

ロールズは、そのための施策として、定率の消費税のほかに、不平等に所有されている資産に関して、相続や贈与などによって資産を受領する側に累進課税を適用することを提案している。そうすることで長期的かつ継続的に不動産や生産用資産が分散されることを図り、正義と両立しないほど拡がった富の格差が解消されていくことを狙いとしている (Rawls 2001 : 161)。そうして、「自由かつ平等な人格とみなされる市民たちによる、長期にわたる公正な協働のシステムという社会の理念」の実現をロールズは目指すのである。

5 結びに代えて──再び勤労の義務とは

本章はこれまで以下のことを論じてきた。第2節において、自律基底的理論とそれに対する批判、さらには自律基底的理論の側からの応答を紹介することで、生存権保障において、勤労の義務に生存権制約の意味を承認するのか否かという点で、一つの対立軸を引くことができることを示した。すなわち、義務、貢献、責務といった観念を強調し、少なくとも勤労の義務を果たそうとすることを生存権保障の要件と捉える自律基底的理論と、困窮に陥ったことをおそらく唯一の要件に生存権を保障しようとする笹沼という対立である。そして、この対立は、憲法の背後にどのような法主体を想定するかに関係していることを示した。積極的能動的な権利義務主体に生存権を基礎づける自律基底的理論は、生存権制約原理としての勤労の義務の規範的基礎づけ論としても機能しているのである。本章は、このことは自律基底的理論が憲法の背後に責任を強調する政治哲学を措定していることに関連していると見定め、第3節において、選択による運と自然の運を区別することで自然の不運の影響を中和化する運の平等

---

[12] ロールズのいう福祉国家（福祉国家型資本主義）の定義については Rawls 2001 : 137-8 参照。財産私有型民主制と福祉国家の相違点については Rawls 2001 : 139-40 も参照。また、ロールズのいう福祉国家と運の平等主義が類似の問題を抱えていることについて金 2011 参照。

主義と、それに対する批判、さらには運の平等主義の側からの応答を概観することで、責任と自己尊重は時に対立し、少なくともある場面においては自己尊重が責任に対して優先されるべきことを示した。そのように考えるからこそ、運の平等主義の側は原理を多元化することによって、自己尊重などの価値を自らのうちに取り込もうとしたのである。しかし、原理の多元化は新たな問題を引き起こしている。それは、多元化することによって付け加えられた諸原理それ自体の理論的正当化と、諸原理間の順序づけという問題である。これらの問題について、運の平等主義は十分な回答を与えることができていなかった。さらにこれらの問題を括弧に入れるとしても逆説的に生じる問題がある。それは運の平等主義の必要性である。原理を多元化することで生き残りを図る運の平等主義の戦略は、運の平等主義がそれ単独では分配的正義の問題に満足な答えを示すことができないことを示している。そこで第4節において、運の平等主義に代わる正義構想として、ロールズの正義論を取り上げた。ロールズの正義の二原理は、自己利益の増進という同一の観点から説明され、しかも明確に優先順位が決められている。また、ロールズの格差原理は、運の平等主義とは違って、不遇な状態に至った者がなぜ不遇な状態に至ったのか原因を問うことがない。さらに、ロールズが最も重視している分配の対象は、自己尊重の社会的基盤である。したがって、スティグマをもたらすような不平等は、あらかじめロールズ理論からは排除されているといえる。ロールズは正義の二原理を体現する経済体制として財産私有型民主制を構想したが、それを実施する一つの手段としてロールズは、不平等に所有されている資産に関してそれを受領する側に累進課税を適用することを提案している。

　以上のことを踏まえて、勤労の義務についてどのようなことがいえるだろうか。

　従来、勤労の義務は、生存権対勤労の義務という構図の下、生存権の制約原理として理解されてきた。しかし、序論（第1節）で示した通り、勤労の義務に生存権を制約する法的意味を認める解釈は、憲法の解釈として疑問があり、また、運の平等主義を検討した第3節で論じたように、原理論のレベルにおいても問題がある。そのことを踏まえるならば、勤労の義務は、生存権対勤労の義務という構図の下ではなく、経済的自由対公共の福祉という構図の下、生存

権をはじめとする他の社会権規定とともに、公共の福祉を構成する一要素として捉えなおされるべきだと考えられる。つまり、勤労の義務の法的意味は、生存権に対する制約ではなく、経済的自由に対する制約という文脈でこそ、理解されるべきである。経済的自由も含めた憲法構造全体を見据えて社会保障制度のあり方を構想する際に、ロールズの正義論は有力な指針となりうる。

憲法第3章の権利章典に掲げられている条項の中には、個人の権利というより国政がその実現を目指すべき社会全体の福利厚生の目標を示していると考えられるものが多く含まれており、権利章典の一部は公共の福祉の一部を構成していると見ることが可能とする見解がある（長谷部 2016：66）。こうした見解にしたがえば、勤労の義務は、社会国家的理念を表すものとして、生存権などの社会国家的権利とともに、経済的自由の制約原理、すなわち財産に対する課税根拠として理解することができる。この点で、勤労の義務に生存権制約の法的性質を認める多数説の淵源とされる宮沢俊義や小林直樹が、しかしその一方で、勤労の義務について、それが「社会国家の根本原理を定めたもの」であり、「不労所得生活が可能であるような場合には、他の人の生存権を保障する目的のために、そのかぎりで、私有財産制に対して何らかの制限を加えることも、当然許されるとみるべきであろう」と述べたり（宮沢 1974：329）、「私的所有と競争原理に基礎をおく資本主義社会は」、「働いても十分に食えない者と働かずに暖衣飽食できる者とがいわば制度的に共在する」という「不合理な貧富の差を生ずる可能性を体質的に持っているので、……そのような不合理の改善を、本条〔勤労の義務〕が立法政策にも要求している」と述べ、「不労所得者に対して、生活困窮者との不当なアンバランスを是正するために、この規定〔勤労の義務〕の見地から一定の合理的な制限を課する処置をとりうる」と解していたことは（小林 1980：275, 276)、後の世代の教科書レベルの記述からは消えていくが、もっと注目されてよいように思われる。前節で紹介したロールズの財産私有型民主制の構想は、宮沢や小林の見解のこうした部分と共鳴するところが多く、これらを理論的に正当化するものとして読むことも可能である。反対にいえば、勤労の義務には、不平等に所有されている資産に対して課税することで、その公正な分散を図り、あらゆる市民が適切な経済的平等を足場として自立し、自己尊重を損なわない社会的協働へと参画するための制度を構築するポ

テンシャルが備わっているといいうる。

　このように、勤労の義務に生存権の制約原理としての法的意味を認めない場合、生活保護法4条1項の能力活用要件と憲法上の勤労の義務との関係について改めて説明が必要となろう。この点、本章の立場からは、能力活用要件は、勤労の義務が法的効果をもつことに由来するのではなく、社会保障制度の設営が、まずは国の裁量に委ねられたことに由来するということになる。勤労の義務に生存権を制約する法的意味はなくとも、立法者が公的扶助制度を設立するにあたり、勤労の義務以外の事項を考慮に入れて能力活用要件やそれに類するものを制度化することはありうるところである。そのような考慮事項としては制度全体に対する有権者の支持や信頼など制度の持続可能性を高める要素などが考えられうる。しかし、こうした要素は、人格的自律や自律的個人、あるいは責任や貢献といった概念とは別個の概念である。現在ある能力活用要件を、憲法上の国民の義務の確認規定であるとか、憲法が想定する人間像の論理的帰結であるなどと説明する必然性は、ないように思われる。この種の規定の設置は、憲法の要請ではない。そのように理解すればこそ、生存権具体化立法においてどのような給付要件を置くか、その要件をどのように運用するかを枠づける憲法論を展開する余地が、十分に生まれるのではないだろうか。

※　本稿の一部を憲法理論研究会月例会（2016年11月19日、於日本大学）で報告した。示唆に富む質問・コメントを寄せてくださった参加者の方々に記して感謝する。また本稿は、早稲田大学特定課題研究助成費（課題番号2016K-116）、および、科学研究費助成事業・若手研究（B）（課題番号17K13615）から助成を受けている。

［参考文献］
《邦文文献》
井上彰　2016「運の平等と個人の責任」後藤玲子編著『福祉＋α⑨　正義』ミネルヴァ書房
遠藤美奈　2015「雇用・社会保障」佐々木弘通＝宍戸常寿編著『現代社会と憲法学』弘文堂
尾形健　2011『福祉国家と憲法構造』有斐閣

菊池馨実　2000『社会保障の法理念』有斐閣
　──　2010『社会保障法制の将来構想』有斐閣
木下智史＝只野雅人編　2015『新・コンメンタール憲法』日本評論社
金慧　2011「自律と所有──自己尊重の社会的基盤をめぐって」田中愛治監修／須賀晃一＝齋藤純一編『政治経済学の規範理論』勁草書房
倉田聡　2009『社会保険の構造分析──社会保障における「連帯」のかたち』北海道大学出版会
小泉良幸　2016『個人として尊重──「われら国民」のゆくえ』勁草書房
小林直樹　1980『〔新版〕憲法講義（上）』東京大学出版会
小山進次郎　1975『生活保護法の解釈と運用〔改訂増補〕』全国社会福祉協議会
笹沼弘志　2008『ホームレスと自立／排除』大月書店
佐藤幸治　2008「憲法と『人格的自律権』」同『現代国家と人権』有斐閣
　──　2011『日本国憲法論』成文堂
竹中勲　2010『憲法上の自己決定権』成文堂
辻健太　2011「なぜベーシック・インカムが望ましいか」田中愛治監修／須賀晃一＝齋藤純一編『政治経済学の規範理論』勁草書房
　──　2013a, b「個人から、再び国家へ──戦後日本憲法学における生存権論の批判的考察（1）・（2・完）」早稲田政治公法研究 103 号、104 号
　──　2016「人間本性による生存権の基礎づけは可能か──アラン・ゲワースの道徳的人権論の意義と限界」早稲田政治公法研究 112 号
中島徹　2010「福祉国家の公序──日本国憲法は『最低限度の生活』しか保障しないのか」阪口正二郎編『自由への問い 3　公共性──自由が／自由を可能にする秩序』岩波書店
沼田稲次郎　1975『社会法理論の総括』勁草書房
長谷部恭男　2018『憲法〔第 7 版〕』新世社
　──　2016『憲法の理性〔増補新装版〕』東京大学出版会
樋口陽一　2007『憲法〔第 3 版〕』創文社
樋口陽一＝佐藤幸治＝中村睦男＝浦部法穂　1997『注解法律学全集 2　憲法 II〔第 21 条～第 40 条〕』青林書院
福間聡　2014『「格差時代」の労働論　ジョン・ロールズ『正義論』を読み直す』現代書館
宮沢俊義　1974『法律学全集 4　憲法 II〔新版〕』（再版改訂）有斐閣
山森亮　2012「福祉国家における生存権と労働」同編『労働再審 6　労働と生存権』大月書店

《欧文文献》

Anderson, Elizabeth 1999 "What Is the Point of Equality?" *Ethics* 109（2）: 287-337.
Arneson, Richard 1989 "Equality and Equal Opportunity for Welfare," *Philosophical Studies: An International Journal for Philosophy in the Analytic Tradition* 56（1）: 77-93.
Barry, Nicholas 2006 "Defending Luck Egalitarianism" *Journal of Applied Philosophy* 23: 89-107.
Cohen, Gerald 1989 "On the Currency of Egalitarian Justice," *Ethics* 99（4）: 906-944.
　──　1993 "Equality of What? on Welfare, Goods, and Capabilities," in Martha Nussbaum and

Amartya Sen (eds.) *The Quality of Life*, Oxford: Oxford University Press: 9-29.

Freeman, Samuel 2007 *Rawls*, Oxfordshire: Routledge.

Hirose, Iwao 2015 *Egalitarianism*, Oxfordshire: Routledge.

Hurley, Susan 2007 "The 'What' and the 'How' of Distributive Justice and Health," in Nils Holtug and Kasper Lippert-Rasmussen (eds.) *Egalitarianism: New Essays on the Nature and Value of Equality*, Oxford: Oxford University Press: 308-34.

Rakowski, Eric 1991 *Equal Justice*, New York: Oxford University Press.

Rawls, John 1971 *A Theory of Justice*, Cambridge, MA: Harvard University Press.

―― 1999 *A Theory of Justice*, Revised ed., Cambridge, MA: Harvard University Press.

―― 2001 *Justice as Fairness: A Restatement*, edited by Erin Kelly, Cambridge, MA: Harvard University Press.

Scheffler, Samuel 2003 "What is Egalitarianism?" *Philosophy and Public Affairs* 31 (1): 5-39.

Segall, Shlomi 2010 *Health, Luck, and Justice*, Princeton: Princeton University Press.

Van Parijs, Philippe 1995 *Real Freedom for All: What (if anything) can justify capitalism?*, New York: Oxford University Press.

Wolff, Jonathan 1998 "Fairness, Respect and the Egalitarian Ethos," *Philosophy and Public Affairs* 27 (2): 97-122.

第3章

ケアの倫理から考える福祉権の可能性

岡野八代

はじめに――今なぜ、「福祉権」を論じるのか？

　いま日本で、いや世界中でわたしたちの福祉が脅かされている。80年代英米におけるサッチャー・レーガン政権時に、左派・右派双方からの批判が噴出した福祉国家の危機以降、グローバル経済の中で迫られる緊縮財政、労働法をはじめとする規制緩和、公共事業の民営化など、福祉国家体制下において保護されていた市民の社会保障・福祉制度はますます危機に瀕している。[1]

　他方で、日本の政治状況に目を向ければ、2012年に発表された自民党改憲草案は、前文において「和を尊び、家族や社会全体が互いに助け合って国家を形成する」と宣言する。また、明治憲法下における家制度の廃止と戦後日本の民主化、そしてなによりも女性の権利向上に大きな役割を果たした現行憲法第24条に、第1項「家族は、社会の自然かつ基礎的な単位として、尊重される。

---

1) 福祉国家をめぐる研究動向については、規範研究と実証研究とを分類しながら、「国家目標としての福祉国家」、「給付国家としての福祉国家」、「規制国家としての福祉国家」という三つの視点を掲げる武川2007を参照。武川によれば、90年代後半以降急速に展開したグローバル化の趨勢によって、各国政府は「資本の海外逃避の恐怖」に囚われ、社会政策の再編を迫られる。「多国籍化し超国家化した資本の各国政府に対する要求は、税負担の削減と規制の撤廃である。……税負担の削減は、主として給付国家としての福祉国家の社会政策に変更を迫り、規制の撤廃は、主として規制国家としての福祉国家の社会政策に変更を迫る」（ibid.: 82）。なお、政治思想史を専門とする筆者の本章での関心は、「国家目標としての福祉国家」にある。

家族は、互いに助け合わなければならない」を加えた。こうした家族条項に関する改定は、現行憲法の核ともいえる 13 条の改定と連動し、権力者たちの個人主義に対する攻撃・敵意の表れであると考えることができる。

　日本国内における反＝個人主義的／反＝立憲主義的な勢力と[2]、グローバルなネオ・リベラリズムの流れが合流するいま、両者によってもっとも脅かされているのが、わたしたち市民の生そのものであるといってよいだろう。

　本章では、こうした世界的・国内的な政治状況を背景としながら、市民の生そのものが脅かされるような時代にあって、「福祉権」という新しい概念に訴えることの必要性、そしてその可能性について探ってみたい。そのさい依拠するアプローチは、キャロル・ギリガン『もうひとつの声』（1982）に端を発し、哲学から社会政策論まで、多大な影響を与えたケアの倫理である。というのも、70 年代の第二波フェミニズム運動から生まれたケアの倫理は、既存の政治学・法学が前提としてきた人間像の転換と、権利概念の転換を迫っているからだ。

　かつて T.H. マーシャルが描いたように、近代国民国家の発展として理解される福祉国家の下で、国民的な市民権の中でも社会的権利は[3]、理念的であれ、国家の存在理由として最も市民に浸透した権利ではなかったか。それがなぜ、21 世紀に入り社会的権利は、深刻な危機に晒されるようになったのか。

　さらにいえば、生そのものに直接関わる社会的権利がなぜ、マーシャルが描く歴史では、市民的権利、政治的権利に続く最後の権利として認められ、リベラルな権利論の中でも、最も論争的な権利なのか。

　本章の目的は、「福祉」と「権利」を接合し、「福祉権」として概念化することは、権利概念それ自体の再概念化をも意味することを示すことである。

　そのために、第 1 節では、簡単に政治思想史における善き生をめぐる議論を振り返りながら、アリストテレス以来、「福祉」か「権利」かという二項対立

---

[2]　第二次安倍政権以降加速化した、反＝個人主義／反＝立憲主義については、岡野 2015 で論じた。

[3]　マーシャルによれば、社会的権利とは「経済的福祉と最低限の安全を請求する権利に始まって、社会的財産を完全に分かち合う権利や、社会の標準的な水準に照らして文明市民としての生活を送る権利に至るまでの、広範囲の諸権利ことを意味している」（Marshall 1992：8/16）。なお、社会的権利と、市民的権利・政治的権利との整合性をめぐる議論については、岡野 2009：40-44 を見よ。

が構築されてきたことを確認する。その後、ギリガンに立ち戻りながら、ケアの倫理からフェミニストたちが新たに提起する人間観を描いてみたい。

　第2節では、「福祉」か「権利」かという——本来矛盾するはずのない——二項対立を支えてきたのは、リベラリズムが自由の砦と考える家族に対する——逆説的に聞こえるが——露骨な介入であることが明らかにされるだろう。その際に振り返るのは、まさに「福祉権運動」という形でアメリカ社会に根源的な問題提起をした、黒人シングル・マザーたちの訴えである。その運動に学ぶことで、従来の男性労働者をモデルとした社会権ではなく、新たに福祉権を提起することの意味が見えてくるだろう。

　結論部では、グローバルな市場中心主義と国家による家族に対する介入に対抗する形で、「福祉権」という新しい権利を提唱していくことの意味と、その社会変革の可能性を述べることで、本章を結びたい。

1　ケアの倫理が示す、新たな人間像

　すでに日本でも法哲学・政治思想・社会学、そして福祉の分野において、ケアの倫理への関心が高まり始めて久しい (ex. 品川 2007, 2013)。しかしながら、『もうひとつの声』が60年代の女性解放運動を背景に——特に、中絶の権利との関係は重要である——生まれてきたことの意味は、日本ではあまり注目されていない。出版後10年を記念して刊行された93年度版の前書きと近年のギリガン自身の著書から振り返ると、いかにギリガンの関心が、合衆国の社会構造に対する批判にあったかということが了解される。「わたしの問いとは、……いかにわたしたちが知り、聞き取り、見て、語るかという、声と関係性をめぐるものなのだ」と注記している (Gilligan 1993: xiii. 強調は引用者)。

　さらにギリガンは近年、家父長制への抵抗、民主主義的な変革の比喩として

---

4) ギリガンに始まるケアの倫理を、ハンス・ヨナスによる責任の原理と接合させながら、正義論との関連を問うた品川 2007 は、倫理学の立場からケアの倫理を真正面に取り上げた大著である。品川は、ケアの倫理が妊娠と中絶をめぐる道徳的葛藤を中心とした女性たちのインタビューを通じ発見されたことを指摘するものの (ibid.: 144)、60年代後半に始まるフェミニズム運動の文脈については触れていない。なお、ケアの倫理と女性解放運動との関連については、岡野 2014 を見よ。

「声」というメタファーを多用している[5]。また、彼女の関係性への注目は、本章の以下で見るように、多くのフェミニストが人間像の変革を提起する契機ともなっている。

そこで、以下本節では、正義論をめぐってケアの倫理が語られてきた文脈を離れ[6]、福祉という概念の思想的背景へと立ち返りながら、ケアの倫理が提起する人間像の転換を分節化してみたい。

(1) 自由と福祉（＝「善く生きること well-being」）の二元論

「はじめに」でも触れたように、福祉をめぐっては、市民の生と直接関わる事象であるにもかかわらず、理念的にも歴史的にも、20世紀に入りようやく市民権として認められるようになる、というある種の捩れが存在する。そして、この捩れは、政治思想史において福祉がどのように語られてきたか——あるいは、語られてこなかったのか——、その始まりを想起するとき、さらに深刻なものに見えてくるだろう。たとえば、政治思想史とは、ひとは「単に生きるのみではなく、善く生きる」存在だと規定し、ひとが善く生きる意味とそれを可能にする政治体制を探求してきた学問である。

「善く生きること being well」とは、まさにわたしたちの福祉 well-being そのものであり、政治・国家とは、人びとが善く生きるための制度であり、その存在理由は、一人ひとりの善き生に他ならない。

ところが、この伝統の創始者の一人であるアリストテレスは、まず人間をロゴス的存在であると定義し（アリストテレス 2000 : 1253a）、最も人間らしい生を

---

5) たとえば、2011年に公刊された論文集に収録されている「未来のために振り返る――『もうひとつの声』再訪」において、ギリガンは次のように論じ、「もうひとつの声」が、民主主義的な変革と密接に関係していることを明らかにしている。「家父長制的な枠組みにおいて、ケアは女性的な倫理である。他方で、民主主義的な枠組みにおいて、ケアは人間の倫理である」（Gilligan 2011 : 22）。なお、本論文集においてギリガンは、民主主義とは相容れない家父長制が合衆国の政治・文化を未だ支配し、もうひとつの声を発することが、そうした家父長制に対する抵抗になりうると主張する。
6) たとえば、ギリガン自身は、正義対ケアといったアカデミズムにおける論争は、いったいなんのための議論だったのかと自問しながら、「正義対ケアといった論争のジェンダー化された性質が明らかになるまでは、わたしたちはその対立の一見した非妥協性に惑わされ続けるだろう」と述べている（Gilligan 2011 : 23）。

ポリスにおける言論と行為における卓越性——他者より抜きん出て優れていること——、すなわち政治的活動の中に見たのだった。政治についての、かれの周知の定義を見てみよう。ここでの主人とは、家長のことである。

> 主人の支配と政治家の支配とが同一であることも、すべての支配が互いに同じであることも、決してないことも明らかである。なぜなら後者は自然によって自由である者たちの支配であるのに、前者は自然によって奴隷である者たちの支配であり、また家政術（オイコノミケー）は独裁政治であるのに……、国政術（ポリティケー）……は自由で互いに等しき者たちの支配であるからである（ibid.: 1255b）。

アリストテレスによれば、世帯／家政（オイコノミア）household は人々がニーズを満たすために自然の衝動によって集う共同体であり、「善き生」のための熟慮と行為の場である政治体（ポリス）とは、その目的も、活動内容もその様式も、支配形態も、そしてなにより構成員——男性自由人か女性・子ども・奴隷——が異なっている。

古代アテネの民主政の中に、人間の自由の開花を見たハンナ・アーレントによれば、古代において「個体の生命と種の生存に関わるもの」はその定義上、非政治的な家政に関わる問題 household affair であった（Arendt 1958: 29/ 50）。家族は、生命の必要性（ネセシティ）／必然が支配する領域である。それに対して、アリストテレスがポリスを「自由である者たちの支配」、「等しき者たちの支配」と定義するのは、家族内における「必然」を克服した家長（マスター）たちが集う領域だからである。生命の必然を克服することが、ポリスの自由の条件であった。

当時の哲学者たちが奴隷制度を当然視していたのは、それがポリスの自由を維持し、市民の善き生を実現するための手段だったからである。家政は前政治的な制度であり、そこでは家長が妻子と奴隷たちを、ときに暴力をもって支配していた。その意味で、「家政は厳格な不平等の中心である」（ibid.: 32/ 53）。それに対し、行為と言論によって自らの卓越性を示す政治の領域は、平等な者のみが存在している。アーレントは、この平等についてはアリストテレスでなくヘロドトスから引用し、支配のない状態（イソノミア）であると定義する（ibid.: 32 (note#22) / 116（注 22））。したがって、この支配のない状態が暴力によって破壊されないために、生命の必要とそれを満たす必然性にかき立てられた労働（レイバー）は、厳格に私的領域に「隠されて」おかねばならなかった（ibid.: 71/ 101）。

したがって、隠されていたのは、「肉体によって生命の〔肉体的〕欲求に奉仕する」労働者であったし、肉体によって種の肉体的生存を保証する女であった。女と奴隷は、ともに同じカテゴリーに属し、隠されていた。しかし、それは女と奴隷がだれか別の人の財産だったからではなく、彼らの生活が「骨の折れる」もので、もっぱら肉体的機能に向けられていたからであった（ibid.：72/ 103。強調は引用者）。

つまり、政治思想史の原点には、人間的な善（＝自由）を獲得するためには、身体に関わるニーズは奴隷を使用してでも克服すべきであるといった理念が存在していた。そして、自由人は、そうしたニーズの充足には関わらなくてよいという意味においても、自由な人びとであった。

こうした自由とニーズ充足との二項対立は、時代を経て、T.H. マーシャルが描く市民権の歴史の端緒にも、異なる形であれ維持され続ける。古代アテネの自由観は、公的領域への参加を中心とした積極的な自由であった。他方で、近代国民国家の発展をイデオロギー的に支えたリベラリズムにおいては、所有権（＝自由・生命・財産）を中心とする私的領域に対する国家の介入からの自由が唱えられ、自由は消極的なものへと意味を変える。しかしながらも、財産をもたず肉体労働に従事せざるをえない者、すなわち自由を享受できない者は、やはり十全な市民とは認められてこなかった。「また女と子どもは市民ではなかったから、例外的に国家の保護の対象となりえた。……工場法は、当初、児童労働の禁止と女性保護から成り立っていた。男のおとなにとっても、救貧法の対象となるということは、市民でなくなるということを意味した」（武川 2007：218）。

(2) ギリガンの主張

〈善く生きるとは、自由であること〉と規定してきた西洋政治思想史を、古代から近代へと大雑把な形であれ概観するだけで、現在のわたしたちであれば、福祉 well-being を最も必要としていると考えるであろう人びとが、政治の中心＝公的領域（＝市民としての活動の場）から排除されてきたことが了解される。政治の世界においては、自由——いかなる意味であれ——を享受できる男性市民のみが存在し、自由を享受できない者は社会に、あるいは自由な男性に依存

する者として、十全な市民権から排除されてきた。

　マーシャルが見た、19世紀から20世紀の階級闘争を経て獲得されていく社会的権利は、その意味で、依存する存在を、社会的給付を通じて自由を享受できる存在へ、すなわち市民へと包摂する働きをした。

　しかしながら、自由——公的参加であれ、所有権の享受であれ——を理念とする市民像は変化せず、したがって、20世紀に確立される社会権とは、そもそも自由を享受できていた既存の市民たちからの、社会権が存在しなければ自由足りえない人びとへの、国家を介する再配分という形で構想される。たとえば、武川正吾のいうように、「現実に存在する福祉国家が社会保障をはじめとする再配分のための諸制度をそなえていることについての異論は少ないと思う。再配分は、ある主体が所有する資源を、第三者を介して別の主体に移転することを意味している」(ibid.: 1. 強調は引用者)。

　ここにおいて、ようやくわたしたちは、ギリガンに端を発するケアの倫理から、〈善く生きること〉と、〈一人では善く生きることが適わない人びとへの、第三者を介する給付〉という双方の意味をもつ福祉概念の、その捩れた関係——善く生きるために福祉を必要とする者が、現状において「善く生きることができない＝自由ではない」ために、その権利から排除されがちである——について批判的に考察することができる。

　そこでまず簡単に、ケアの倫理の展開の契機となったギリガンの主張がどのような訴えであったのかを確認しよう。

　ギリガンの主張については、〈ケアの倫理か正義の倫理か〉といった枠組みの中で議論されがちであり、フェミニストであるギリガンの重要な問題提起を中心に論じられてきたとは言いがたい[7]。〈ケアの倫理か正義の倫理か〉といった議論前提は、〈わたしの身体はわたしのもの〉といった、ロック的な私的所有論の原理に対する疑義から、わたしたちの目を逸らせてしまう。ギリガンが女性の道徳観と自己像について深い考察を加えるのは、中絶をめぐる女性たちのインタビューを通じてであることは、決して看過されるべきではない[8]。

　多くの女性たちの経験の一つに、自らの身体の中に他者を抱える経験がある。

7）　前掲注6）を参照。

そして、わたしたちすべてはその経験から生まれてきた。しかし、その経験は、政治思想史が圧殺してきた、不変の人間の条件の一つである。つまり、他者に依存しなければ生存が適わない、否、他者から生まれなければ自己は存在しないという、人間の生の端緒に刻まれた他者への圧倒的な依存と、それゆえ晒されることになる傷つきやすさ（ヴァルネラビリティ）がそれである（ex. 岡野 2012：第二章）。

　さらに、中絶をめぐる女性たちの道徳的な葛藤は、自他の関係性をめぐる重要な視点――であるにもかかわらず、正義の倫理の前に見えなく、あるいはかき消されてきた――を示している。なによりも、中絶をめぐる問いは、自己とその自己に固有の／本来的な inherent 権利が、他者から独立して別個に存在しており、他者の権利を侵害しない程度に自己の権利を主張せよといった、自己と他者の別個独立性を揺るがす。胎児に権利があるか否か、といった哲学的な問いがここでの道徳的問題ではない。中絶する・しないいずれにせよ、彼女たちは、自分が位置づけられている関係性――胎児との、パートナーや家族との、あるいは職場や学校との――を傷つけることになるからこそ、どの関係性や責任、他者へのケアを優先するかにおいて葛藤しているのである。

　中絶をめぐる女性たちの葛藤が、正義の倫理が示すような所有権を核とした権利の問題ではないことは、近代の市民権の核心にある所有権とは異なる位相に、彼女たちの葛藤が位置づけられていることからも明らかである。それについては、次節で論じることにして、以下では、ギリガンが聞きとった「もうひとつの声」に触発されて、異なる人間像をフェミニストたちが構想し始めた点について論じておく。

---

8)　『もうひとつの声』第三章「自己と道徳の発達」において、ギリガンは女性たちの〈傷つきやすさ〉や〈無力である〉といった感覚を、中絶をめぐる選択や責任について語る女性たちの声から抽出している。

9)　中絶をめぐって、中絶という問題に直面した女性たちの倫理的葛藤をめぐる語りと公的な議論とが、大きくかけ離れていたことを振り返る中で、ギリガンは、当時同僚であったコールバーグが、講義の中で学生たちに、中絶は道徳的問題か否かを投票させたエピソードを紹介している。コールバーグによれば、「学生たちは、それは道徳的問題ではないと投票した。なぜなら、胎児に権利はないからである」。ギリガンはそれに対して、「じゃあ、女性たちは、なにも語っていないっていうのか？　道徳的問題が、そこにまったくないのか？」と思ったという（Gilligan 2011：40）。

(3) ケアの倫理と四つの人間の条件

　ギリガンが中絶をめぐる葛藤の中に、自他の境界や自他の先在性の決定不可能性を見たように、その後ケアの倫理を論じるフェミニストの多くは、母子の関係性の中に、ケアの実践とその倫理を見いだしていく[10]。

> ケアすることとは、わたしたちが直接的に諸個人を助けるためになすあらゆることと定義されよう。それは、彼女たち・かれらの命にかかわる生物学的ニーズを満たしたり、彼女たちの基本的な潜在能力を発展させたり、維持したりするために、また、不必要で、望ましくない痛みや苦しみを避けたり、緩和したりするためである。それによって、彼女たち・かれらは、注視・応答・敬意に満たされながら、社会の中で生きながらえ、成長し、働くことができるようになる（Engster 2007 : 28-9）。

　まず、生きるために満たされるべきニーズを抱える存在があり、ケアを担うひとはそのニーズに応える関係に入っていく／巻き込まれる。他者から呼びかけられている自己という、自他関係が逆転したような世界を生きるひとは、政治思想史の主流において語られてきたような、世界的事象の真理を写し取る観照的生活を送る者や、創造や模倣を通じて世界を客体化する主体たる者とは、まったく異なる存在様式にある。

　ケアの倫理をめぐっては、フェミニストそれぞれの問題関心の在り処は異なるものの、そこには共通した人間理解が存在する。ここでは、ルース・グローエンハウトを参照して、以下四点指摘したい[11]。

　第一に、あらゆる人は、感情的・物理的ニーズを他者によって満たされなければならない。すなわち、ケア実践は、人間世界には不可欠である。この明白な事実が哲学上否定されてきたのは、伝統的な哲学は、環境や他者の影響によ

---

10) たとえば、Held 2006、Kittay 1999、Ruddick 1989 を見よ。
11) グローエンハウトは「人間の本性」として以下の四つの側面に焦点をあてるが、彼女自身も論じるように、「本性／自然」として積極的に主張するには、フェミニズムと目的論、あるいは本質主義との問題をクリアしなければならない。本章では、人間本性をめぐる哲学的な議論には立ち入らないためにも、グローエンハウトを引用しながらも、こうした四点はむしろ、善し悪しを問わず、人間が引き受けざるをえない制約——それらを克服しようとすることは、人間性の破壊につながる——、つまり人間の条件として考察する（cf. Arendt 1958）。

って触発される感情や愛情を排した、理性中心主義であり、自らの生をコントロールできる自立的 independent 人間を理想としてきたからである。しかし、人間にとって、他者からのケアの必要性は、否定できない必然である。したがって、哲学者が想定する理想の人間たちは、ケア労働を理想の人間以外の者へと押しつけてきた。いや、ケア労働をさせるために、一部の者を人間外に放擲してきた。「ほとんどの哲学者はケアとケア関係を無視し、それらに言及する者たちも、人間以下のものとして扱う傾向があったとしても、驚くことではない」(Groenhout 2004 : 25)。

　第二に、ケア実践は、「他者の福祉 well-being を配慮する一般的な感情的態度」だけでなく、具体的（エンボディード）な他者、すなわち、「物理的な資源をもつ、限界ある特定の」者の福祉に対する配慮、実践である (ibid.: 30)。つまり、知的なだけでなく、なによりも人間は、身体的な存在である。人間は、身体的であるがゆえに、同じ環境にあっても、それぞれに異なるニーズが満たされなければならない。身体は、絶えず変化し、無力な形で生まれ、老い、衰弱する。ひとが自己の身をもってさまざまな経験をするからこそ、ケア実践と倫理は個別性と文脈を重視する。したがって、個別具体的なひとのケアを中心とする社会は、「多元的で民主的な社会構造」を必要とする。「世界は異なる物理的な観点からは、異なって見えるので、唯一の声がすべての者のために語ることのないように保障する、十分な理由が存在するからだ」(ibid.: 33)。

　人間存在の身体性は、第三の条件である限界ある生と相互依存性とに密接につながっている。わたしたちは誰一人として、自己充足的な生、永遠の生、不変の生を望めない。まったくの無力で生まれることは、すべてを他者に依存していることを意味し、「誰もがみな、誰かお母さんのこども」であり (cf. Kittay 1999)、あらゆる存在は、誰かとつながっている。したがって、「極端な、分離された個人主義は、明らかに現実に反している」(ibid. : 34)。

　最後に、以上のことから、人間は社会的な存在である。その意味は、社会の中でひとは生きるといった外在的な条件であるだけでなく、わたしたち自身が、社会の中で作り出されているという、自己内在的な社会性を意味する。ケアに着目するフェミニストたちが、母子関係に注目する一つの意義は、ケアする者とされる者との「良好な関係」が、部分的であれ——そして、往々にしてケア

する者の予想を裏切る形で——ケアされる者の善き生を営む能力を育むことに目を向けた点である。だが、「人間は関係性の中にある、と単に注記するだけでは不十分である。ケア理論はまた、人間が社会的に存在するためのいかなる構造が、倫理的な関係性を支える、あるいは支えないかといった分析を必要とする」(ibid. : 36)。したがって、つねにケアの倫理は、人びとの善き生き方に必要なケアがよりよく満たされるための関係性を築き、維持するための社会構造を構想しなければならないのだ。

さていま、ケアの倫理から、前項で描いた政治思想史における自由と福祉の二項対立はどのように見えてくるだろうか。また、依存する者たちが自由を理想とする市民へと包摂されるという権利の展開は、人間存在の大切な部分を忘れているだけでなく、人間そのものを否定するような捩れが存在しているのではないか。こうした疑問について具体的に考えるために、合衆国のフェミニズムの歴史において、短命であったとはいえ、画期的な運動と主張を展開した福祉権運動に目を移してみよう。

2　福祉権運動から、未来を構想する

多くの論者によって展開されてきたケアの倫理に共通する人間観は、わたしたち人間存在にとって否定しがたい条件、ある意味では制約だともいえる[12]。そして、この条件にいかに応えるのか、そこにケアの倫理の真髄が存在する。つまり、ケアの倫理は、あらゆるひとの声が聞き届けられるように、民主的で、「注視・応答・敬意に満たされた」社会を構想することで (Engster 2007)、その条件に応えようとする。他方で、前節において簡単に振り返った政治思想史は、こうした人間の条件を克服しようとする、傲慢な企てのように見えてこないだろうか。

古代ギリシアのアテネの民主政を支えるには、当時の男性市民の数を上回る奴隷が必要であったように、理性的で、自立した、自己の生を統制できる、西

---

12) 〈母から生まれる〉という事実が呪いのように、西洋哲学の誕生以来男性哲学者に影響を与えてきたことを指摘するものとして、Ruddick 1989 を見よ。

洋哲学が理想としてきたひとを中心に社会を構想することは、その自由に与しえない者たちとその者のケアをしなければならない者たちを、自由の名の下に排除する。その排除が、露骨な市民権からの排除でなくとも、社会構造を決定するプロセスから排除され、あたかも社会に寄生するかのような扱いを受ける。人間の生の端緒に刻まれた依存と傷つきやすさから不可避的に生じるケア関係は、社会の中心的な構成要素から排除されてきた。そして、そこに、善き生と福祉をめぐる捩れが生まれる。

そうした市民権の展開に見られる捩れを露わにすると同時に、その捩れを正そうとした運動がかつて存在した。その一つが合衆国の福祉権運動である[13]。

(1) オルタナティブな「家族」──家父長制と資本主義への抵抗の拠点

ここまで本章では、福祉権とは新しい概念であると主張してきた。しかし、合衆国の歴史に目をやると、福祉権そのものを獲得目標として掲げた運動が実際に存在していた。そして、そこでは確かに、既存の社会権とは異なる形での、権利主張がなされていたのだ。

そこで、福祉権運動とはどのような運動であったかを振り返ることで、福祉権が含意する可能性を分節化してみたい。

合衆国のフェミニズム運動といえば、まず思い起こされるのは〈個人的なことは、政治的〉と主張した第二波フェミニズム運動である（Cf. 竹村 2000）。60年代に世界的に広がる女性解放運動において、ラディカル・フェミニストたちは、家父長制の転覆を唱え、リベラル・フェミニストたちは女性の社会進出を唱えるといった異なる主張が訴えられたが、性別役割分業を固定化する家父長制的家族が抑圧的であるという点では、共通認識が存在していた。

そのことは裏返せば、それ以前の合衆国社会では、女性の役割は家事・育児であり、そこに女性独自の道徳的価値があるという信念、すなわち母性主義が

---

13) 合衆国の福祉権運動のコンパクトな紹介として、山森 2009：第二章を参照。山森亮は、ベーシック・インカムの視点から、合衆国のほかに、イタリアとイギリスの同様の運動に注目し、女性たちがなぜこのような画期的な運動を担ったのかを第二波フェミニズムとの出会いに求めている（ibid.: 101）。本章では少し視点を変えて、市民権、もっといえば既存の権利概念が抱える矛盾が、女性たちが無償で担っていた家事労働に凝縮された形で露わになったからだと考えている。

根づいていたことの証左でもあった。

　シーダ・スコチポルは、南北戦争での負傷者と戦死者家族——寡婦と遺児——のために始まった戦争年金が、社会保障整備が遅れた合衆国において、世界に先駆けて寡婦年金を導入する契機となったことを明らかにした（Skocpol 1992）。母子への扶助が戦争年金に始まったことは、道徳的価値として称揚される母性主義とあいまって、受給者資格に政府が強く介入する特徴を残すことになる（ibid.: 149）。[14]

　他方で、合衆国主流社会に根づく母性主義と人種差別の中で、黒人女性たちは異なる環境を生きていた。1935年ルーズベルト大統領の下で、寡婦年金は社会保障法における被扶養児童援助（ADC）へと継承されていくが[15]、黒人女性たちは受給資格から外されるケースが頻発する。その背後には、公的扶助を黒人に与えることで、黒人の廉価な労働力が得にくくなるという懸念があった。[16]

　合衆国では、「福祉」という言葉は、拠出制の社会保険制度とは区別されて、保護に値しない、社会に寄生する、怠け者たちに対する施しのように受け取られがちである。その福祉観を象徴するのが、ADCであり——1962年にワークフェアを取り入れた要扶養児童家庭扶助（AFDC）への改変を経て、現在は貧困家庭一時扶助（TANF）——、戦後ADCに頼る黒人シングル・マザーが増加するにつれ、それは「より懲罰的になり」、「福祉は貧しい女性たちを支援するものではなく、むしろ彼女たちを躾ようとするプログラムとなった」（Nadasen 2012: 4）。[17]

　独身の黒人女性が子どもを自分自身で育てる割合、夫と別れる確率、そしてなにより黒人の高い貧困率は、奴隷制度と人種差別という社会構造から産み出[18]

---

14)　戦争年金はその他の社会政策とは異なり、一国の政治的・道徳的課題とみなされ、予算も軍事予算の一部であった。
15)　その後、1939年の社会保障法の改正によって、ADC受給者——「受給に値する寡婦」——の多くは、拠出制の社会保険制度に組み入れられることになり、1937年当時ADC受給者の43％を占めていた寡婦は、1961年には7％へと減少している（Nadasen 2012 : 8）。
16)　第二次世界大戦が終わり戦後復興の成長に翳りが見え始めると、都市部のスラム化や脱産業化により、黒人のシングル・マザー家庭が激増する。また、40年代から60年代にかけては、ジム・クロウ法の残る南部から北部へ移動する黒人も増加し、1960年には黒人の失業率は、白人の4.9％に比べその倍以上の10.2％にも昇っていた（Nadasen 2012 : 8）。
17)　ADCからTANFへの改変へと至る経緯については、尾澤2003を参照。

された。それにもかかわらず、60年代、黒人女性の受給者たちは詐欺師のように扱われ、子育てするにはとても及ばない扶助を受け取りながら、それでも生計を成り立たせなければならなかった。

　こうした状況の中、オハイオ州での受給資格の厳格化（＝受給者に対する嫌がらせの激化）と同時に、受給額の一割カットという状況に対して声を挙げたのが、黒人シングル・マザーたちであった。1966年に設立された全国福祉権団体の代表であった、ジョニー・ティルモンは、1972年に次のように訴えた。

> 真実は、こうです。AFDCは、超性差別的な結婚のようです。あなたは、一人の男に代えて「男 *the* man」を手にする。とはいえ、その男があなたを酷く扱っても、離婚はできません。もちろんかれからは、できます。いつでもかれは望むときに、あなたとの関係を切ることができます。男は、すべてを決めます。通常の結婚では、セックスは夫のためと思われていますが、AFDCでは、あなたは誰ともセックスをしてはいけません。あなたは、自分の身体をコントロールすることもあきらめなければなりません（Nadasen 2002 : 272. 強調は原文。Cf. 山森 2009 : 70-72）。

　いったん福祉に頼ったら、女性にはなんの決定権も残されない。子どもをこれ以上産まないために、避妊手術を強いられることもあった。福祉という名の下での人種、階級、そして性差をつうじた抑圧に対抗することは、「フェミニストの課題である」とティルモンは訴えたのだった。

　先に触れたように当時の女性解放運動は、セクシュアリティとジェンダーによって構成員の立場――母・娘・妻――を固定化する家父長制に対する抵抗運動を中心としていた。だが、人種差別に晒されながらの――生々しい奴隷制の記憶と共に――低賃金労働と、夫に頼って子育てに専念することの困難を経験してきた黒人女性たちにとって、[19]有償労働は解放ではなく、むしろ搾取に他ならなかった。さらに、自分の子を育てる、母親業に専念するといった経験を奴

18） 中絶が犯罪化されていた当時、白人の独身女性の多くの場合は、その子を養子に出していた。しかし、黒人の場合、養親が見つからず、母親自身、あるいは彼女の家族が育てる選択しかなかった（cf. Solinger 2002）。
19） 前掲注16）を見よ。

隷制によって否定されてきた黒人女性たちにとって、母親であることに尊厳を取り戻すことは急務の課題の一つであった。だからこそ、福祉権運動は、「独立した収入源をもつ権利と、自らの性・生殖に対する権利」という、二つの権利を求めたのであった。換言すれば、「福祉権運動が要求したのは、女性が、自分自身の生を定義する力であった」(Nadasen 2002 : 273. 強調は引用者)。

　福祉権運動の特徴の一つとして、母親業への評価がある。当時、母親業に対する社会的価値の低さを疑わないフェミニストたちが多い中で、彼女たちは、「5人の子どもを育てるのは、正規労働である」といった主張を展開し、あらゆる者への「年間保障所得 a guaranteed annual income」こそが、女性たちが自らの生を定義する権利の実現を可能にすると提案した (ibid. : 279)。

　黒人女性自身の経験から、白人中心の家族像や、搾取を横行させる資本主義に抵抗し、年間保障所得をも主張した福祉権運動は、母親業に尊厳を取り戻そうとした。しかし、彼女たちは決して、伝統的な母親像を取り戻そうとしたのではない。むしろ、社会が強要する異性愛家族が女性を抑圧し、自由を奪ってしまうことは、身をもって経験していた。したがって、彼女たちは、「セクシュアリティと生殖を自らコントロールし、だれをパートナーに選ぶかの自決権があるべきだ」と主張したのだった (ibid. : 281)。すなわち、自らが誰とどのようなケア関係をもつのか、いかにケア関係を維持するのかについての決定権を要求した。

　しばしば奴隷主によって子どもを奪われてきた黒人の女性たちにとって、自分たちでどのような家族を形成するかを決め、何かをあきらめることなく子育てをすることは、尊厳に関わる最も重要な課題であった。彼女たちが選ぼうとする家族は、合衆国社会の負の歴史である奴隷制だけでなく、家父長制と資本制に対する抵抗の拠点でもあったのだ。

(2) 自由か福祉かの二元論を超えて

　合衆国の福祉権運動は、全国組織の運動としては 1975 年にその短い活動を終える。しかし、彼女たちが提起した問題は、自由と福祉の関係を考える上で、見失ってはならない重要な視点を与えてくれる。その視点は、本稿で幾度か論じてきたように、なぜ善き生を求めること(＝自由を主張すること)と、福祉(＝

生きるためのニーズが満たされること）が、対立するように見えるのかという疑問に答えてくれると同時に、福祉が満たされ、かつ善き生を求めることができるという、ある意味当然の、わたしたちの生のありようを、どこから再生させていけばよいかにも示唆を与えてくれる。

　すでに、前節でグローゲンハウトを参照しながら、ケアを中心とした人間の条件を確認したように、ひと——特に、生まれたばかりの子ども——は誰でもケアを必要とするからこそ、黒人のシングル・マザーたちは母親業の責任を果たさなければならなかった。また、60年代の黒人世帯に見られた特徴——貧困で女性世帯主が多い——は、合衆国社会の政治・経済・文化によって、社会的に産み出されたものであるばかりか、合衆国社会が望ましいと考えたからこそ、法的に作り出してきたものでさえある。

　さらに、スコチポルが明らかにしたように、自分の子どものケアをしたいという彼女たちの要求は、合衆国の社会政策の端緒に息づいていた思想ですらあった。しかし、現実は、自分の子どもをケアするに値する女性——社会保険によってカヴァーされる寡婦——とそうでない女性が分断され、社会的に称揚されているはずの子育ては、怠け者の象徴にされてしまう。

　福祉権運動の主張と、その運動に対する激しい攻撃と嘲笑が明らかにしたのは、他者が善き生を営むためのニーズを直接的に満たそうとする者たちのケア労働は、それ自体としては評価されないということであった。ティルモンが福祉を「超性差別的な結婚」と喩えたように、女性たちから経済的にも、物理的にも、精神的にも選択肢を奪った上で成立する家父長制的家族の中で営まれる限りにおいて、ケア労働は社会的に価値があると認められるに過ぎない。女性が経済的に国家に依存しない限りにおいて——つまり、一人の男に依存する限りにおいて——、母親業は価値あるもの、さらにいえば、自由な市民を育てる活動だとみなされる。そして、家父長制的家族に留め置かれた女性には、経済的自由もなければ、夫からの強姦はかつて合衆国では合法であった——日本では未だに、原則夫婦間に強姦罪は存在しない——ことに象徴されているように、身体の自由も、強姦を拒む精神的な自由も保障されてはいなかった。

　そして強調されるべきなのは、福祉権運動では、自分たちにも主流社会に参加する権利がある、という主張がなされなかった、という点である。すでに触

れたように、労働市場は彼女たちにとって、尊厳を剥奪する搾取の場に他ならなかった。当時の状況が強いる——家父長制的家族の中での母を選ぶか、資本制下の労働を選ぶか——二者択一に抗して、彼女たちは、「尊厳」というスローガンの下に、「消費者としての参加」という代替案を提示した（Kornbluh 1998 : 71）。

　そもそもまともな生活が送れるとは思えない額に設定されている最低賃金や、女性の低賃金によって、貧しい生活を押しつける社会がむしろ——そんな額ではとても、立派な子育てはできないのだから——、彼女たちが子育てをするための、適切な補償を与えよと訴えたのだった（Nadasen 2002 : 279）。それは、国家が押しつける男（＝福祉）も、資本主義下で生きるために必要となる一人の男も否定し、母親が自らの力で家族を営むという、革命的な訴えであった。

　福祉「か」自由かではなく、「適度な収入、正義、尊厳、そして民主主義」を掲げた「福祉権」こそが、彼女たちが求めた権利であった。

> この最低限の権利は、賃労働にも、国家に対するいかなる特定の貢献にも——そして、しばしばあるような、母親であることにも——基づいていなかった。それは、「生きる権利」という普遍的な権利として生まれた（Kornbluh 1998 : 67）。

　しかしなぜ、国家はそこまで女性の性と生殖能力をコントロールし、性差別的な結婚を強要しようとするのか——TANF 時代になると、子育てをあきらめ無理やり働かされる、福祉という名のヒモを押しつけられる——。

(3) 関係性アプローチによる、所有権モデル批判

　なぜ、人間の福祉にとって不可欠なケア労働は、それ自体として評価されないのか。この問いは、第 1 節で答えを留保しておいた問い、ギリガンのインタビューに応えた女性たちの葛藤が、所有権を中心とする権利とは異なる位相に存在していることの意味とは何か、という問いに通じる問いである。

　そこで、ケア関係、生殖やセクシュアリティをめぐる問題は、主流の権利論では応えられないばかりか、むしろ破壊的に作用する、その背後には、合衆国に根強い私的所有権をモデルとする権利論が存在すると考える、ネデルスキー

の議論をここで紹介しよう[20]。

　彼女によれば、「アメリカの政治制度の構造を決定しているのは、私的所有権である」（Nedelsky 1990 : 1）。合衆国では、所有権が自由――自由の行使には、所有権が重要な役割を果たし、所有権の自由な行使こそが自由概念の中心であるから――と安全――財産をもつ者は、特に無産階級からの要求からの財産保護を必要とし、そうした安全がなければ、財産そのものの価値がなくなるから――という二つの異なる理念を具体化し、諸権利を象徴する特別な権利として格別に尊重されてきた。合衆国の憲法史から明らかにされるのは、私的所有権がその他の基本的な人間にとっての善、とりわけ、自由と安全とに内的に結びついていると考えられてきたことである（ibid. : 205-7）。

　したがって、自由を行使できる者は、守るべき所有権をそもそももつ者として想定される一方で、財産をもたない者へと自分の財産が国家により強制的に配分されることを、自由に対する最も危険な攻撃と受け止めることになる。いわゆるオバマ・ケアへの合衆国社会の激しい批判と抵抗は記憶に新しいが、そうした社会では、再配分という社会的責任は機能するどころか、福祉権運動の中で明らかにされたように、彼女たちの自由を奪うことに帰結する。

> 集合的権力からの個人の独立と保護が自律と同一視されるとき、集合的統制を受け入れるか、所与の生活領域における自律を維持するかの、いずれかの選択となる。あたかも、人びとの物質的なニーズに対する集合的責任が高まれば高まるだけ、それに応じて、受給する人びとの自律が軽減する結果になるべきだといわんばかりに。自律か集合的権力かという二元論は、社会全体の編成から、少なくとも自律に価値をみいだす人を締め出してしまう（Nedelsky 2011 : 126）。

　所有権をモデルにした自由観は、さらに、胎児や子どものケアといった、自他の優先区別が困難な事例を前にすると、さらに破壊的である。その自由観にしたがえば、子育てに迫られるシングル・マザーは、自ら所有する時間を自由に使用して子育てをする（のだから、その結果貧困にあえぐのは本人の責任だ）。

20）　ネデルスキーが注目するのは、売買春、契約上の出産、中絶、化粧など、特に「自分のもの／身体」、「自律」、「選択」といった点において、女性たちの多くが直面する問題である（cf. Nedelsky 2011 : 44）。

生まれてくる／きた子は、母親の手による仕事の成果として、彼女のモノである（のだから、処分も自由のはずだ）。しかしながら、国家は、一方では、子育ては母親の責任だと強調しながら、彼女たちが私的所有権の範囲内で子育てができないと知るや否や、子どもを彼女のモノとは認めず、子の福祉の名の下に介入し、母から子を切り離す。そして繰り返すまでもなく、かつて中絶は、犯罪化されていた。

ギリガンのインタビューに応えた女性たちは、子は自分のモノだとして所有権を訴えていたのでは・な・か・っ・た・。彼女たちが直面する倫理的問題は、いずれの選択をするにせよ、彼女たちが築いてきた、あるいは彼女たちが位置づけられた関係性がなぜ傷ついてしまうのか、といった社会構造そのものへの疑義であった。[21]

権利をめぐる所有権モデルを、ネデルスキーが批判するのは、所有権モデルが、自己像、そして社会の核となるべき価値である自律や諸権利、自由概念を歪めているからである。そもそも、私的所有権を中心に善き生（＝自由）を観念すると、自由と福祉は対立概念である。そうではなく、福祉こそが、善き生を実現させるために必要であり、それこそが福祉国家の理念であるとするならば[22]、自由を求める女性たちの声に福祉国家は耳を貸さずにはいられないはずではないか。個人に帰属する所有権を守る[23]、つまりその所有権に対して権利を訴える他者から、所有者を隔絶させることが国家の役割ではない。むしろ、一人ひとりの善き生を実現するために必要な、「平等、自律、自由、安全、責任、そして参加のための潜在能力」といった価値を高めるためには、どのような関

---

21) ギリガン以来ケアの倫理は、既存の社会構造への異議申立でもあった。たとえば、ハインツのディレンマに回答した11歳のエイミーは、15歳になると、このように応えたという。「「設定が非現実的じゃない」。がんの薬がドラッグ・ストアの棚にあるなんて、いったいそこはどこなの」（Gilligan 2011 : 39）。
22) ネデルスキーによれば、個人の「自律と福祉を高めること」が福祉システムの目標である（cf. Nedelsky 2011 : 67）。
23) そもそも、「労働の終焉」とさえも呼ばれるような、就労の不安定な世界や、高度に発展した資本主義の下では、ロック的な労働価値説は、かつてほどの説得力を失っている。この点については、「不安的雇用や不完全雇用、低賃金労働が進展した結果、労働がかつて賃労働社会のなかでもっていた統合機能をもはや果たすことのできない状況が増している」と論じる、カステル 2015 : 92 参照。

係性を国家は維持するべきかを精査すべきなのだ（ibid.: 68）。

　グローエンハウト同様、ネデルスキーもまたケアの倫理を参照しつつ、合理的判断力という抽象的な能力に自己を定位させ、誰にも依存しないで独立している自己を理念化することを批判する。「自己は、個別的で、関係性の中にあり、具体的で、感性的」なものである（ibid.: 158）。

　このような自己理解からは、おのずと権利や法、自由や自律、そして平等といった理念も再概念化される。彼女はそうした再概念化を関係性アプローチとよんでいる[24]。そのアプローチによれば、社会は、諸個人に備わった不可侵の価値を尊重するために存在すると規定され、その価値は、諸個人が置かれた関係性のあり方によって、育まれたり、阻害されたりする。

　その価値とは、すでに触れた「個別的で、関係性の中にあり、具体的で、感性的な自己」に備わる自律性である。ただ、その自律性は、市民的権利や所有権モデルが強調する自立 independence や、所有権を誰からも干渉されずに処分できるという意味での自由でもない。それは、「創造的な相互行為のための潜在能力」にすぎず（ibid.: 46）、自己が位置づけられた関係性によっては発現しないかもしれず、予め測定不能であるが、たしかに存在する（ibid.: 47）[25]。

　福祉権運動の中で、彼女たちが求めた権利とは、彼女たちの子どもの「相互行為のための潜在能力」を育むこと、そして自分たちもまた、社会の中でスティグマを押されることなく尊厳をもって、自分たちのニーズに対する権利を主張できることであった。尊厳をもって自己を主張できる立場におくこと、自分たちの生活を自分で定義づけたい、生を織り成す関係性は自分たちで選びたい、そうした自律への訴えを、合衆国社会は「福祉」の名の下に圧殺してきたのだった。

24）ネデルスキーの関係性アプローチについては、岡野 2016 を見よ。
25）たしかに存在すると主張する際、ネデルスキーが参照するのは、アーレントの「出生の事実」という概念である。アーレントは人間の個々の誕生を「奇蹟」と呼び、一人ひとりの出生によって、自由の原理が世界にもたらされると考えた。「人間事象の領域である世界は、そのまま放置すれば、「自然に」破滅する。それを救う奇蹟というのは、究極的には、人間の出生という事実であり、活動の能力も存在論的にはこの出生にもとづいている。いいかえれば、それは、新しい人びとの誕生であり、新しい始まりであり、人びとが誕生したことによって行いうる活動である」（Arendt 1958: 247/385-386）。

結びにかえて――個人の価値に根ざした福祉権と民主主義へ

権利は、権力、信頼、責任、そしてケアからなる関係性を構造化する（ibid.: 74）。

　私的所有権に対する他者――特に、国家権力――の介入からの自由を求めて始まる市民権の歴史から逆照射されたのは、「善き生」と「自由」から最も疎外されている人びとは、政治的な発言権が認められず、「社会全体の編成から、締め出されてきた」歴史である。

　その歴史は、伝統的な哲学が理想化してきた、成人男性をモデルとした個人像に支配されている。かれらが、自立的で合理的な行為者を想定できたのは、人間以下の活動と規定されたケア労働を担う者たちを十全な市民として認めないことによって、彼女たちの尊厳を奪っていると考えなくてすむような社会構造を作り上げてきたからである。21世紀に入り、多くの国家では、もはや女性だからといってケア労働を一方的に担わされることはなくなった。しかし、いまや多くの外国人労働者がその担い手となることで、やはり、市民権からケア労働の担い手が疎外されている状況は改善されてはいない。

　既存の社会権が、18世紀に想定された人間観を転換させることなく、所有権をモデルとする権利論や自由観から離れられないかぎり、ケアを必要とする、具体的で相互依存的なわたしたちの生をめぐる脆弱性は、誰かを犠牲にすることで社会的に隠蔽され続けるだろう。

　福祉「か」自由か、といった二者択一を乗り越える「福祉権」の提唱は、これまでもっとも政治的な参加から遠ざけられてきた人びとにこそ声を与え、その声を聞き取るような、新たな民主主義の形をも模索することになろう。

　ギリガンが『もうひとつの声』に託したように、これまでとは異なる声が聞き届けられるためには、新しい関係性と制度が必要となる。ネデルスキーはそれを、立法権への参加ではなく、行政権に対して当事者の発言権をいかに確保するかといった制度保障の中に見いだそうとする（ibid.: 149-50）。また、本章では触れることができなかったが、ケアの倫理を新しい民主主義論へと転換していこうと最も積極的な議論をする、ジョアン・トロントもまた、「民主的な政治は、ケアのための責任配分が中心となるべきである」と主張する（Tronto

2013 : 30)。

　本章では合衆国の例を見てきたが、ここ日本においても、福祉「か」自由かという二項対立が当てはまり、福祉と自由が両立しがたい状況にあるといえよう。さらに、グローバルな市場経済によって、社会保障が脆弱化する中、それでもなお国家の威信を保つために、社会保障は自己責任や家族責任で代替させ、その一方で国家安全保障を突出させることによって、個人の自由と尊厳に立脚する立憲主義もまたその足元を揺るがされている。福祉か自由かの選択ではなく、今や、福祉も自由も危機にある現在だからこそ、いま一度わたしたちは、人間存在のあり方を曇りなき目で見つめ、社会を存続させることでわたしたちが守ろうとしているものは何かといった視点から、わたしたちの社会を結びなおすことが求められている。「福祉権」という新しい概念は、わたしたちにそうした一歩を踏み出させてくれるはずだ。

[参考文献]
《邦文文献》
アリストテレス　1961　山本光雄訳『政治学』岩波文庫
岡野八代　2009『シティズンシップの政治学――国民・国家主義批判（増補版）』白澤社
　――　2012『フェミニズムの政治学――ケアの倫理をグローバルな社会へ』みすず書房
　――　2014「ケアの倫理の源流へ――ケアか正義かの議論枠組みを疑う」倫理学研究44号14-25頁
　――　2015『戦争に抗する――ケアの倫理と平和の構想』岩波書店
　――　2016「関係性アプローチと法理論――ジェンダー平等と暴力の観点から」法社会学82号22-39頁
尾澤恵　2003「米国における96年福祉改革とその後」レファレンス12月号72-87頁
カステル、ロベール　2015　北垣徹訳『社会喪失の時代――プレカリテの社会学』明石書店
品川哲彦　2013「ノモスとピュシスの再考――ケアの倫理による社会契約論批判」法の理論32号3-25頁
　――　2007『正義と境を接するもの――責任という原理とケアの倫理』ナカニシヤ出版
武川正吾　2007『連帯と承認――グローバル化と個人化のなかの福祉国家』東京大学出版会
竹村和子　2000『フェミニズム』岩波書店
山森亮　2009『ベーシック・インカム入門――無条件給付の基本所得を考える』光文社新書

《欧文文献》
Arendt, Hannah 1958 *The Human Condition*, Chicago: University of Chicago Press. 志水速雄訳『人間の条件』ちくま学芸文庫、1994年
Engster, Dainel 2007 *The Heart of Justice: Care Ethics and Political Theory*, Oxford: Oxford U. P..
Gilligan, Carol 1993 *In a Difference Voice: Psychological Theory and Women's Development* with a New Preface, Cambridge, MA: Harvard University Press.
―― 2011 *Joining the Resistance*, Cambridge, MA: Polity Press.
Held, Virginia 2006 *The Ethics of Care: Personal, Political, and Global*, Oxford: Oxford U.P..
Kittay, Eva 1999 *Love's Labor: Essays on Women, Equality and Dependency*, NY: Routledge. 牟田和恵・岡野八代監訳『愛の労働あるいは依存とケアの正義論』白澤社、2010年
Kornbluh, Felicia 1998 "The Goals of the National Welfare Rights Movements: Why We need Them Thirty Years Later," *Feminist Studies*, Vol. 28, No.1 (Spring), 65-78.
Marshall, T.H. 1992 *Citizenship and Social Class*, London: Plute Press. 岩崎信彦・中村健吾訳『シティズンシップと社会的階級――近現代と総括するマニュフェスト』法律文化社、1993年
Nadasen, Pamilla 2002 "Expanding the Boundaries of the Women's Movement: Black Feminism and the Struggle for Welfare Rights," *Feminist Studies*, Vol. 28, No.2 (Summer), 270-301.
―― 2012 *Rethinking the Welfare Rights Movement.*, New York: Routledge.
Nedelsky, Jennifer 1990 *Private Property and the Limits of American Constitutionalism: The Madisonian Framework and Its Legacy*, Chicago: University of Chicago Press.
―― 2011 *Law's Relations*, Oxford: Oxford U. P..
Ruddick, Sara 1989 *Maternal Thinking: Toward a Politics of Peace*, Boston: Beacon Press.
Skocpol, Theda 1992 *Protecting Soldiers and Mothers: The Political Origins of Social Policy in the United States*, Cambridge and London: The Belknap Press of Harvard University Press.
Solinger, Rickie 2002 *Beggars and Choosers: How the Politics of Choice Shapes Adoption, Abortion, and Welfare in the United States*, NY: Hill and Wang.
Story, Kaila A. 2014 "Motherhood as a Praxis, Institution and Lived Experience ― A Brief Introduction," in Kaila A. Story ed., *Patricia Hill Collins: Reconceiving Motherhood*, Bradford, ON: Demeter Press, 1-12.
Tronto, Joan C. 2013 *Caring Democracy: Markets, Equality, and Justice*, NY: New York University Press.

第4章

福祉権保障と国家
—— 闇市から福祉国家へ

冨江直子

1 社会史の視点から

(1) 福祉権と国家

　本書全体を貫くテーマである「福祉権」とは、"国家による市民生活への支援ないし配慮を求める権利"である。本章では、「福祉権」の定義を構成する"国家による"について考えてみよう。

　福祉を担う主体がひとり国家のみでないことはいうまでもない。歴史の中で多様な主体が福祉の保障のために大きな役割を担ってきたし、今日の日本においてもそうである[1]。

　現代の日本では、政策としても実態としても、福祉における国家と社会の協働が既定の方向性となっている。「福祉国家の危機」が叫ばれた 1970 年代後半から今日に至るまで、日本における福祉をめぐる政策および学術の議論は、その多くが国家と社会の協働による福祉の実現を理念としてきた。

　しかし、福祉をめぐる国家と社会の関係とは、協働のみではなく、ときに緊張であり、相互依存であり、あるいは矛盾であった。そして社会もまた、一枚

---

1) 福祉国家研究においても、福祉の歴史が国家福祉の単線的な発展過程ではなかったことを重視する議論がある。福祉国家の単線的発展史観への批判を提起してきた高田実を中心とする研究者たちは、福祉をめぐる多元的で重層的な構造を捉える「福祉の複合体」史を描いている（高田 2001; 高田＝中野編 2012）。本研究の問題意識はこれらの研究から大きな示唆を得ている。

岩の「福祉社会」ではなく、多様な主体が多様な「福祉」をめぐってせめぎ合う場であった。福祉を担う多様な主体の中のあるものは福祉国家と協働する社会——福祉社会——として正統性を獲得し、あるものは福祉国家に外在する反秩序として正統性を失っていった。福祉の歴史とは、こうした意味で、国家と社会の一部とが共同統治する福祉秩序の動態史である。

　本章の目的は、この動態を、福祉を追求する多様な人びとの視点から描き出すことである。人びとはそれぞれの状況の中で、自らの福祉をどのように追求していったのか。福祉を追求する実践の中で、人びとはどのように「権利」の観念を形成していったのか。そして、公権力はその過程にどのように関わっていったのか。つまり、〈福祉権と国家〉の問題に社会史の視点から接近するということである。

　こうした視点から、本章では敗戦直後の日本の闇市における〈生存権の社会史〉を描いてみたい。

　敗戦直後の日本においては、国家による生活保障が破綻し、多くの人びとの生存が危機にさらされた。敗戦直後の焼け跡の飢餓と混乱に対して、責任あるはずの政府は無策・無能であった。国家福祉が機能しなくなった局面で、人びとはどのように自らの生存と生活を守ったのか。国家が国民の肉体的生存すら保障できない状況の中で、人びとは多様な生存戦略によって生き延びる道を求め、自助と自治によって自らの生活を守るしかなかった。

　本章が描こうとするのは、そうした状況を生き抜いた民衆や庶民の生存戦略[2]、それら相互の矛盾と葛藤、そして、民衆や庶民の自生的で多様な生存戦略を国家の福祉秩序の下に引き取っていった公権力の振る舞いである。その動態の中に、戦後日本の福祉国家がその出発点において背負った使命を看取することができるだろう。

(2) 闇市と福祉国家

　「闇市から福祉国家へ」という本章の主題は、敗戦直後の闇市と消費者運動

---

[2] 本章では、近代国家の法秩序を第一義としない伝統的な世界に生きる人びとであれば民衆と呼び、近代国家の法秩序を第一義とする近代的な世界に生きる人びとであれば庶民と呼んでおく。ただし、両者を明確に区別するのが難しい場合が少なくない。

についての原山 2008 の洞察を、福祉権への問いとして受け止めていきたいという問題意識から設定したものである。

　自らの生存と生活を守ろうとする民衆の「素朴さ」が、他者に対する排除や暴力などの「苦さ」を抱えてしまう。原山がそうした話の一つとして歴史の中から拾い上げているのが、敗戦直後の闇市と消費者運動との関係である。「状況に埋め込まれたなかでなんとか生きる道を探そうとするささやかな営み」としての闇市と、「限られた可処分所得のなかで少しでもマシな生活をしたいと願う」消費者の運動は、矛盾し、対立する（原山 2008：34）。

　当時は主要食糧と生活必需物資は国家統制の下に置かれ、それらの物資はすべて配給を通じて公定価格（㊙一マル公）で供給されることになっていた。配給以外のルートによる販売は食糧管理法および関係法によって禁止されていた。しかし、実際には配給とは別のルートで違法に取引される物資が存在した。これが闇取引であり、闇物資である。

　主要食糧と生活必需品が統制下にあった当時、闇市は犯罪であった。しかし、配給だけで生きていくことが不可能な状況で、「闇」は多くの人びとが食糧や生活必需品を手に入れるために欠かせない存在であった。また、生活に困窮した人びとの生業の場となったのも、「闇」であった。「闇」は、敗戦後の生存の危機の中で自然発生的に広がった民衆の生存戦略であった。

　このように「闇」が困窮する人びとの寄る辺となった一方で、「闇」は庶民の生活を圧迫する悪でもあった。都市に住む人びとは、物資が闇ルートに流れることによる物資不足や物価の高騰に苦しめられた。都市の消費者運動にとっての至上命令は、非合法の「闇」を撲滅し、物資を正規の配給ルートに乗せることであった。これもまた、敗戦後の困難な状況を生き抜くための生存戦略であった。

　二つの生存戦略は当然に緊張関係にある。しかし「いずれか一方が民衆の味方で、もう一方が敵であるというような評価は困難」なのである（原山 2008：34）。「闇」も「闇撲滅」も、人びとが生き延びるための素朴な生活防衛であった。「闇」がないと飢える人びとがいることも、「闇」があるために飢える人びとがいることも、事実であった。

　〈生存権の社会史〉とは、ある人びとの生存権の正当性が他の人びとの生存

権の正当性を奪っていくような、複数の「生きるため」がせめぎあう歴史なのだ。

「闇」と「闇撲滅」という二つの生存戦略に関して本章が着目するのは、公権力の振る舞いである。

敗戦直後の民衆の自生的な生存戦略に対する公権力の態度について、原山 2011 および初田 2015、本岡 2015 は興味深い知見を与えてくれる。闇市やバラック建設に対して、行政当局はしばらくのあいだは黙認、場合によっては公認すらしていたという。

「闇」の非合法な生存戦略は、それなしでは個人の生命が保持できない以上は、法に反するものであっても何人も否定することはできない。法が個人の生存を守れない状況の下では、〈非合法だが正当〉な権利である。

敗戦直後の日本において国家が生存権を保障するということは、人びとが生きるために「自由にすること」に対して国家の介入を差し控えることであった。いわば〈国家からの自由〉の上に存立する事実上の生存権である。敗戦直後の日本において、法理を超える道理としての生存権が、社会的に正当性を帯びた一時期があった[3]。

他方で「闇撲滅」は、物資不足と物価高のために破綻の危機にあった都市住民の生活を守ることを目的とする運動であった。非合法の「闇」に苦しむ庶民を広く救済するために、法の秩序の下に「公共の福祉」を実現しようとするこの運動も、まさに社会的に正当とされるべきものであった。

民衆の生存戦略としての闇市やバラック街は、やがて公権力による厳しい取り締まりを受けることになる。そして、食糧供給が回復してくる 1950 年ごろには終焉を迎える。国家は、何人も否定することのできない絶対の生存権と「公共の福祉」としての生活保障とのあいだの矛盾に直面しつつ、合法性の下に福祉秩序を形成していった。

これは、民衆の自生的な生存戦略が国家の福祉秩序の埒内に包摂されていく過程、そして、包摂されえない非合法の生存戦略が犯罪化され、排除されてい

---

[3] 困窮した人びとが生き延びるために行ったことが、すべて等し並みに正当性を付与されたわけではなかった。「闇」をめぐる正邪の基準が反転した瞬間においても、「浮浪者」や「パンパン」には否定的なまなざしが向けられ続けた（天野 2010 : 83; 岩田 2012 : 187）。

く過程であった。その過程を経て、「生きるため」に何でもする自由はもはや社会的に正当ではなくなった。その後は、闇市に代わって生活保護が困窮者の最後の砦となっていくはずである。少なくともたてまえ上は、憲法25条と生活保護法が、法を犯さなくても餓死しないことをすべての「国民」に対して保障したのである。

(3) 三つの道——餓死事件をめぐって

　法に触れずには生きていけなかった闇市の時代、命と引き換えに法を遵守した人がいた。1945年10月11日に亡くなった東京高校教授亀尾英四郎、および1947年10月11日に亡くなった東京地方裁判所判事山口良忠である。それぞれ教育者として、判事としての職業倫理から、配給以外の食糧を拒み、ついに栄養失調で亡くなった。[4]

　二人の死に対して、当時の人びとはどのような感想を持ったのか。餓死事件をめぐって新聞や雑誌に寄せられた同時代人の言葉の中に、いかに生き延びるべきかをめぐる異なった考え方を見ることができる。そこには、生き延びるために採るべき道として、三つの方向が示されている。

　第一は、法の枠内で生きられないのなら、法の外で生き延びる手段を講じるべきだという考え方である。国家に依らない「自助」の道である。第二は、餓死しなければ守れないような法なら、自分たちの手で法を変えていくべきだという考え方である。政治参加による主体的改革の道である。そして第三は、生活保障への国家責任を前提とした上で、生活に困窮したなら生活保護を利用すべきだという考え方である。国家に対して積極的施策を要求する道である。

　第一は国家の介入を排して自ら生存を護る権利、すなわち〈国家からの自由〉としての生存権、第二は国政への参加を通じて生存を護る権利、すなわち〈国家への自由〉としての生存権、そして第三は国家による生存への積極的配慮を受ける権利、すなわち〈国家による自由〉としての生存権である。[5]

　以下では、二人の餓死事件に対して寄せられたこれらの言葉を導きの糸とし

---

4) 山口判事の生涯とその死をめぐる当時の議論について、山形 2010 の詳細な研究がある。本章はこれに多くを負っている。

ながら、闇市の成立から終焉までの〈生存権の社会史〉を見ていこう。

2　闇市の生存権

(1)　「自助」の決意

　亀尾教授と山口判事の餓死は、政府を信じて頼っていたら死んでしまうということを証明してしまった。生き延びようとする人びとがそこから学んだのは、自分たちの生活は自分たち自身で守らなければならないという「自助」の覚悟、「自治」の決意であった。

　石川達三は、亀尾教授の死について『朝日新聞』に投書を送り、公権力を退けて自分たちの手で生活を守るしくみ──生活擁護組合──を作ろう、「これこそ「自治」だ」と呼びかけた。

> 日本に「政府」は無いのだ。少くとも吾々の生存を保証するところの政府は存在しない。これ以上政府を頼って巷に餓死する者は愚者である。闇をやらずに餓死した大学教授は愚者の典型だ。信ずべからざるものを信じていたおろかものである。(吾等の命を吾等の力で護ろう！)……吾々は政府、官僚、警察、一切の勢力をしりぞけて、吾々自身の手で(生活擁護組合)をつくらなければならない。(石川達三「生活擁護組合」朝日新聞 1945 年 11 月 9 日東京・朝刊:2)

　この 2 日前の紙面には、無能な政府の食糧政策の下で生きることに絶望し、自ら死を選ぶ決心をしたという「一労働者」からの投書が載っている。「一労働者」は、「無能、無慈悲な政府を恨んで死んで行きます」と認めた(「餓死行の叫び」朝日新聞 1945 年 11 月 7 日大阪・朝刊:2)。

　この投書への反響として寄せられた別の読者の声は、「政府を頼るな、自分を頼れ」というものであった(「政府に頼るな」朝日新聞 1945 年 11 月 13 日大阪・朝刊:2)。

---

5)　生存権と自由との関係に関して中村 1973 の議論を想起されたい。中村は、生存権の基底には自由権があるとし、国家の介入よりも当事者の自主的活動を中心とする「下からの「社会権」論」を提起した。生存権を自由権的側面から基礎づける学説については、葛西 2011 を参照されたい。

自分たちの生活は自分たちで守るしかないという「自助」の覚悟は、公権力への不信と不満の裏返しであった。「一労働者」の投書に対して、「声」欄担当係は「所轄署に行って救済を求められる方法も」と助言した。しかし別の読者は次のように反論した。

> 「声」係から所轄署へ行けとありますが、その所轄署たるやまた驚くべきもので、行けばまるで非人でも扱うように「皆がそれでやって行くのにお前だけがやれないのはお前のやり方が悪いのだ、そんなことでどうする、馬鹿！」と小っぴどくきめつけられ、二重三重の苦痛を味わわねば米の一合も貰えません。(「物は有る」朝日新聞 1945 年 11 月 13 日大阪・朝刊: 2)

　当時の生活難について、人びとは公権力への強い不満を抱いていた[6]。『朝日新聞』が伝える当時の買出しの様子は、それを裏書きしている。東北への米の買出しに行ってきた人びとを乗せた列車の中では、警察の手入れに対して「汽車が出るなり車窓からは警官罵倒の声、怒声、反省どころか同じ買出し、同じ災難（？）それが口を親しくさせて騒然雑踏の車内に政府はくそみそ」であったという（「「白米列車」便乗記」朝日新聞 1946 年 8 月 1 日東京・朝刊: 2)。

(2) 反転した秩序

　山岡明は、敗戦直後の日本では「全国民が罪人である、つまり生きていることが犯罪であった」という。「闇」を中心とした経済事犯、いわば「生活犯罪」が存在したからである（山岡 1973: 224）。

　『朝日新聞』のコラムは、「今の法律を一字一句もゴマかしなく手きびしく適用したら、食糧管理法違反か、物価統制令か、臨時物資需給調整法のどれかにふれない生活をしている人はなく、総理大臣以下全国民が刑務所行きになる」と書いている（「天声人語」朝日新聞 1947 年 1 月 27 日東京・朝刊: 1)。

　「ささやかな、その日の食卓のための買い出しまで罰せられるような時代」(山岡 1973: 232) において、「闇」に関わる「生活犯罪」は犯罪でありながら犯罪

---

[6] 公権力への不満の強さは、大河内一男らのグループが敗戦直後に実施した壕舎生活者への聞き取り調査の結果からもうかがえる（薄 1950: 190-192)。

ではなかった。上に引いたコラムは、「ヤミ値で買わねばならぬ人は、平凡な善人で、㊗で物が手に入る人の方が、ずるく立回る不善者だ。㊗こそ多くの場合ヤミである」と続ける。「闇」が善、「公」の方こそ不善だというのである。

闇市の先駆的研究者である松平誠は、1946年を境に「闇」をめぐる価値観が転回したという。公定価格に対する「闇」の存在自体は戦中から続くものであったが、1945年ころまでの庶民にとっては公定価格こそが「聖戦下の生活における正義の御旗」であり、「闇」は不正にほかならなかった（松平 1985 : 9）。しかし、1946年になると「公」と「闇」のこの関係は反転した（松平 1985 : 10-19）。

> 正規の配給ルートにのせると、物は無くなるか、品質や鮮度がおちるかする。それがヤミの面にでてくると、物はあふれるように多くなり、野菜も魚もピチピチしてくる。まづい政治の受取証文として、ヤミ市は全国的に発達したのである。（「天声人語」朝日新聞 1946年7月23日東京・朝刊 : 1）

次に引く『週刊朝日』の記事は、当時「闇」に携わった人びとの「闇」に対する認識を伝えている。

> ヤミ屋は決して自らをヤミ屋と思っていない。マル通といい、便利屋と称し、おれ達がいなければ生産者も消費者も困るぞ、と自らの存在を誇示している。（秋山 1947 : 5）

(3) 〈国家からの自由〉としての生存権

「公」の世界では飢え死にしてしまうのなら、「闇」で食糧を手に入れることを誰が不正といえるのか。「全国民を有罪にせねばならぬ法律では、法律の方が有罪だといってよい」（「天声人語」朝日新聞 1947年1月27日東京・朝刊 : 1）。

かつて福田徳三は、大正の米騒動について、「極窮権」の実行なりといった。政府は国民の生存権を保障することを第一とする、それが果たされない場合に実力行使に出ることは人民自衛権の発動である、というのが「極窮権」の意味である（福田 1918a, b）。

極窮権の実行を絶断するの道は唯一、曰く生存権の確実なる保障を第一義とする政治と法律の確立是れのみ。(福田 1918b：22)

　生存権を確実に保障する制度がないのなら、生きるための実力行使を法によって咎めることはできないということである。これが大正の米騒動から時を経て再び現実となったのが、敗戦直後の日本であった。
　新居格の次の言葉は、再びの「極窮権」の宣言ではないだろうか。新居は、生存権のためのやむをえない行為としての「生活犯罪」を、エゴイズムからきた犯罪とは区別して、正当なものとしている。

一切の闇行為がそれである生活の窮乏から来る犯罪と生存権との関係も考えてみなければならぬ。闇行為は禁ぜられている。それを破れば犯罪である。しかしそれを敢てしなければ餓死するので敢てやった。生存権のために万止むをえずといったことがあったとすれば、それは犯かさせた国家にも罪がある。(新居 1947：10)

　「生活犯罪」は当時の人びとにとってそれなしでは文字通り生きていけない生存戦略であった。こうした状況において国家が国民の生存を保障する方法は、「生活犯罪」——つまり「極窮権」の行使——に対する取締りを差し控えることであった。こうした意味で、〈国家からの自由〉としての生存権が求められる状況が、少なくとも一部の事実として存在した。
　この意味での「生存権」の正当性を司法に問うたのが、食糧管理法違反事件（最大判昭和 23（1948）・9・29 刑集 2 巻 10 号 1235 頁）であった。
　闇米を購入し自宅へ持ち帰ろうとしたところを食糧管理法違反で起訴され、第一審で有罪判決を受けた被告人は、最高裁判所に飛躍上告し、次のように主張した。"憲法 25 条は生活権を保障しているが、現在の配給食のみでは生命を保持し健康を維持しえない。だから国民が此の不足食糧を購入し之を運搬することは所謂生活権の行使であり、これを違法とする食糧管理法は憲法違反である"。
　法による生存権の保障が絵に描いた餅でしかない現実を前にして、被告人は「自助」の道を開放せよと主張したのであった。しかし、こうした意味での「生

存権」の主張は、裁判所の認めるところとはならなかった[7]。

ただし判決は、配給食だけでは生活できない現状の下では、事実審および法の運用面での相当の配慮が必要であるとも述べている。法の次元では認められないが、現実においては、事情によって食糧管理法違反を黙認、容認すべき場合もあるということが申し添えられたのである。

3　福祉社会としての闇市

(1)　「闇」の公共性

国家の生活保障が機能しない中で、人びとの「自助」の基盤となったのが闇市であった。闇市を拠り所として、多くの人びとが食糧や生活必需品を買い、また生業を失って困窮した人びとが露店を営んだり、「担ぎ屋」として闇物資を運んだりして生き延びた[8]。

初期の闇市は、時に行政の配慮も受けながら、困窮者の生業の場として機能した。露店やマーケット[9]の営業に対して行政の配慮や支援があったことを松平1985：35-36 が指摘しているが、新橋で「新生マーケット」が開店した際、「強制疎開地跡二千六百坪、緑地化実現までの数年間の土地使用権も帝都復興のためならと都計画局から文句なしで許可となった」こともその一つである（「生れる新橋マーケット　八月に華々しく開店」朝日新聞 1946 年 6 月 12 日東京・朝刊：2）。原山が紹介している帯広のマーケットでは、行政の配慮の下に戦災者・引揚者・

---

[7]　判決では、国家による積極的保護を求める社会権的意味での生存権と、被告人が主張したところの自由権的意味での生存権とを区別して論じなかったのだが、いずれにしても被告人が主張した生存権は否定されたのであった（横川 1966）。

[8]　大塚らの調査によると、戦後に露店商となった人びととは、戦災で店舗を失った中小商業者、軍需工場から解雇された失業者、復員軍人、軍人遺家族および傷痍軍人、海外引揚者、半失業者（定職があるが実質賃金の低下から露店商を営むもの）、旧植民地出身の人びとであった（大塚ほか 1950：223-226）。

　　露店商の資格には当初は制限がなかったが、1946 年 2 月 6 日臨時露店取締規則により、それまで認可されていた者以外は、戦傷者、戦死者遺家族、障害者、戦災に遭った小売商のいずれかに該当することを要するようになった（大塚ほか 1950：227）。

[9]　初田の定義によると、「露店」と「マーケット」は闇市の二つの建築形態であり、前者は簡単に撤去できる仮設の店舗形態、後者は長屋形式の低層の商業施設である。戦後復興期に、露店営業者の一部を取り込みながら、マーケットが発達していった（初田 2011：85-86）。

戦争未亡人といった人びとが露店の商売に就いた（原山 2013：30-31）。初田が紹介している川崎の市営マーケットは、市当局が闇市を公認した事例の一つである（初田 2015：24-25）。

　後段で見るように、このあと取締り当局の闇市への態度は一変して厳しいものになっていくのだが、公権力が闇市をいわば「福祉社会」として認知した一時期があったということである。

　この一時期においては、生計の道をほかに見つけ難い人びとが「闇」の稼業を行うことに対して、行政がこれを「自助努力」として評価することもあった。『生活保護百問百答　第一輯』の中にそうした例を見ることができる。

　「闇商売によって生活を維持している者に対し、正常な生業によって生活を営ましめるよう、その指導上の見地から生活保護法によって、これを保護して差支えないか」（岡田　1947：82）という質問に対する回答の中で、厚生省の担当者は次のように述べている。

　　〔自力で窮境を建直して行こうとして闇商売をすることは―引用者〕寧ろ手をこまぬいてただ世間に同情を訴えて安易な生活を求めようとしたり、或は又当然国が責任を以って自分等の生活を保障すべきだとして、生活保護法による保護を権利の如く考え、これを要求することに日を暮しているような者よりも、気持の上では遥かに自負心を持っていることと思われます……（岡田　1947：85）

　厚生省官僚も、闇行為も自助努力であり、生活保護を権利のように考えて国家福祉に依存するよりはよい、といったのである。

　実際、「闇」によって生計を立てていた人びとの多くは、闇商人の「悪」のイメージとは遠い人びとであった。『朝日新聞』に寄せられた「ヤミ屋の弟」からの投書は、次のように訴えている。

　　ぼくはヤミ屋の弟です。けれどもちっとも恥しいとは思っていません。いやむしろ誇りにすら思ってます。……お兄さんは朝二時、三時ごろから駅に出かけ、超満員の列車にぶら下がり、それこそ命がけで、もてるだけの物資を生産地か

---

10) 厚生省が生活保護の運営にあたっての実際問題を、民生委員への執務参考資料として質問・応答の形式でまとめたもの。

ら都内に運び入れているのです。世間の人はヤミ屋ヤミ屋とよびますが、そういうひと達でもヤミ物資を買わねば生きて行けないではありませんか。(「ヤミ屋の弟」朝日新聞 1947 年 2 月 23 日東京・朝刊 : 2)

「闇」で生計を立てる人びとの中には、朝鮮、中国、台湾出身の人びとも少なくなかった。趙景達は、朝鮮人の人びとは戦前以上の差別を受けて就労が容易でなくなり、小商いか「闇」の稼業をするしかなかったこと、しかし戦後の闇市は「焼け跡の青空で公然と」行うもので、「ずいぶんと明るいもの」であったことを指摘している(趙 2010 : 122-124)。生きるために「闇」稼業をやったことを誇らしげに振り返る人は少なくないという(趙 2010 : 124)。「闇」で生き延びた在日朝鮮人の人びとや、その人を知る日本人による回顧の中から浮かびあがってくるのは、困難な状況の中を地道に懸命に生きた当時の人びとの姿である(「百萬人の身世打鈴」編集委員編 1999; 原山 2013 : 32-33)。

(2) 闇市の秩序

戦後いち早く駅前の焼け跡に露店市場をつくりあげたのは、戦前から香具師またはテキ屋と呼ばれた露店商の「組」組織であった。元来テキ屋は、寺社の境内や路上あるいは空き地などの他人の土地で商売することのプロであった(松平 1995 : 166)。

当時の雑誌に掲載された次の文章からは、闇市におけるテキ屋の親分の統率力の程がうかがえる。

〔大阪の闇煙草の―引用者〕相場はたった一人の人間(つまり親分)が毎朝決定して、その指令が五つの闇市場へ飛び、その日の相場の統制が保たれるらしい

---

11) 今日では「露天商」と表記されることが通例であるが、本章で参照する当時の資料では「露店商」の表記の方が多い。それに合わせて本章では本文の中でも「露店商」の表記を用いる。引用については原文のままとする。厚香苗によると、露店商の人びとが用いるのは必ず「露店」であるという。そこには、小さく簡易的ではあってもれっきとした店であるという気持ちがあるのだという(厚 2014 : 51)。
12) 闇市を統率した「組」組織については松平 1995 : 164-168 を参照。
　露店を営もうとする者は、警察に願い出て許可を得るとともに、所属しようとする「組」を通じて露店商同業組合へ入会金・組合費等を納めなければならなかった(大塚ほか 1950 : 227)。

──という話を、私はきいたが、もしそうだとすれば、そのたった一人の人間の統制力というものは、この国の政府の統制力以上であり、むしろ痛快ではないか。(織田 1946〔平凡社編集部編 1976〕:205)

　法的には、焼け跡の露店市場は「本来的な土地所有者と横から介入する顔役的土地占有者との間の二重占有関係をなしている」(大塚ほか 1950:240)と批判されるような性質の所有形態であった。しかし、「衣食住に関わる基本的な生活の構造が全面的に崩れ、「下降的平準化」が進んだこの時期は、相互扶助という日本社会の共同体的な原理が呼び戻され、私有の概念が一瞬、あいまいになった時代」(天野 2005:28)ともいわれる。初期の闇市においても、相互扶助の共同体的原理が私有の概念を一時的に薄れさせたかのように見える場面があった。

　新宿マーケットを作ったテキ屋の親分尾津喜之助は、敗戦直後の新宿で、無償で駅前の瓦礫を整理し、焼け跡の人びとに必要な物資を供給する露店市場を開いた。[13] その際、新宿マーケット開店の報道に感激して物資を提供してくれる篤志家が相次いだという (尾津 1948:108-109; 猪野 1980:63)。メディアもこぞって尾津を取り上げ、「町の商工大臣」と持ち上げたという (尾津 1948:124-125; 猪野 1980:63)。

　松平が指摘しているように、警察や行政にとっても、こうしたテキ屋の行為は、「好ましいことではあれ、決して悪事ではなかった」。公権力が国民の生活を守れない状況の中で、「自力で生きていくことを、だれもが容認していた時期」である (松平 1995:168)。

　たとえば『読売新聞』は、「組」の親分による自治を推奨するという警視庁の見解を伝えている。

　　〔露店の整備は─引用者〕実際に露店を開いている者等の意見を入れ、自治的に統制して行く、つまり具体的にはテキ屋という露天商の親分によく乾分を掌握

---

13) 尾津は、1945年8月16日に所轄の淀橋警察署長を訪問し、「私が新宿復興の母ならば、貴方は新宿復興の父として御指導御鞭撻を願います」といって署長からマーケット開業準備の了承を得たという (尾津 1948:54)。尾津は店員募集に際して、失業緩和のために復員者を優先採用することとした (尾津 1948:63)。

させ、彼等を監査員にして整理や暴利の取締りに当らせ、親分子分が一体となって気持ちのいい露天商を造らせることが大切だ（「"仁義"を復活　親分の力で自主統制」読売新聞1946年1月11日朝刊：2）。

　新聞の投書欄にも、必要量の配給のできない政府の力を補うために「ヤミ屋横行週間」を作って、大衆のためを計ってほしいという提案が載っている（「ヤミ屋週間」朝日新聞1947年2月12日東京朝刊：2）。
　こうした事情の中で、「組」の上層部には、「それまで経験したことのない使命感」が生まれてきたという（松平 1985：52）。1945年10月に結成された東京露店商同業組合の理事長を務めていた尾津喜之助は、1946年以降警察がそれまでの態度を豹変させて露店取締りを強化していく中で、新聞に対して「それなら一体誰がこの問題を解決するのか」と語った（松平 1985：52-53）。

> われわれの対策としては各支部毎に五乃至十軒の優秀店を選出して露店の前衛とし一般店は之に右へならわせる、同時に露店商とならなければ生活出来ない人達には組合として生きる道を講じたい、失業救済や戦災復興は国家的問題だからお前たちは手を引けと警視庁でいわれたが、それなら一体誰がこの問題を解決するのか、……これを機会に明朗な市場として誕生し、闇市という汚名を一挙にそそぐ積りだ。(「誰が解決する　露店商の言分」朝日新聞1946年4月2日東京・朝刊：2)

　後に東京都が露店廃止を決定した際には、新橋のマーケットを統率していた松田組親分は、生活相談所を設け、露店商の生活の庇護者としての責任を果たそうとした（朝日新聞1946年7月22日東京・朝刊：2）。
　焼け跡の混乱から闇市の秩序をつくりあげた「組」の親分たちは、一時は公権力からの要請も受けつつ[14]、機能不全となった国家に代わって、都市における生活保障の使命を果たそうとしたのであった[15]。
　こうした闇市の秩序とは、しかし、近代の論理で見るならば否定されるべき

---

14)　新宿西口に露店街をつくった安田朝信の自伝にも、警視庁から復興作業の要請を受けたことが記されている（安田 1964：34-38）。

ものであった。初期の闇市に対して、大河内一男らの調査グループは、「古い・前期的なものが最も集中的に表現されていると考えられる露店市場」（大塚ほか 1950：235）と表現した。テキ屋の親分子分の庇護－絶対服従の関係、テキ屋と素人露店商の非対等な関係、そしてテキ屋の顔役的土地占有といったものは、日本の近代化を阻害する旧弊と考えられた（大塚ほか 1950：235-240）。「警察が全面的に露店商の取締りをなさず、組合の自主性に委ねていることは、一見、如何にも近代的であるかの如く見えるが、組合の構成から見ると、事実上その自主性は的屋の親分達のみの自主性（??）に他なら」ないのであった（大塚ほか 1950：218）。

「組」の親分による闇市の秩序は、日本の近代化のために、いずれ正統の座を降りなければならないのである。後段で見るように、闇市を統率した「組」組織は、やがて外からは政府の取締り、内からは露店業者たちからの民主化要求を受けて、排除されていくことになる。

4 「闇」との闘い

(1) もう一つの現実

最高裁判所長官であった三淵忠彦は、佐々木惣一および長谷川如是閑との鼎談において、山口判事の餓死事件を話題にした。三淵は「区々たる食糧管理法に違反するかしないかという問題よりもね、生命をなくすということは、もっと重大な問題ですよ」という。一方で「ヤミを禁じてるから食糧の配給があるので、もし食糧管理法がなかったら、貧乏人は食糧を買えませんよ」「だから、あれを悪法といい切れない」という（三淵＝佐々木＝長谷川 1948：7）。

先に触れた食糧管理法違反事件において最高裁判所は、食糧管理法は憲法25条の趣旨に合致すると判断した。配給が十分でない現状の下で食糧管理法

15） 露店が困窮者の生活保障として機能したのは敗戦直後の一時期に限ったことではなく、戦前においてもそうであった（大岡 1997）。そして、戦前からの伝統的要素が戦後の闇市の背景として重要な役割を果たしていた（初田 2011：119-127；同 2015：26-32）。敗戦直後の一時期に「闇」が帯びた公共的な性格や正当性の感覚は、こうした歴史に裏付けられた正統性を根に持つものであったのではないだろうか。

の規制のために困ることがあるとしても、食糧管理法は「国民全般の福祉のため、能う限りその生活条件を安定せしめるための法律であって」「公共の福祉のため無きをえないものなのである」。もし食糧管理法がなければ、買占めや売り惜しみによって食糧が一部の者に偏在し、国民の多数が甚だしい窮乏に陥ると考えられる。

　食糧管理法は有益な法律である、しかし食糧管理法を守っては生きていけない。これは法と現実との矛盾である。それ以前に、現実と現実との矛盾である。食糧管理法の規制がないと飢える人、それがあるために飢える人がいる。前者にとっての生存権は法を通じて守られるが、後者にとっての生存権は法の停止によって守られる。二つの現実を生きる人びとのそれぞれの生存権のせめぎあいなのである。

　「闇」を取り締まる政府が多くの人びとにとって生活の敵であった一方で、他の多くの人びとにとっては「闇」を黙認・公認する政府こそが非難の対象であった。たとえば『朝日新聞』は、「買出し公認」の是非をめぐる議論の状況を「"買出し公認"は無茶　麦供出に悪影響　地方は挙って反対の色」（朝日新聞 1946 年 5 月 24 日東京・朝刊：2）という見出しで伝えている。

　「闇」によって生活を支えていた人びとの中にも、できることなら「闇」などに関わらずに清く生き抜きたいという思いがあっただろう。『婦人之友』に掲載された主婦による文章には、「配給だけにたよっていたのでは死に就かねばならぬ、生きるためには闇のものを買って息をつくことである。しかし法を犯すことなしに清く一途に生き抜きたいと希いつづけた」とある（岡野 1950〔平凡社編集部編 1976〕：243）。これもまた戦後の混乱を生き抜いた人びとの素朴な願いであっただろう。

(2)　戦後民主主義と生存権

　「闇」をめぐるこの矛盾を解決するためになしうることとして、戦後民主主義の理念に最もふさわしい道は、「闇」がなくても生きていける「公」のしくみを、国民あるいは市民が自らの手で作っていくことである。

　信夫清三郎は、「闇」を拒んで餓死した山口判事の行為を「社会的に組織の力で物事を解決しようとしなかったら、ほんとうの解決はできない。山口判事

は、そのことに気がつかなかった」と批判した。「もし配給機構に難点があるのなら、その改善を当局にむかって要求することもできる」のだ（信夫 1947：14）。信夫は「大衆はどこへいったらよいのか」と題するこの文章の中で、『経済白書』の結びの言葉を借りることで行くべき道を示している。「民主日本の門途とは、人民の、人民による、人民のための政府をつくりあげる関頭に立っていることを意味する。「人民のための政府」であるためには「人民による政府」でなければならぬ」（信夫 1947：18）。

　「闇」によって生き延びて犯罪者となるのか、それとも㊙（マル公）で清く生きようとして餓死するのか。この二つだけが選びうる道ではない。「闇」がないと生きられない状況自体を変えていくという道がある。

　民主主義国家となった戦後日本においては、国民が国政の改革者となって、自分たちのための生活保障の制度を自らの手でつくっていくことができる。主権者たる国民が、国民による政府、国民のための経済統制によって、国民の生活を守っていくということ。つまり〈国家への自由〉の上に存立する生存権への道である。

(3) 主婦たちの生活防衛

　「闇」に対抗する「公」を拠り所として庶民の生活を守る運動に乗り出したのは、物資不足と物価高騰に苦しんでいた都市の主婦たちであった。比嘉正子を中心に 1945 年 10 月に大阪で発足した「主婦の会」、奥むめおを中心に 1948 年 10 月に東京で発足した「主婦連合会」は、闇価格引き下げのための不買運動や街頭での物資の廉売など、都市の庶民の生活難を打開するための行動を起こした。

　次節で見るが、1946 年の夏以降、政府はそれまでの方針を一変させて闇市への取締りを強化していった。大阪の主婦たちから始まった戦後消費者運動は、闇市撲滅へと方針転換した政府によって創出される秩序に寄り添うかたちで誕生した（原山 2011：44）。彼女らは、「お上の上のお上」である GHQ の力、および物価庁などの政府・行政機関の力を後ろ盾とすることで、運動を有利に運んだ。一方で GHQ と政府・行政機関は、経済統制を推進するための手段として女性たちの動きを巧みに利用した（原山 2011：80）。

ここでは、主婦連合会（主婦連）による「闇撲滅」の理念と論理を見てみよう。
　当時参議院議員であり、敗戦直後から生活協働組合の再建に取り組んでいた奥むめおが率いた主婦連は、女性の政治参加による生活防衛を基本理念とした。奥が主婦連の合言葉としたのは、「くらしのつらさは政治の悪さからくる、わたしたちの自覚の足りなさからくる」であった。「参政権を得たということは、その権利を行使して台所と政治を結びつけるということ」と、奥は自伝の中で書いている（奥 1997：176）。[16]
　主婦連の機関誌『主婦連たより』第1号の一面には、「ヤミ生活はもう沢山　ヤミ撲滅は主婦の手で」という言葉が掲げられている。そして「たのしい闘い」と題する文章の中で奥は、「わたくし達の前途に輝きそめた希望の光は、婦人が自分の力を発見した喜びである」と書いている（『主婦連たより』第1号 1948年12月5日：1）。主婦連による「闇撲滅」には、新しく参政権を獲得した女性たちによる政治参加の実践としての意味があった。
　主婦連は、物資不足と物価高騰の原因である「闇」を悪とし、公定価格を正義とした。奥は政府に対して、「日本人の生活がせめて食費が生活費の半分以下の状態になるまでは、強い政治の力で保護してほしいと希う」と、庶民のための経済統制を求めた（奥 1950：7）。そして主婦たちに対しては、闇買いをせず「マル公」の秩序を守ることを求めた。「主婦たちの間に㊗の知識を広くゆきわたらせ、ヤミをなくすために世論をまきおこ」すことが、主婦連の目的とするところであった（奥 1997：176）。敗戦後の状況を民衆が生き延びるための拠り所であった「闇」に対して、真っ向から対立する「マル公」の秩序こそが、都市の主婦たちにとっての生存戦略なのであった。
　食糧管理法違反事件の判決にあったように、食糧管理法は、現に多くの人びとを困らせているとしても「公共の福祉のため無きをえないもの」であった。主婦連が「闇撲滅」によって目指したのは、広く庶民一般の生活を擁護する「公共の福祉」の実現であった。
　彼女たちの生存戦略は、しかし、政府が定める「マル公」を正義と掲げ、そ

16）　女性参政権と食糧問題の解決とを結びつける議論は『朝日新聞』の社説にも早くに見られる（「社説　家庭の主婦に」朝日新聞 1946年1月19日東京・朝刊：1）。

れに受け身に寄りかかるようなものではなかった。そもそも「マル公」が寄りかかれるようなものでなかったことが問題なのであった。[17] 遅配・欠配の上に、煮えない芋や火の点かないマッチのような粗悪品ばかりの配給制度もまた、主婦たちが立ち向かうべき敵であった。

　庶民の生活を守れない無能な食糧管理法下の配給制度も、本来は広く庶民の生活を守るためにある食糧管理法を堂々と無視する「闇」も、共に都市の庶民の生活を圧迫する悪であった。「闇撲滅」運動は、前者を庶民のための制度に改革し、後者を排除するために、自分たちの手で「公」の秩序を創っていくことを目指していた。運動が政府に対して求めた経済統制は、官僚による「上から」の国家統制ではなく、庶民の意思による庶民のための国家統制であった。

　このように、主婦たちによる「闇撲滅」とは、参政権を得た女性たちによる政治的主体性の発揮であり、「台所からの政治参加」としての民主主義の実践、すなわち〈国家への自由〉の実践であった。

　主婦たちの運動は、焼け跡の混乱と「闇」の自生的秩序から、国家による法秩序の回復へ向かおうとする時代の流れを追い風にして始まった。新憲法の下に国民主権を原理とする国家の枠組みを構築していくことが宣言された時代である。この時代に、「台所からの政治参加」による「公共の福祉」の実現といえば、非合法の「闇」に対抗するものとして、あまりに正当性ある理念であった。

5　生活犯罪から生活保障へ

(1) 「闇」取締りの論理

　先に見たように、警察は、焼け跡の混乱状態を統制するために、闇市を統率する「組」組織の力を借りた。地方自治体は、困窮者の生業の場としての露店やマーケットの営業に対して配慮や支援を行った。しかし、公権力の「闇」に対するこうした態度はまもなく大きく転回した。

---

[17]　比嘉をリーダーとする大阪の「主婦の会」が牛肉の街頭廉売を行ったとき、曾根崎警察署の署長に「あなた方も㊗でなくヤミ値で売っているでしょう」と指摘されたのに対して、「あなたの管内で㊗で売っている店が一軒でもありますか」と言い返したという（比嘉　1971：78）。

1946年の夏以来、闇市に対する警察の取締りが強化されていく。それは、渋谷・新橋露店街の閉鎖（1946年7月20日）、全国一斉の「闇」摘発（同8月1日）、上野市場の閉鎖（同8月10日）、露店営業取締規則の施行（同9月28日）、料飲店取締り強化（「六, 一休業」1947年6月1日）、東京露店商同業組合の解散（同8月31日）、と続いた（大塚ほか 1950：246-255; 松平 1985：38-43）。

1949年8月4日には、GHQから都区内の公道上にある露店を整理するように指示があり、都知事、警視総監、消防総監が連名で、露店業者に対して露店整理への協力を求める通告書を出した（東京都臨時露店対策部 1952）。

背後にはGHQの厳しい姿勢があった。東京都知事であった安井誠一郎は「就任早々から幾度も呼びつけられては「早くあれを整理せよ」と要求された」という（安井 1961：56）。「ホコリをかぶってひしめいている露店」は、「とりわけ、高官の夫人連には、とてもがまんがならぬものだったらしい」（安井 1961：56）ともいう。GHQを味方につけた主婦たちの「闇撲滅」運動とは対照的に、露店街は当初よりGHQから敵視されていた。

GHQが露店整理の目的の中心に据えたのは「ボス排除」であった。「占領政策の根本のネライが日本の民主化にあるのに、あんなひどいボスの搾取制度を許しておけないではないか」と、露店整理を都に迫ったという（安井 1961：56-57）。

1946年夏からの「闇」を取り巻く状況の変化について、松平は、「同業組合の幹部を利用することはあっても、取締り対象とすることはなかった」警察が、「一種の赤狩りキャンペーンに転じた。皮肉な言い方をすれば、国民生活窮乏の責任を負うスケープ・ゴート探しがはじまった」と表現している（松平 1985：43）。

安井はGHQの命令の下に始まった露店整理について、次のように書いている。

> 昭和二十一年、二年頃の東京の警察力では、ボス組織に徹底的なメスを入れることは不可能に近かった。ここで進駐軍に腰を入れさせてボスを一掃出来たら、あとはまじめな業者と話し合って、みんなの立ちゆく方途で解決がはかれるだろう。まず、そこから手をつけるべきだと考えたので、その旨をGHQに申入れた。先方もすぐ同意して、二十二年の六月だったかに、新宿で暴威をふるっ

ていた関東尾津組が第一番に町から追放された（安井 1961：57）。

　松平が「国民生活窮乏のスケープ・ゴート」と表現し、また安井が「まじめな業者」と表現しているように、露店整理の過程で、露店街の中に国民生活窮乏の根源たる「悪」と「まじめな業者」との境界線が引かれていった。
　「闇」を牛耳る悪として名指しされたのは、闇市を統率する「組」組織であった。1947年夏には「組」の幹部があいついで逮捕されたり手配されたりした。6月26日に関東尾津組親分が強制収容、7月16日には新橋「新生マーケット」をつくった関東松田組が解散、と続いていった（松平 1985：43-44）。[18]
　新聞の論調も、同業組合幹部を「復興の尖兵」から「街の顔役」として捉えるように変化した（松平 1985：43-44）。たとえば『朝日新聞』は、警視庁が「良民を泣かせるいわゆる"街の顔役"狩りを断固実施することになった」と報じ、囲み記事では、脅迫を受けた場合は後難を恐れず届けてほしいという警視庁からの呼びかけを伝えている（「「街の顔役」を一掃　「はら」を決めた警視庁」朝日新聞1947年6月27日東京・朝刊：2）。
　当局による取締り強化の中で、露店商組合の内部からも「組」幹部への批判とマーケットの民主化の動きがあった。『朝日新聞』には「警視庁では健全露店育成のため新たに露店取締り規則を設け、徹底取締りに乗出すが、一方露店商間でも組合民主化の声はようやく強く叫ばれつつある」という記事が見られる（「親分の発言権を封鎖　"健全露店"の育成へ」朝日新聞1946年9月11日東京・朝刊：2）。
　同年10月19日の『朝日新聞』には、露店の民主化に起ちあがった組合中堅層の言葉が掲載されている。

　　大多数の業者をここまで窮地に追い込んだのは、或いは闇市と呼ばれながらともすれば、犯罪の温床となって来た業界を見て見ぬ振りをしていた、組合幹部の怠慢と見なければならない、封建的な親分制度が原因だ、……悪は徹底的に悪として我等自身の手で刈り取り露店を今度こそ本当に都民本位のものに建直し、

---

[18]　組の解散に際して関東松田組親分が認めた文章があり、テキ屋の視点から見た「組」排除の経緯を知ることができる（松田 1947）。

引揚者、失業者を少しでも我々の手で受け入れようというのが我々の念願だ。(「改める点は改める　露店に生活権を　警視庁に取締改正を要望」朝日新聞 1946 年 10 月 19 日東京・朝刊：2)

「組」組織とともに、露店の取締りにあたってスケープ・ゴートにされたのは、旧植民地出身の人びとであった（原山 2013：22-25）。先に触れたように、これらの人びとは職を得ることが難しい状況の中で「闇」の稼業に就くことが少なくなかった。[19] 三宅明正は、1946 年初夏ごろからの新聞報道が、朝鮮人、台湾人、さらには中国人を「闇」をあたかも牛耳る存在として描き、攻撃の矛先を集中させていったという（三宅 2001：28）。

次に引用するのは、1946 年 8 月 17 日衆議院本会議における椎熊三郎の発言である。

> 彼等は其の特殊な立場に依って、警察力の及ばざる点あるを利用して闇取引をなし、日本の闇取引の根源は正に今日の此の不逞なる朝鮮人などが中心になって居るということは、今日の日本の商業取引、社会生活の上に及ぼす影響は驚くべきものがあるのであります、……日本の微弱なる商業者は、無税にして外国人たる立場を以てなす所の此の朝鮮人、台湾人の行動には、商取引としては敵わない。現に神戸、大阪の如きは、既に露店商人、飲食店は悉く台湾人、朝鮮人に依って掌握されて居ると云う此の事実を内務当局は何と見られますか……（第 90 回帝国議会衆議院本会議 1946 年 8 月 17 日）

ここに展開されているのは、「日本の微弱なる商業者」を「闇」を跋扈する「在日外国人」の勢力から守れという論理である。

「組」と「在日外国人」を「闇」を支配する悪として表象することによって、「闇」取締りは悪の排除という大義を得た。敗戦直後に反転した「公」と「闇」をめぐる秩序は、1946 年の夏、「組」と「在日外国人」を排除するという大義を転回軸として、再び反転したのであった。

19）「闇」の営業者における外国人の割合は、実際にはそれほど多いというわけではなかったとの指摘がある。朝鮮人や華僑の人びとには警察の取締りが及ばなかったため、外国人になりすまして「闇」稼業を行う日本人も少なからず存在したという（原山 2013：26-27）。

(2) 「青空の下から屋根の下へ」

　「闇」取締りの大義としては、「闇」を拠り所として生き延びてきた零細な露店業者は排除の標的ではなく、むしろ保護すべき存在であった。とはいえ「闇」取締りは、露店を生業としてきた多くの人びとの生活基盤の喪失を意味する。

　GHQ の命令による都の露店整理の決定に対して、露店業者からは反対運動が起こった。1949 年 10 月 13 日に日比谷で開催された業者大会では、約一万人が集まり、「業者とその家族十万が飢えんとしている、生活権の保障をあくまで主張し、通告を撤回されるよう要請する」ことが決議された（「露店撤廃反対　業者が大会」朝日新聞 1949 年 10 月 14 日東京・朝刊 : 2）。

　「組」の親分たちは、露店街を追われる業者たちの生活を案じた。新橋の露店街の顔役であった松田組は、1946 年夏、露店街が閉鎖されるに当たって露店業者のための生活相談所を設けた。『朝日新聞』は、「松田組親分芳子さんはじめ後見役や幹部連の意見」として、次のような言葉を載せている。

> 　こんどの措置で露店商は屋根ある独立商店に発展してゆくと思う、そのために親分制度が必要ないというならば、私どもはいつでも手をひくつもりだ、松田組としては九月までに建築中のマーケットが完成するから、そこへ現在の露店商を収容し組合員が株主となる会社組織で復興させるつもりだ、それまで露店商人は男子は人夫に斡旋し、女子は移動鑑札を与えてほかの露店市へ出てもらって失業者は絶対に出さない。（「会社組織のマーケットへ　松田組　生活相談に乗出す」朝日新聞 1946 年 7 月 22 日東京・朝刊 : 2）

　露店商たちの生活を案じたのは「組」の親分だけではなかった。同じく 1946 年夏、『読売新聞』は、「最近各地の露店街をめぐって紛争が続発『いっそこの際全面的に閉鎖しては』という巷の声に対し廿一日取締りの任に当る谷川内務省警保局長は『ノー』と答」えたと伝えている。警保局長は、露店街に巣食う悪の根は断固として一掃する一方、全面的閉鎖の手段はとらず、あくまでも正しく明朗な民衆のマーケットに育てあげたいと方針を述べたという（「"民衆のマーケット"悪の根源をついて明朗化する　育て上げようと　谷川警保局長」読売新聞 1946 年 7 月 22 日朝刊 : 2）。

　1949 年からの東京都の露店整理をめぐっては、追われる露店業者に対して

各界から同情が寄せられ、非常な声援があったという（上田ほか 1959：36）。

　新聞の論調も、露店業者を応援するものであった。たとえば『朝日新聞』の社説では、東京都に対しては「目抜きの通りからとにかく露店を片付けさえすればよいというような便宜主義に陥ることを警戒」し、「移転後の営業が成り立って行くように最大限の配慮を望みたい」、また代替地の居住者や地主に対しても「温い気持ちで新しい移転者を迎え入れることを望みたい」と、露店商への配慮を求めている（「社説　露店撤去に備えて」朝日新聞 1950 年 7 月 30 日東京・朝刊：1）。『読売新聞』の社説も、「生活意欲の端的な象徴」である闇市こそが失業問題を解決し、都市の復興を促進した事実を忘れてはならないとして、露店営業の取締りを批判している（「社説　露店など自由にやらせよ」読売新聞 1949 年 5 月 18 日〔平野 1956：257〕）。

　露店整理事業に当たった東京都にとって、露店街閉鎖後の露店商の生活への配慮と支援は、きわめて重要かつ困難な課題となった。露店整理事業を掌理したのは、1950 年 2 月に東京都建設局内に特設された東京都臨時露店対策部であった。部長となった建設局長石川栄耀はこの計画に反対したが、GHQ は軍隊を出しても禁止させる姿勢であったという（磯村 1993：139）。

　GHQ の命令により露店整理が避けられなくなった状況で、露店業者側代表の人びとが採ったのは、「転禍招福」「青空の下から屋根の下へ」という構想、つまり露店整理の危機を好機に転じて、零細な露店営業から屋根のある店舗営業への更生を実現しようという道であった（上田ほか 1959：34）。

　東京都もまた「寧ろ風雨の不安にさらされながら営業しているこの人達を、ある程度落ち着いた業態にまで向上させたい」と考えた（東京都臨時露店対策部 1952；上田ほか 1959：38；安井 1961：58）。都は業者側代表の人びとと共に、露店商の再生のために、寝食を忘れて打ち込んだ（安井 1961：62）。

　露店整理の大枠は、転廃業する人たちへの資金貸付と、商売を続けたい人たちへの代替地の斡旋であった。都は、整理対象となる業者や家族から一人の犠牲者も出さぬこと、そして、都民全体のために使うべき税金を特定の十万人の救済のために使わないことをこの事業の方針とした（安井 1961：58）。

　融資に関しては、集団移転する業者および転廃業する業者のそれぞれ 3,000 名を超える人びとが融資を受けた（東京都臨時露店対策部 1952）。

代替地に関しては、都による支援は、地域社会からの偏見や敵意から露店商を守るということも含んでいた。東京都臨時露店対策部副部長を務めた福田桂次郎は、代替地に決まった地元から「犯罪の悪の温床になる」などの理由で反対運動があり、露店業者の組合幹部たちは地元の説得に大変な苦労をしたと回顧している（福田 1991：24）。「ひどいところは、地元の婦人会が連名でマッカーサー夫人に陳情書を出したのさえあった」（安井 1961：64）という。「業者にしてみれば、生きるか死ぬかの問題であり、こんどのこの機会にこそ屋根のある店舗をもって新しく出発しようと、それぞれ希望にみちて自己資金の積立てまではじめている矢先きだけに、さぞつらかったろうと思うのによく隠忍してくれた」と、安田は述懐している（安井 1961：64）。

　1951年の大晦日が、東京の露店の最後の日となった。

　東京都露店対策部は、「業者も斡旋する側も幾度かの辛酸を嘗めたとは言え、ともかく初めの夢が実現したのである」と振り返っている（東京都臨時露店対策部 1952）。こうして露店商たちは、露店という零細な業態を脱し、屋根のある店舗で新しい事業への門出を果たした。[20][21]

6　「闇」の終わり

　焼け跡の生活保障を担当した闇市はこうして終わっていった。法の秩序の中では生活が守られず、だれもが自力で生き延びなければならなかった時代、それゆえ人びとの生活を支えた「闇」が社会的に正当性を帯びた短い時代は終わった。

　生存権を規定した憲法25条、および1950年の改正で扶助の権利性を明確にした生活保護法は、「生きるため」に何でもする権利を、扶助を受ける権利によって替えていくことを意味した。

　もちろん、ここで権利性が明確にされたというのは、相対的な意味でのこと

---

20)　しかし、すべての露店商が「青空の下から屋根の下へ」入って順調に事業を展開できたわけではなく、経営不振で脱落する人もいた（安井 1961：69）。
21)　戦後日本の都市形成史における露店・マーケットの形成と変容の過程について、初田 2011、石榑 2016 を参照されたい。

である。憲法 25 条の生存権は、当時の通説では法的権利ではなく、国家が「国民」の生活保障の責務を負う結果の反射的利益に過ぎないものであった。また、生活保護法上の扶助への権利は、在日の旧植民地出身の人びとも含め外国籍の人びとには付与されなかった。つまり、この扶助を受ける「権利」とは、人が固有に有する権利ではなく、生存に対する絶対的な権利でもなく、国家との関係において相対的な性格のものであった。

　山口判事の餓死をめぐって、衆議院議員の松谷天光光は、生活困窮者を護るのは生活保護法をおいてほかにはない、生活困窮者は生活保護を利用すべきだ、と主張した。

> 判事は、まじめに国法を守って生きようとすれば、国民は一人残らず死なねばならぬということを、死の犠牲を払って警告したものと思う。……国民は健康にして文化的生活を営む権利を憲法は保証している。死か刑務所か、その岐路に立たされている飢えた人々は、生活権獲得のために強く政治の責任を問うべきである。……〔生活保護法―引用者〕に依って国民の生活が完全に保証されているとは考えない。ことに同法は改善を要する幾多の点を認める。しかし生活困窮者を護るのは同法をおいてほかにはないのだから、正しい困窮者はこの法を利用すれば良いと思う。(松谷天光光「餓死と責任」朝日新聞 1947 年 11 月 23 日東京・朝刊：2)

　闇市の終焉は、〈国家からの自由〉としての闇市の生存権に替わって、〈国家による自由〉としての福祉国家の生存権が確立されることを意味するのでなければならないはずである。厚生省社会局の黒木利克は、生活保護法の実施にあたる専門吏員として設置された社会福祉主事に向けて、次のように書いている。

> 〔公的扶助関係局課のゼネストへの賛否をめぐる文脈で―引用者〕社会福祉主事が働かなければ、最後の生活線を守れない人々は、犯罪を犯すか死ぬ以外にないのである。社会福祉主事が、このために果敢にたたかわねば国家社会の存続すらあぶないのである。
> 　ともあれ社会福祉主事は、県政の、大きくは国の政治の最先端をあづかっている。それで、あらゆる施策のしわよせ、欠陥、盲点等を知るわけである。又それだけに社会福祉主事は、こうした社会の最も弱い人たちの立場に立っての批判者でもなければならないと思う。(黒木　1956：38)

生活に困窮した人びとによる「生活犯罪」を止めうるのは、公的扶助による生存権保障の確立によってのみであるという論理――「極窮権」の論理――を、ここに読み取ることができないだろうか。

　困窮者の生存戦略であった「闇」が否定された後、困窮する人びとが獲得した生存戦略は「生活保護を闘いとる」ことであった。その方法として、戦後民主主義の理念としては、松谷が主張したように合法的に生存権保障に対する政治の責任を問うことが第一義とされるだろう。しかし、社会福祉主事が直面する現実としては、次に引く黒木の言葉にあるように、違法なものを含むいろいろの戦術が「生活保護を闘いとる」ためにとられていた。

> 近頃「生活保護を闘いとる」ためのいろいろの戦術がとられているという。給与証明書を出さなくともすむ方法として、勤務先に保護の申請をしたことがばれると、首になるからと職員に嘆願せよというのだそうである。或は収入をごまかしたりする奥の手を教えているという。あるラヂカルなグループは、逆ストという戦術を用い、生活保護の出費によって地方行財政をまひさせよと指令したとも伝えられる。……わたしたち生活保護に携る者は、如何なる方法と名目にせよかかる違法なことは断固排げきしなければならない。（黒木 1956 : 311）

　こうした戦術を、さしせまった現実の中で〈非合法だが正当〉な生存戦略として黙認することができないのだとしたら、それは何を意味するか。それはもちろん、合法性の枠を踏み越えなくとも生活していけること、つまり生活保護法によって生存権が現実に保障されていることが大前提であるということだ。

　しかし、当時の生活保護の保護基準は、栄養所要量を充足してさえいなかった（岩永 2011 : 第 2 章）。生活保護を利用すべきだという松谷の意見に対して、[22] 生活保護法の運用に当たる町村吏員からは、困窮する勤労階級が生活保護を利用することは財政的にも制度的にも全く現実的でないとの反論が寄せられている（「飢餓と補助」朝日新聞東京・朝刊 1947 年 11 月 19 日：2）。

　「最後の生活線を守れない人々」が「犯罪を犯すか死ぬ以外にない」状況に追い詰められるのを阻止するのが、社会福祉主事の任務である。しかも、生活

---

22)　松谷は 11 月 6 日の朝日新聞にも談話を載せている。

保護法の適正実施を任務とする社会福祉主事としては、「違法なことは断固排げきしなければならない」。

　生活保護法による生存権の実質的な保障という大前提がない状況の中で、社会福祉主事が担う仕事がいかに困難なものとなるかは、ほとんど論理的に明白である。闇市の短い時代における法外の「生存権」の消長を思うとき、その仕事の困難さの意味が、一層重く感じられてこないだろうか。

おわりに

"闇市の終焉、そして福祉国家へ"という進歩の物語に回収するかたちで本章を終えない方がよいだろう。

　橋本健二・初田香成らの研究は、戦後日本の始まりとしての闇市を描いている。闇市は、戦後日本の自営業者のゆりかごとなり、都市の構造を大きく変えた。そして、闇市は人びとの記憶の中に大きな位置を占め続けている（橋本＝初田 2016）。こうした意味で、闇市は 1950 年をもって終わってはいないのである。

　"生存権の社会史"とは、闇市の中に"福祉国家的なもの"が生成したり、福祉国家の中に"闇市的なもの"が伏在したりしながら、表と裏が時に反転しうるらせんのように展開していくものなのかもしれない。そうしたものとしての"生存権の社会史"を尋ねる道の入り口に立つことが本章の目標であったということを、最後に思い出しておきたい。

［付記］
　資料からの引用部分について、旧漢字・旧かなづかいを新漢字・新かなづかいに改めた。

【謝辞】
　本研究は JSPS 科研費 17K04112 の助成を受けたものである。

[参考文献]

秋山節義 1947「どうするかこの食生活　走る闇列車に乗客のお喋りを拾う」週刊朝日 1947 年 4 月 6 日・4 月 13 日号 3-5 頁

天野正子 2005『「つきあい」の戦後史――サークル・ネットワークの拓く地平』吉川弘文館
　――2010「占領期の生活と女性の「解放」」国立歴史民俗博物館・原山浩介編『歴博フォーラム　占領下の民衆生活――総合展示第 6 室〈現代〉の世界②』東京堂出版、54-88 頁

厚香苗 2014『テキヤはどこからやってくるのか？――露店商いの近現代を辿る』光文社

猪野健治 1980「尾津喜之助と新宿闇市物語」プレジデント 18 巻 9 号 56-67 頁

石榑督和 2016『戦後東京と闇市――新宿・池袋・渋谷の形成過程と都市組織』鹿島出版会

磯村英一 1993「石川栄耀君の思い出」都市計画 182 号 138-139 頁

岩永理恵 2011『生活保護は最低生活をどう構想したか――保護基準と実施要領の歴史分析』ミネルヴァ書房

岩田正美 2012「「貧しさ」のかたち」安田常雄編『シリーズ戦後日本社会の歴史 1　変わる社会、変わる人びと――20 世紀のなかの戦後日本』岩波書店、184-210 頁

上田長清＝霜田吉次郎＝中沢英一＝福田桂次郎＝山本長蔵 1959「〈座談会〉露店――東京名物顚末録」都政人 1959 年 6 月号 32-41 頁

大岡聡 1997「昭和恐慌前後の都市下層をめぐって――露店商の動きを中心に」一橋論叢 118 巻 2 号 342-360 頁

大塚斌＝高橋洸＝濱誠 1950「戦後における露店市場」大河内一男編 1950『戦後社会の実態分析』日本評論社、216-261 頁

岡田好治 1947『生活保護百問百答　第 1 輯』日本社会事業協会

岡野秋子 1950「苦しみに耐えつつ終戦後六年の家計」婦人之友 1950 年 12 月号（再録：平凡社編集部編 1976『ドキュメント昭和世相史　戦後編』平凡社、242-249 頁）

奥むめお 1950「消費者の立場からみた米価問題」物価時報 1950 年 10 月号 6-7 頁
　――1997『野火あかあかと』日本図書センター

織田作之助 1946「大阪の憂鬱」『文芸春秋』1946 年 8 月号（再録：平凡社編集部編 1976『ドキュメント昭和世相史　戦後編』平凡社、202-208 頁）

尾津喜之助 1948『娑婆の風』喜久商事出版部

葛西まゆこ 2011『生存権の規範的意義』成文堂

黒木利克 1956『改訂増補　社会福祉主事』中央法規出版

信夫清三郎 1947「大衆はどこへいったらよいのか」改造 1947 年 12 月号 12-18 頁

薄信一 1950「東京都における壕舎生活者――一九四五年一一月調査」大河内一男編『戦後社会の実態分析』日本評論社、177-199 頁

高田実 2001「「福祉国家」の歴史から「福祉の複合体」史へ――個と共同性の関係史をめざして」社会政策学会編『「福祉国家」の射程（社会政策学会誌 6）』ミネルヴァ書房、23-41 頁

高田実＝中野智世編著 2012『近代ヨーロッパの探求⑮　福祉』ミネルヴァ書房

趙景達 2010「占領期の在日朝鮮人とその生活」国立歴史民俗博物館・原山浩介編『歴博

フォーラム　占領下の民衆生活──総合展示第 6 室〈現代〉の世界②』東京堂出版、118-142 頁
東京都臨時露店対策部編　1952『露店』東京都
中村睦男　1973『社会権法理の形成』有斐閣
新居格　1947「犯罪時評　敗戦と犯罪」トップ 2 巻 1 号 10-11 頁（国立国会図書館憲政資料室所蔵）
橋本健二＝初田香成編著　2016『盛り場はヤミ市から生まれた〔増補版〕』青弓社
初田香成　2011『都市の戦後──雑踏のなかの都市計画と建築』東京大学出版会
────　2015「都市の伝統的な基層としての闇市」同志社大学人文科学研究所編『都市を占拠する──闇市・バラック街から見た都市空間の「戦後」』同志社大学人文科学研究所、6-35 頁
原山浩介　2008「抵抗の素朴さと苦さ──可能性への読み替えを目指して」インパクション 166 号 28-37 頁
────　2011『消費者の戦後史──闇市から主婦の時代へ』日本経済評論社
────　2013「出発としての焼け跡・闇市」安田常雄編『シリーズ戦後日本社会の歴史 2　社会を消費する人びと──大衆消費社会の編成と変容』岩波書店、14-39 頁
比嘉正子　1971『女の闘い──死者よりも生者への愛を求めて』日本実業出版社
平野清介編　1956『新聞集成昭和編年史　昭和 24 年度版』明治大正昭和新聞研究会
「百萬人の身世打鈴」編集委員編　1999『百萬人の身世打鈴──朝鮮人強制連行・強制労働の「恨」』東方出版
福田桂次郎　1991『私の雑記帳』都政出版社
福田徳三　1918a「暴動に対する当局の態度──極窮権の実行と認めて処置すべきのみ」中央公論 361 号 92-94 頁
────　1918b「極窮権論考」経済学商業学国民経済雑誌 25 巻 4 号 507-528 頁
松田芳子　1947「やくざは何処へ行く」トップ 2 巻 6 号 18-19 頁（国立国会図書館憲政資料室所蔵）
松平誠　1985『ヤミ市──東京池袋』ドメス出版
────　1995『ヤミ市　幻のガイドブック』筑摩書房
三淵忠彦＝佐々木惣一＝長谷川如是閑　1948「鼎談　憮然たる世相の弁」週刊朝日 1948 年 5 月 16 日号 3-7 頁
三宅明正　2001「「三国人」とは誰か、何か」三宅明正＝山田賢編著『歴史の中の差別──「三国人」問題とは何か』日本経済評論社、1-35 頁
本岡拓哉　2015「都市の自生的集落としてのバラック街」同志社大学人文科学研究所編『都市を占拠する──闇市・バラック街から見た都市空間の「戦後」』同志社大学人文科学研究所、36-52 頁
安井誠一郎　1961『東京私記』都政人協会
安田朝信　1964『都会の風雪──安田朝信自伝』東京書房
山岡明　1973『庶民の戦後　生活編──戦後大衆雑誌にみる』太平出版社
山形道文　2010『われ判事の職にあり　山口良忠』出門堂
横川博　1966「生存権の性格」『憲法の判例　ジュリスト増刊』有斐閣、120-124 頁

第Ⅱ部

福祉権保障の具体的展開

第5章

就学援助制度・義務教育無償・福祉権

藤澤宏樹

1 就学援助制度と義務教育無償

　本章では、就学援助制度を取り上げ、ここから義務教育無償のあり方、福祉権との連関について検討することにしたい。福祉権という語を用いることにより、教育権を費用面から支援するものとされる、従前の就学援助制度の理解とは異なった制度像を示すことができるのではないか、というのが筆者の見立てである。

　就学援助制度について、いくつかの実務的・理論的混乱が生じている。たとえば、就学援助制度受給世帯と生活保護受給世帯の重複が生じつつあるために（大阪市の就学援助基準は生活保護基準額の1.0倍以下でありかなりの程度で一致する）、困窮世帯が就学援助制度を利用できないという問題が生じている。そのためなのか、給食費徴収に関するトラブルが後を絶たず、学校はその徴収に多大な労力を割かれている。実は、これらの問題は、就学援助制度の充実や、給食費無償化により解決可能なものである。ところが現状では、そのような実務例は、広がりを見せてはいるものの、少数にとどまる[1]。しかもさらに問題なのは、憲法学・社会保障法学・教育法学が、就学援助制度のあり方を批判し、改善を提案する視点を有していないことである。これは、就学援助制度研究の欠如に遠因がある。就学援助制度は、全世帯の約15％（2014年度で15.39％）が利用する影響力の大きな制度であるにもかかわらず、これまでの研究は、この制度の

歴史（成立過程）についても理念（義務教育無償など）についても、不十分な考察しかしてこなかった。このままでは、13.9％（2016年）を記録した「子どもの貧困」の深刻化を座視し、高額化する教育費私費負担を黙認することになりかねない。

そこで本章では、就学援助制度の歴史、そして理念を考え直してみたい。具体的には、就学援助制度の成立過程を繙き、そこから義務教育無償、福祉権について考えたい。本章は次の手順で論じられる。まず、就学援助制度を含む（低所得世帯）教育費支援制度の概要、義務教育無償に関する判例、学説をまとめる。次に、就学援助制度の成立過程をあとづける。そして、就学援助制度に関する唯一の本格研究である小川政亮の就学援助請求権構想をまとめる。これらを踏まえ、就学援助制度・義務教育無償・福祉権の連関について考える。

2　教育費支援制度の概観

教育費支援制度は、[図表1]のとおり、厚労省系列の制度と文科省系列の制度の二系列に分類することができる。議論の前提として、これらの制度を概観する。また、子どもの貧困対策法についても簡単に触れる。

(1)　二系列の支援制度成立の経緯

二系列の支援制度が形成された経緯は次のとおりである。1899年制定の小

---

1)　山梨県早川町は2012年度から義務教育にかかる費用すべてを無償としている。兵庫県相生市は教育委員会による子育て支援事業を実施し、市立幼・小・特別支援学校の給食費無償を実現した。このほか、義務教育の保護者負担に対する独自の補助制度については、2011-2012年度で122自治体が給食費、112自治体が修学旅行費、97自治体が学用品費や教材費などを補助していた。「義務教育無償、広がる動き　122自治体が給食費補助　修学旅行含む全額肩代わりも」毎日新聞2016年2月22日（http://mainichi.jp/articles/20160222/ddm/013/100/055000c#csidxe717514b619b8228cde9e506c36e85a）。また中村 2017：76によれば、義務教育完全無償化は7自治体、給食費完全無償が50自治体、給食費一部補助が170自治体あり、これは全自治体の約13％にあたるという。

2)　文部科学省「平成26年度の学習費調査」によれば公立小学校生徒で年額321,708円、同中学校で481,841円である。

3)　この概観は藤澤 2012aと重なるところがあるが、本章にとり必要であるためここでも述べることにする。

[図表1] **教育費支援制度の概観**

	小中学校	高校
厚労省	生活保護（教育扶助・各種加算） 生活困窮者自立支援法（学習支援事業） その他	生活保護（生業扶助・各種加算） 各種福祉資金貸付 生活困窮者自立支援法（学習支援事業） その他
文科省	義務教育無償 教科書無償 就学援助制度 特別支援就学奨励法 その他	高等学校等就学支援金（高校授業料無償） 各種奨学金 その他

筆者作成

　学校令が、疾病、障害、貧困を理由とする子どもの就学猶予・免除を認めていたため、義務教育から振り落とされた児童を旧内務省が慈善的に保護していたという事情が淵源とされる。その後、大正中期より、経済的理由により義務教育を受けることが困難な子どもへの援助が社会問題として明確に認識されるようになった。これが内務省（厚労省）と文部省（文科省）の二系列の援助制度の制定につながった。厚労省系列の援助制度は1932年施行の救護法を、文科省系列は1928年の学齢児童就学奨励規程を嚆矢とする。

　救護法は、困窮者を救護するという公的扶助の原則をはじめて明らかにした。教育扶助はなかったが、生活扶助の中で学用品費等の義務教育費が支給されていた。1946年の旧生活保護法で生活扶助と教育費は別枠扱いとなり、1950年の生活保護法制定の際に教育扶助がもうけられ、現在に至っている（藤澤 2006：8-14）。

　学齢児童就学奨励規程は、貧困によって就学困難な学齢児童の就学を奨励するため、教科書、学用品、被服、食料その他生活費の一部または全部を給付するというものであった（田中 1978：27）。本規程は旧生活保護法の制定に伴い、生活保護費に吸収される形で廃止された。その後、1951年に、現在の就学援助制度の前身にあたる教科書給与法が成立し、後述の何度かの改正を経て、1961年、「就学困難な児童及び生徒に係る就学奨励についての国の援助に関する法律」（就学奨励法）が成立し、現在の就学援助制度の仕組みが整えられた。

(2) 厚労省による支援制度

厚労省による支援の中心は生活保護制度である。小中学校段階では教育扶助、高校段階では生業扶助（高等学校等就学費）による給付が行われる。

(a) 教育扶助

教育扶助は、生活保護法13条、32条に規定されている。困窮のため最低限度の生活を維持することのできない者に対して、義務教育にともなって必要な学用品・通学用品・学校給食その他義務教育にともなって必要なものを給付する。金銭給付が原則であり、これによることができない場合は現物給付となる。内容は、一般基準として基準額・教材代・学校給食費・通学交通費・学習支援費、特別基準として学級費等・災害時等の学用品の再支給・校外活動参加費などがある。保護金品は保護者に交付される。ただし、給食費などで、学校長に交付した方が教育扶助費が直接その目的とする費用に充てられると判断される場合には、学校長に対して直接交付されることがある。

(b) 生業扶助（高等学校等就学費）

生業扶助は、生活保護法17条、36条に規定されている。もともとは技能習得など職業的自立に関わる費用を対象としたものであったが、2005年度より、生業扶助の一費目として高等学校等就学費が新設された。これは高校等に就学するために必要な費用を給付するもので、基準額・教材代・授業料・入学料および入学考査料・通学のための交通費などからなる。導入の背景には、まず、高校進学のために積み立てた学資保険の収入認定が問題となった中嶋訴訟最高裁判決[4]が、高校進学は自立のために有用であると判示したこと、次に、2004年12月に出された「生活保護制度の在り方に関する専門委員会報告書」[5]が、教育扶助の範囲が義務教育に限定されていることに疑問を呈したことが挙げられる。

(c) 各種福祉資金貸付制度

生活福祉資金貸付制度は、低所得者や高齢者、障害のある人の生活を経済的に支えるとともに、その在宅福祉および社会参加の促進を図ることを目的とす

---

4) 最判平成16・3・16民集58巻3号647頁。
5) 賃金と社会保障1388号（2005年）19頁以下。

るもので、この中に教育支援資金という種類がある。母子父子寡婦福祉資金貸付金制度は、ひとり親世帯の親等が就労や児童の就学等で資金が必要なとき、都道府県、政令指定都市、または中核市から貸付を受けられるというもので、この中に修学資金および就学支度資金という種類がある。両制度とも無利子での貸付である。

(d) 学習支援事業

生活困窮者自立支援法にもとづく子どもの学習支援事業は、生活保護世帯、就学援助世帯、児童養護施設入所児童などに学習指導を行うというものである。拠点を設けての支援、訪問支援、保護者相談、イベント開催などがその内容である。2015年度では300自治体が実施しており、約6割はNPO法人などに当該事業が委託されている（厚生労働省 2015）。

(e) その他

児童手当・児童扶養手当などの社会手当が実質的に教育支援の役割を果たす場合がある。社会手当は、教育と福祉の連携をどのように捉えるかによって、検討の対象となりうるが、本章では触れない。

(3) 文科省による支援制度

文科省による支援制度は、憲法26条2項の定める義務教育無償を中心として組み立てられている。

(a) 義務教育無償

義務教育無償とは、すべての児童生徒について、義務教育にかかる費用を無償とするものである。憲法26条2項後段「義務教育は、これを無償とする」が憲法上の根拠であり、教育基本法5条4項および学校教育法6条に授業料不徴収規定がある。義務教育無償は、授業料を納めずとも義務教育学校への就学を認め、授業料負担を抑えようとしている点で、低所得世帯支援の役割をも果たしている。

(b) 教科書無償

教科書無償とは「義務教育諸学校の教科用図書の無償に関する法律」および「義務教育諸学校の教科用図書の無償措置に関する法律」（教科書無償法）にもとづいて実施される義務教育教科書無償給与制度のことである。この制度は、

憲法26条2項に定める義務教育無償の精神をより広く実現するものとして、全児童・生徒に対し、国庫負担によって教科書給与を実施するというものである。給与対象は、国・公・私立の義務教育諸学校の全児童生徒であり、その使用する全教科の教科書である。

(c) 高等学校等就学支援金（高校授業料無償）

「公立高等学校に係る授業料の不徴収及び高等学校等就学支援金の支給に関する法律」（高校無償化法）は、高校などの教育における学費を軽減することで高等学校への学習機会の均等に寄与することを目的としたものである。本制度は2010年度から実施され、2014年度からは所得制限が導入されている。内容は、公立高校における授業料は徴収しない、私立高校における授業料は公立高校の授業料と同等の金額を支援金として補助する、特別支援学校および中等教育学校も同様とするというものである。[6] 実施の背景には、高校進学率の上昇、教育費負担の重さ、就学支援制度の未整備、授業料滞納・中退の増加、国際条約（国際人権規約A規約、子どもの権利条約）との関係、があげられる（寺川＝黒倉2009：5）。

(d) 就学援助制度

就学援助制度は、経済的理由により就学困難と認められる学齢児童生徒の保護者に対して、市町村が、教育費用に関わって必要な援助を行うものである。[7] 対象となるのは、生活保護利用世帯（要保護世帯）および要保護世帯に準ずる程度に困窮していると認められる世帯（準要保護世帯）である。準要保護世帯の決定は、原則として市町村教委が行う。制度利用に際して所得（収入）制限があり、生活保護世帯所得の1.0～1.5倍の範囲であることが多い。国は市町村が実施する就学援助事業のうち、要保護者に対して行う事業に要する経費について補助を行う。

就学援助制度の法的根拠は次のとおりである。教育基本法4条、学校教育法

---

6) なお、朝鮮学校は高校等就学支援金制度の対象から外されているが、朝鮮学校に通う子どもたちも日本社会の構成員であることに変わりなく、対象から外す根拠は乏しい。「朝鮮学校「無償化」裁判・大阪地方裁判所判決（2017年7月28日）」賃金と社会保障1693号（2017年）26頁以下参照。

7) 就学援助制度の概要については高津2009も参照。

19条に総則的規定があり、就学奨励法、学校給食法、学校保健安全法、独立行政法人日本スポーツ振興センター法の各法における就学援助規定が給付の根拠となる。具体的費目は、学用品費・通学費・修学旅行費・給食費・医療費・校外活動費などである。準要保護世帯についてはすべての費目が給付対象となり、要保護世帯については修学旅行費および一部の医療費が対象となる。また、その他の給付を市町村の判断で加えることもでき、卒業アルバム代などの費目をもつところもある。就学援助制度と教育扶助との関係は［図表2］のとおりである。

［図表2］　教育扶助と就学援助の関係

生活保護（教育扶助）	就学援助		
資産調査あり 全国共通の認定基準あり	資産調査なし：主として所得（収入）基準		
	全国共通の認定基準なし：生活保護基準所得の1.3倍程度が多いが、1.0倍から1.5倍以上まで幅広く分布。		
要保護者	要保護者	準要保護者（要保護者に準ずる程度に困窮）	
学用品費 通学費 学校給食費	修学旅行費 一部の医療費	学用品費　修学旅行費 通学費 学校給食費　一部の医療費	｝学用品費等
国庫補助 3/4	国庫補助 1/2	（2005年度以降：国庫補助→市町村の一般財源化）	

(注)　一部の医療費とは学校保健安全法施行令8条に定める、①トラコーマ・結膜炎、②白癬・疥癬・とびひ、③中耳炎、④慢性副鼻腔炎・アデノイド、⑤むし歯、⑥寄生虫病（虫卵保有を含む）をさす。
出典：鳫 2013：44を一部改変。

(e)　特別支援就学奨励法

「特別支援学校への就学奨励に関する法律」（特別支援就学奨励法）は、教育の機会均等の趣旨に則り、かつ、特別支援学校への就学の特殊事情にかんがみ、国および地方公共団体が特別支援学校に就学する児童または生徒について行う必要な援助を規定し、もって特別支援学校における教育の普及奨励を図ることを目的とする。内容は、都道府県が当該児童生徒の、教科書購入費・学校給食費・通学費および付添人の交通費・寄宿舎居住経費・修学旅行費・学用品費購入費について、全部または一部を支弁するというものである。都道府県が実施、高校生までが対象、申請主義でない、所得制限が最大で生活保護基準の2.5倍

に設定されているなどの点で就学援助制度と異なる。

(4) 子どもの貧困対策法

子どもの貧困対策法は、子どもの生育環境によって将来が左右されることのないよう、貧困の状況にある子どもが健全に育成される環境を整備し、教育の機会均等を図り、子どもの貧困対策に関し、基本理念を定め、国等の責務を明らかにし、および子どもの貧困対策の基本となる事項を定めることにより、子どもの貧困対策を総合的に推進することを目的とする。本法にもとづき、2014年に「子供の貧困対策に関する大綱」が出された。大綱では教育・生活・就労・経済的支援の4分野で重点施策が示され、教育関連では、スクールソーシャルワーカーの配置充実、幼児教育無償化への取り組み、奨学金の拡充、貧困の連鎖防止のための学習支援の推進などが示された。本法の制定そのものは評価されてよいが、大綱に具体的な数値目標は示されておらず、不満が残る。本法が子どもの貧困解決にどれほどの役割を果たしうるかは今後の展開しだいである。

(5) 各制度の特徴

厚労省系列の制度の特徴は、所得保障だけでなく、学習支援事業なども行われていることにある。現金給付とサービス（現物）給付の双方が行われていると整理できる。そしてそこから自立助長の理念を見いだすことができる。

文科省系列の制度の特徴は、義務教育かどうかで授業料不徴収・教科書無償の範囲が異なることにある。小中学校＝授業料不徴収・教科書無償、高校等＝所得制限のついた授業料不徴収・教科書有償、と整理できる[8]。就学援助制度（および特別支援就学奨励制度）については、給付費目・内容が多岐にわたる点で、他の文科省系列の制度とは異なる特徴を有している。

これら二系列の制度は、理念も異なるように見える。厚労省系列の制度は、自立助長と最低生活保障を目的とし、文科省系列の制度では、教育の機会均等や義務教育の円滑な実施が強調されている。しかしながら、教育扶助と就学援

---

8) この整理はあまりにもありきたりである。しかし、こういった理解が生活保護世帯の高校進学を妨げる一要因となっていたことを見逃してはならない。なお、私見は高校教科書も無償化が望ましいと考える。

助制度は、修学旅行費について要保護世帯と準要保護世帯の双方が就学援助制度を利用することになっていることからわかるように、両者は密接に関わっている。したがって、理念を截然と分けるのには無理があり、シンクロしていると考えるべきである。この点は後に触れる。

3　義務教育無償に関する判例と学説

義務教育無償に関する判例と学説についてまとめる。

(1)　教育を受ける権利と義務教育――旭川学力テスト事件最高裁判決

　1976年の旭川学テ事件最高裁判決[9]は、当時鋭く対立していた、国家の教育権か国民の教育権かといういわゆる教育権論争について「いずれも極端かつ一方的」と斥け、親、教師、私学、国家等の教育権限の範囲を画定していこうとした。判決は教育を受ける権利の意義について次のとおり述べる。憲法26条の「規定の背後には、国民各自が、一個の人間として、また、一市民として、成長、発達し、自己の人格を完成、実現するために必要な学習をする固有の権利を有すること、特に、自ら学習することのできない子どもは、その学習要求を充足するための教育を自己に施すことを大人一般に対して要求する権利を有するとの観念が存在している……。換言すれば、子どもの教育は、教育を施す者の支配的権能ではなく、何よりもまず、子どもの学習をする権利に対応し、その充足をはかりうる立場にある者の責務に属するものとしてとらえられている」。

　学テ判決は、子どもの教育を受ける権利を学習権と捉え、その意義について、成長発達権としての側面だけでなく、請求権としての側面も認めた。この、教育権の多様な側面の確認を踏まえ、つづいて、義務教育無償の範囲に関する判例を見てみる。

---

9)　最大判昭和51・5・21刑集30巻5号615頁。評釈として米沢2013。

(2) 義務教育無償——教科書費国庫負担請求事件[10]

　教科書費国庫負担請求事件最高裁判決がその判例である。最高裁は次のとおり述べて、憲法26条2項の「無償」は授業料不徴収の意味であるとした。いわく、憲法26条はすべての国民に教育を受ける機会均等の権利を保障し、子女に普通教育を受けさせる義務と義務教育の無償を定める。「しかし、普通教育の義務制ということが、必然的にそのための子女就学に要する一切の費用を無償としなければならないものと速断することは許されない。けだし、憲法がかように保護者に子女を就学せしむべき義務を課しているのは、単に普通教育が民主国家の存立、繁栄のため必要であるという国家的要請だけによるものではなくして、それがまた子女の人格の完成に必要欠くべからざるものであるということから、親の本来有している子女を教育すべき責務を完うせしめんとする趣旨に出たものでもあるから、義務教育に要する一切の費用は、当然に国がこれを負担しなければならないものとはいえないからである。……〔憲法26条2項〕後段の……意義は、国が義務教育を提供するにつき有償としないこと、換言すれば、子女の保護者に対しその子女に普通教育を受けさせるにつき、その対価を徴収しないことを定めたものであり、教育提供に対する対価とは授業料を意味するものと認められるから、同条項の無償とは授業料不徴収の意味と解するのが相当である」。また、憲法はすべての子女に普通教育を受けさせる義務を強制していることから「国が保護者の教科書等の費用の負担についても、これをできるだけ軽減するよう配慮、努力することは望ましいところであるが、それは、国の財政等の事情を考慮して立法政策の問題として解決すべき事柄であ」り、憲法26条2項の規定するところでない。

　本判決について注意しなければならないのは、第一に、憲法26条2項について、授業料を徴収すれば違憲となると読むことができることから、この範囲で憲法26条2項の裁判規範性が認められていることである。第二に、本判決が教科書無償化法以前の判決であるということである。教科書無償が実現した上に、IT技術を用いた教材の登場に代表されるように、学習教材が多様化した今日とは時代背景が異なっている。

---

10) 最大判昭和39・2・26民集18巻2号343頁。評釈として千葉2007。

(3) 義務教育無償の範囲をめぐる学説

　憲法26条2項後段をどのように解釈するかについて、授業料無償説と就学必需費無償説とが対立してきた。授業料無償説とは、憲法26条2項後段を、教育の対価たる授業料を徴収しないという趣旨と解する立場である。すなわち、日本国憲法において「無償」という文言が存在する以上、少なくとも授業料不徴収を意味するのは当然のことだが、それ以上の徴収については、立法政策の実現にまつ必要があるというものである。もっとも授業料無償説においても、授業料以外の教材費等の無償は否定されておらず、立法により無償化を実現するのはむしろ望ましいとされる。教科書無償化については、憲法上の要請をこえるものであり、憲法問題とはならないということになる（佐藤 2011：372、米沢 2016：115 など）。

　就学必需費無償説とは、無償の範囲は、義務教育の授業料、教科書を含む教材費、その他就学に必要な一切の金品とすべきであるとする説である。この説は、教育を受ける権利を保障するとは、国民の誰もが家庭の経済的事情などに関わりなく、各人が人間として自立して生活ができるように、その技術や意欲などの能力を習得させることを誰にも均等に保障するということであるから、就学のための授業料不徴収に止まらず、「修学」までに必要な全費用を無償とすべしとする（永井 1985）。

　今日では授業料無償説が通説となっている。就学必需費無償説については、第一に、親は子どもに対する教育の自由を有しており、子どもに対して責任・理解関心を有する親が、子どもの教育に要する費用の一部を負担しても不合理ではない、第二に、授業料以外の費用の不徴収が、授業料の不徴収と同等の憲法上の価値を有するとみなしうるか就学必需費無償説では説明がつかない、第三に、就学必需費無償といっても、どこまでが就学に必要な費用なのか不明確である、という諸点で説得力をもちえていないとされる（奥平 1981：376-380）。

　他方、授業料無償説には、就学必需費無償説の立場から次の批判がある。第一に、授業料無償説は、なぜ授業料以外の教育費用負担のすべてが裁判規範たりえないのか（立法裁量の次元の問題となるのか）を考慮していない、第二に、授業料無償説は、無償の拡充を望ましいとしながらも、実際には裁判規範性を授業料に限定することで終わっており、裁判規範性の範囲の生成・発展可能性

について考察していない、第三に、授業料以外の費用を無償化する可能性が最初から考慮の外に置かれている（今野 2008：638-639、廣澤 2014：60-62）。

　私見は就学必需費無償説に親近感をもつ。授業料無償説が授業料以外の無償の可能性を最初から考慮の外に置いていることに疑問があるからである。しかし他方で、就学必需費について、その範囲が不明確であるのは否定し難い。私見は、教育費のニーズが類型化可能かつ切り詰めがほぼ不可能な側面を有することから、その範囲はかなりの程度確定できると考えるが、疑問が完全に解消されるわけではない。そこで、こうした疑問を考える糸口を、就学援助制度の成立過程に求めていきたい。

4　就学援助制度成立過程

　就学援助制度成立過程から義務教育無償を見ると、興味深い点が見えてくる[11]。以下成立過程をあとづけ、検討を加えたい。

　就学援助制度は、もとは1928年の学齢児童就学奨励規程にまで遡る。本規程は全児童の10％近くが利用していたとされるが、1946年の旧生活保護法制定にともない、これに吸収される形で廃止された。

　その後、空白期間を経て、1951年「昭和26年度に入学する児童に対する教科用図書の給与に関する法律」が制定された。本法は、義務教育の拡充（就学の拡大）と公共心の涵養を目的とし、市町村立小学校に入学するすべての児童に対して、当該市町村が国語と算数の教科書を給与する場合、国は予算の範囲において、その給与に要する経費の2分の1を補助するというものであった。当時の政府は「この実現を教科書だけにとどまらず、**義務教育無償の実現を期したい**」とし無償範囲の拡大を視野に入れていた。本法は1年間の時限立法であったため、翌年に「新たに入学する児童に対する教科用図書の給与に関する法律」が定められ教科書給与が恒久化された。しかし、この制度は2年間実施されただけで終わった。

　そこで、1956年の「就学困難な児童のための教科用図書の給与に対する国

---

11)　就学援助制度成立過程について詳細は、藤澤 2007：2008：2010：2012b：2014 参照。

の補助に関する法律」では、要保護児童および準要保護児童に教科書給与の対象者が限定された。その結果、当初の義務教育無償への意気込みは後退し、教育の機会均等、義務教育の円滑な実施といった目的が強調されることになった。とはいえ、この後、補助対象者および対象経費が拡大されていくことになる。翌1957年改正で給与対象者が中学校生徒までに拡大された。さらに1959年には修学旅行費が補助対象に加えられた。この改正は、1958年改定の学習指導要領が、修学旅行を教育課程の一領域である学校行事等に明確に位置づけたことから行われた。国会審議では修学旅行の教育的意義が強調された。そして1961年、就学奨励法が成立し、学用品費や通学費などが対象に加えられた。この後、1963年に教科書無償法が成立し、就学奨励法からの教科書給与はなくなり、現在の就学援助制度の形が整った。

同じころ、学校給食法において、給食費が就学援助の対象となった。学校給食法は1954年に成立し、1956年に生活に困窮する小学生を就学援助の対象とする規定が加えられ、1957年に困窮中学生も対象に加えられた。対象者拡大の改正にあたって、国会審議では、学校給食法における栄養改善の意義が論じられた。いわく、栄養改善とはすべての子どもに栄養を行き渡らせるということであり、栄養改善に取り組むのは国の責務であるというのであった。また、給食費について、文部省（当時）は、1961年の著作で「教科書とか給食のように教育課程に必要な教材で学校が規格を定めて父兄に支出を強制するものについては、できればこれを公費負担とすることが望ましい」とまで述べていた（文部省 1961：105）。

さらに、1958年、学校保健法（現在の学校保健安全法）にも就学援助規定が加わり、いわゆる学校病治療のための医療（対象は[図表2]参照）が就学援助の対象となった。国会審議では、健康達成が学習能率向上にとって不可欠であること、子どもの健康保障は国の責務であるといった議論があった。1959年には、日本学校安全会法（現・日本スポーツ振興センター法）にも就学援助規定がもうけられた。日本学校安全会法は、もともと都道府県単位で行われていた学校災害共済制度を全国一律の制度として取り込もうとしたもので、その共済掛金が就学援助の対象となった。

近年の動きで重要なのは、2010年度より準要保護世帯の就学援助費目に、

クラブ活動費、生徒会費、PTA 会費が追加されたことである。しかし、導入済みの市町村が2割程度にとどまっていることも、同時に指摘されねばならない[12]。

　以上の経緯に照らしたとき、次の五点が注目される。第一に、もともと全児童生徒を対象とした制度だったのが困窮児童生徒対象の制度へと変わった、すなわち対象者を限定する方向へと制度が展開していったということである。財政の問題が大きいが、残念なことであった。第二に、他方で、就学援助制度の展開は、小学校児童から中学校生徒への対象者拡大の歴史であったことである。これは義務教育の拡大の点で大きな意義を有するものであった。第三に、費目拡大の歴史であったということである。当初、国語と算数の教科書給与法であったものが、修学旅行費、給食費、学校病治療、学用品や通学費、学校災害共済給付にまで費目が拡大された。さらに市町村独自の給付も可能となった。このことは無償の範囲拡大可能性を示すものと見ることができる。第四に、給付方法について、金銭給付と現物給付の両方が想定されていることである。このことは、制度の展開が、教科書の現物給付から始まって、これに修学旅行費、学用品費、通学費という金銭給付が加わり、さらに学校病治療という現物給付が加わったという経緯を見ればわかる。第五に、就学援助制度が、医療保障や学校災害共済掛金、さらには部活動費、生徒会費、PTA 会費まで含むきわめて多様な費目を有することになったことである。これにより、就学援助制度は、義務教育無償や教育の機会均等のための制度という性格に加え、学校生活全般を保障する制度という性格が付与されることとなったと評価しうる。

5　就学援助制度から見た義務教育無償——就学援助請求権構想

　このような就学援助制度成立過程に見られる特徴をふまえ、就学援助請求権を構想し、さらに就学援助制度と義務教育無償との関連を考察したのが、小川

---

[12]　文部科学省初等中等教育局児童生徒課 2017 によれば、2015 年度の補助実施率はクラブ活動費 19.2％、生徒会費 21.7％、PTA 会費 24.5％である。九州地区の状況を調査したものとして「補助費目にも自治体格差　クラブ活動、生徒会、PTA 費の補助 1 割だけ」西日本新聞 2016 年 5 月 30 日（http://www.nishinippon.co.jp/feature/tomorrow_to_children/article/248569）。

政亮である。就学援助請求権構想は、就学援助制度に関する唯一の本格的研究であり、取り上げる必要がある。

(1) 就学援助請求権構想

小川は就学援助請求権という構想を示した。小川によれば、就学援助請求権とは「教育を受ける権利を保障するための制度の一環としての就学権が就学権主体である児童・生徒本人ないし通常、その保護者の経済的事情によって妨げられてはならないとするところから、いわば就学権の平等実現……のために、それ自体が権利として要求されざるをえない」ものであり、その根拠は憲法26条である（小川 2007b：258）。

教育扶助と就学援助との関係については、教育扶助は健康で文化的な生活水準を維持するに足るという意味での最低生活保障を教育生活面に即して要求する権利にこたえるべきものだから、憲法上の根拠は25条であるとする。義務教育以上の教育については、それが「健康で文化的な最低生活権に属すると考えられる」ようになれば教育扶助でカバーされるべきとする。その上で就学援助制度と教育扶助の関係は、次のとおりとなる。教育扶助は義務教育以上の教育までフォローできる制度にすべき（縦への拡大）であり、就学援助制度は義務教育無償の完全実現を目指すもの（国民全体への横への拡大）となる。なお、就学援助事務は自治事務だから、高校への適用拡大も可能である（小川 2007a：250-1）。

その上で、就学援助制度請求権の内容として次の七点を示した。すなわち①条例のような、就学援助制度にふさわしい法形式により定めるべき（法形式）、②就学援助を要する者が一定の就学援助給付を権利として要求しうることを明確にするべき（権利性）、③就学援助を受ける主体の規定の仕方が権利イメージにふさわしいものにするべき（主体規定、受給資格、認定基準など）、④手続的権利を保障すべき、⑤争訟権や民主的管理運営権を整備すべき（自己貫徹性）、⑥給付内容の必要・十分性を確保（給付の必要・十分性）、⑦就学援助請求権保障のための国・地方自治体の適切な役割分担が必要である（小川 2007b：258-287）。

就学援助請求権構想は、就学援助制度の権利性を明確にしようとした点で画

期的であった。就学援助請求権の根拠を憲法26条のみから引き出そうとするところには疑問があるが、後に触れることとし、本章の立場から興味深いのは、小川が、就学援助制度を「義務教育無償の完全実現を目指すもの」と位置づけて、そこから権利性を引き出そうとしているところである。そこで次に、就学援助制度という視点から見たとき、義務教育無償はどのように理解されるかを考えてみる。

(2) 義務教育無償の生成・発展可能性

　小川は就学援助制度と義務教育無償との関係について詳細な検討を加えた。小川は、就学援助制度の憲法上の根拠は憲法26条であるとした上で、憲法が子どもの教育を受ける権利を保障し、保護者に普通教育を受けさせる義務を課していること、義務教育無償原則は法律の留保なしに明記されていることを根拠として、負担の範囲について次のとおり述べた。

> 「授業料以外に、実際上義務教育段階でどの児童・生徒にも学校生活遂行上必要とされる学用品、学校給食、通学、修学旅行等の費用についても、義務教育無償の原則が本来及ぶべきものであると考えられ、そこからしても、少なくとも経済的によほどゆとりある子弟でない限り、ひとしく公費負担が行なわれるべきであるとして、就学援助が権利として要求されてくるわけである」（小川2007b：258）。

　小川説は、まず、義務教育無償の範囲は、義務教育段階の児童・生徒の学校生活遂行上必要とされる費用に及ぶとする。次に、公費負担区分について「少なくとも経済的によほどゆとりある子弟でない限り」公費負担が行われるべきとする。
　こうしてみると、小川説は授業料無償説とも就学必需費無償説とも異なるように見える。すなわち、授業料以外の費用について義務教育無償が及ぶとする点で授業料無償説と異なるし、すべての児童生徒の就学必需費が無償となるわけではないと読める点で就学必需費無償説とも異なる。これはどういうことか。就学援助制度請求権構想と義務教育無償について考えてみる。
　第一に、先に見たとおり、就学援助制度は、もともとは義務教育の拡大＝就

学の拡大という趣旨を有していた。したがって、学校教育にかかる費用は公費負担としつつ「経済的によほどゆとりある」子どもについては例外として私費負担とするというのは、「拡大」という意味では、就学援助制度の趣旨に沿うものと考えられる。

第二に、授業料無償説が、就学費無償の対象となる世帯収入（所得でも同じ）の上限（誰が貧困か）を問題にするのに対し、小川説では、就学費が有償となる世帯収入（所得）の下限（誰が富裕か）を問題とする。このように理解することで、就学援助制度対象者の拡大＝義務教育の拡大が可能になるという仕掛けになっている。これは、いわゆるスティグマの問題を避けることができるという効果もある。

第三に、小川は費目の拡大についても触れている。これは、就学援助制度は「義務教育の完全無償の実現を目指すもの」という小川説における位置づけに沿うものだった。ここで大切なのは、小川説において、費目の拡大は無償の拡大を意味している、つまり、無償の範囲は生成・発展するということである。敷衍すると、教育費は一定程度画一的で、かつ切り詰め不可能な側面を有することから、無償の範囲はかなりの程度確定することができる。しかしながら、その範囲は必ずしも固定されず、生成・発展する性質をもつ。したがって、就学必需費・必需品と認められるものがあれば、その都度、無償の範囲に取り込まれていくことになる。すると、先述の卒業アルバム代のような、当該市町村（あるいは学校）においてのみ無償の範囲に含まれる物品を設定することも可能であり、むしろそうすべきだということになろう。[13]

第四に、小川は給付方法にも触れている。小川は、就学援助制度の給付方法について、学校保健の医療の領域では現物給付が望ましいが、それ以外は「個性を持たない」金銭給付が望ましいとする（小川 2007b：274）。これは金銭給付優先ということだが、現物給付を排除していないことが注目されるべきである。つまり小川説は、就学援助制度を、現金給付と現物給付との併用を認める制度と理解していると見るべきである。私見はこれを就学援助制度の柔軟性を

---

13) この点に関し、地方自治体は、住民の生活権保障を担う役割を有し、住民のニーズの充足を現物給付で図るシステムを構想すべきとする見解が注目される。岡田 2012：66 参照。

認めたものと解する。

　以上の検討は次の帰結に至る。第一に、無償の範囲・内容は生成・発展する。この点で小川説は授業料無償説と袂を別つことになる。第二に、就学援助制度は、学校生活上必要な金品を給付する仕組みであり、給付に際しては金銭給付と現物給付との併用が可能な柔軟な制度である。

(3) 就学援助制度から見た義務教育無償の実現

　小川説の理論的根拠は、憲法 26 条 2 項後段について「国民の教育を受ける権利に対応して義務教育費をすべて無償化していくべきことを国に原理的に義務づけているものと解される」とするいわゆる法原理的義務説（兼子 1978：237-240）に求められる。法原理的義務説は、その内容が不明確であると批判され、少数説にとどまっている。

　とはいえ、就学援助制度から考えると、次のようになる。法原理的義務と呼ぶかどうかはともかく、憲法 26 条 2 項後段は、少なくとも、国家に対して、教育費私費負担軽減のため、就学援助制度をはじめとする教育費支援制度を設立すること、制度の給付対象者の範囲を広げること、給付費目を拡大すること、給付水準を向上させることを要請していると見ることができる。そして、私費負担軽減をつきつめていけば無償にたどりつく。

　だとすると、就学援助制度は全国ほぼすべての市町村に存在すること、就学援助事務が自治事務であることに照らせば、就学援助制度の積極活用によって無償を実現するという方法は十分検討に値するものと思われる。具体的には、まず、就学援助制度の一費目、たとえば給食費から無償を開始するという構想が考えられる[14]。この際、準要保護という概念との整合性が問題となりうるが、これには、就学援助制度の趣旨目的からして給付対象者拡大は望ましいといえること、そして準要保護認定が自治事務であることから、対象者拡大に支障はないと回答しうる（小川 2007a：250）。次に、先進的な市町村の無償化の取り組みを全国に広げることが考えられる。この場合は新しい制度の設立が選択肢

---

14) 2016 年 3 月の経済財政諮問会議で給食費無償の提案がなされた。内閣府 2016：6、鳫 2016：225-229 参照。

となるだろうが、就学援助制度を活用するのも有力な案の一つといえる。なお、これらの構想を実現するには、国庫負担の義務化が不可欠となる[15]。

以上の私見は、市町村主体の段階的な無償化論と位置づけられる。これをスローガン的に言い直すと、「教育費支援制度から教育費保障制度へ」とまとめられよう。子ども医療費助成制度が普及しつつある状況もあり[16]、私見が無理筋だとまではいえないものと思われる。

6 就学援助制度・義務教育無償・福祉権

ここまでの検討を踏まえ、就学援助制度、義務教育無償、そして福祉権との連関について考えてみたい。小川説は、就学援助制度の憲法上の根拠について、教育扶助は憲法25条、就学援助は憲法26条とわけているが、これは少々無理がある。就学援助制度が医療保障や共済掛金、PTA会費までをもカバーする学校生活全般を保障しようとする制度と考えられることからすれば、教育権や義務教育無償という語のみで就学援助制度の性格を言い尽くすことはできないだろう。つまり、就学援助制度は、憲法26条2項の要請する制度と見ることができるにもかかわらず、ここから「はみ出る」部分があるということになる。

このとき、「教育、住居、生存、医療その他」および「これらに要する費用」に対する積極的権利と解される福祉権の立場が有用となりうる。この立場にたてば、就学援助制度の「はみ出る」部分を包摂できる可能性がある。例えばPTA会費は、就学必需費無償説の主唱者においてすら、就学必需費の範囲から除外されていた（永井 1985：100）。これはPTA会費が「就学に必要な費用」と考えられていなかったことを意味する。しかし、仮にPTA会費が就学に必要な費用でなかったとしても、福祉権から考えると、これを就学援助に含ましめることが、容易に正当化できるように思われるのである。

最後に、これまでの検討を踏まえて、就学援助制度の憲法上の根拠はどうな

---

15) すべての学校教育にかかる費用を無償とする「学修費無償化法」制定により義務教育無償を実現すべきとの提案も注目される。小澤 2012：406 参照。
16) 子ども医療費助成制度については、小谷 2014 参照。

るのかを考えてみたい。福祉権という法学的でない語を用いての検討である以上、その根拠の明示は困難であることを承知の上で、あえて示すならば、25条と26条の両方ということになろう。もっとも、このように捉えることが、権利性をはじめとする就学援助制度の抱える諸問題にどのようにつながっていくかは、まだわからない。しかしながら、たとえば、就学援助制度の理念を再検討する上での一つの素材となりうるのではないか。

以上、本章の検討は、次のとおりまとめられる。第一に、就学援助制度は、義務教育無償のためというだけでなく、学校生活全般を保障する制度という性格を有している。第二に、就学援助制度成立過程からすれば、義務教育無償の生成・発展可能性を見てとることができ、そこから市町村主体の段階的な無償化が展望できる。第三に、就学援助制度は、給付の範囲・内容・方法において柔軟な制度設計が可能な仕組みであり、積極的な活用が図られるべきである。第四に、福祉権の立場は、就学援助制度の多様な側面を整合的に説明できる可能性がある。

就学援助制度は十分に活用されていない。そしてその遠因は研究の欠如にある。本章は不十分な研究蓄積を少しでも埋めようとする試みであった。

[参考文献]
岡田正則 2012「地方自治とナショナルミニマム──社会保障における国家・社会・個人」日本社会保障法学会編『新・講座社会保障法第3巻　ナショナルミニマムの再構築』法律文化社、49-66頁
小川政亮 2007a「社会保障法と教育権──一つの接点としての教育扶助と教育補助の場合を中心に」小川政亮著作集編集委員会編『小川政亮著作集4』大月書店、230-255頁
── 2007b「就学保障のための条件整備の一断面──権利としての就学援助の観点から」小川政亮著作集編集委員会編『小川政亮著作集4』大月書店、256-287頁
小澤浩明 2012「学修費における私費負担の現状」世取山洋介＝福祉国家構想研究会編『公教育の無償性を実現する──教育財政法の再構築』大月書店、378-415頁
奥平康弘 1981「教育を受ける権利」芦部信喜編『憲法Ⅲ』有斐閣、376-380頁
兼子仁 1978『教育法〔新版〕』有斐閣
鳫咲子 2013『子どもの貧困と教育機会の不平等──就学援助・学校給食・母子家庭をめぐって』明石書店

17）　本書序章参照。

―― 2016『給食費未納 子どもの貧困と食生活格差』光文社新書
厚生労働省 2015『厚生労働省平成 26 年度セーフティネット支援対策事業補助金（社会福祉推進事業）「生活困窮世帯の子どもの学習支援事業」実践事例集』
小谷功 2014「子ども医療費助成制度をめぐる法的構造と政策に関する一考察」創造都市研究 10 巻 1 号 39-56 頁
今野健一 2008「教育を受ける権利」杉原泰雄編集代表『新版 体系憲法事典』青林書院、630-641 頁
佐藤幸治 2011『日本国憲法論』成文堂
高津圭一 2009「就学援助制度の実態と課題」藤本典裕＝制度研編『学校から見える子どもの貧困』大月書店、81-120 頁
田中勝文 1978「『学齢児童就学奨励規程』制定の背景」日本の教育史学 21 号 23-37 頁
千葉卓 2007「教育を受ける権利と義務教育の無償性の意義――教科書費国庫負担請求権」『憲法判例百選Ⅱ〔第 5 版〕』有斐閣、306-7 頁
寺倉憲一＝黒川直秀 2009「教育費の負担軽減――高校無償化をめぐる議論」調査と情報 666 号 1-10 頁
内閣府 2016「平成 28 年度第 3 回経済財政諮問会議説明資料 2」
永井憲一 1985『憲法と教育基本権〔新版〕』勁草書房、84-103 頁
中村文夫 2017「公教育のすべてを無償に――この理念は実現できる」世界 891 号 76-84 頁
廣澤明 2014「公教育の無償性」日本教育法学会編『教育法の現代的争点』法律文化社、60-65 頁
藤澤宏樹 2006「教育扶助の再検討」賃金と社会保障 1412 号 4-25 頁
―― 2007「就学援助制度の再検討（1）」大阪経大論集 58 巻 1 号 199-219 頁
―― 2008「就学援助制度の再検討（2）完」大阪経大論集 59 巻 1 号 57-75 頁
―― 2010「就学援助制度成立過程の一断面――学校給食法における就学援助規定の成立」大阪経大論集 61 巻 3 号 131-158 頁
―― 2012a「教育支援と社会保障」日本社会保障法学会編『新・講座社会保障法第 3 巻 ナショナルミニマムの再構築』法律文化社、275-292 頁
―― 2012b「学校保健法における就学援助規定の成立」大阪経大論集 63 巻 4 号 121-135 頁
―― 2014「日本学校安全会法（現・独立行政法人日本スポーツ振興センター法）における就学援助規定の成立」大阪経大論集 65 巻 1 号 95-106 頁
文部科学省初等中等教育局児童生徒課 2017「『平成 26 年度就学援助実施状況等調査』等結果」（http://www.mext.go.jp/component/a_menu/education/detail/__icsFiles/afieldfile/2017/04/03/1362483_18.pdf）
文部省 1961『学校給食の現状とその課題』
米沢広一 2013「教育を受ける権利と教育権――旭川学テ事件」『憲法判例百選Ⅱ〔第 6 版〕』有斐閣、300-301 頁
―― 2016『憲法と教育 15 講〔第 4 版〕』北樹出版

第6章

インクルーシブ教育における特別支援教育と普通教育の関係

今川奈緒

はじめに

　憲法26条1項に定められた教育を受ける権利の解釈をめぐっては諸説が存在するが、学習権・人間的発達権説が有力説となっている。この説は、教育を受ける権利を、「人間の生来的学習権の現代における発展という教育条理上の必然性をになうもの」であり、「現代に生きる人間としてその能力を全面的に発達させうるような教育がうけられるように、国家に対して積極的な条件整備を要求する社会権的人権」（兼子 1976：217-218）であるとする。障害児の教育を受ける権利も、学習権・人間的発達権説に基づき、「すべての子供が能力発達のしかたに応じてなるべく能力発達ができるような（能力発達上の必要に応じた）教育を保障される」権利と解釈され、ここから障害児に対するニーズに応じた教育の保障、といった考え方が導き出される（米沢 2008：11）。

　日本においては、障害児のニーズに応じた教育の保障といった観点から、障害児は特別支援学校において障害の特性に応じた特別支援教育を受けるという仕組みがとられてきたが、2013年の学校教育法施行令の改正により、障害児も原則は小学校または中学校に就学する（学教令5条1項）という仕組みが導入された。これは、障害者権利条約に規定されたインクルーシブ教育の理念を反映したものであり、同条約24条によれば、インクルーシブ教育システムにおいては、人間の尊厳や人権、多様性の尊重を強化させ、障害者が精神的およ

び身体的な能力等をその可能な最大限度まで発達させること等の目的の下、「学問的および社会的な発達を最大にする環境において、完全な包容という目標に合致する効果的で個別化された支援措置がとられること」、「個人に必要とされる合理的配慮が提供されること」等が求められる。憲法が、国民の"教育を受ける権利"規定をおく目的の一つに、すべての国民が「健康で文化的な生活を営む」ための労働ないし生存の基本条件を平等に確保せしめるということがあるとされるが（中村＝永井 1972：50-51）、インクルーシブ教育は、まさにこの教育が有する福祉的側面を強調するものであると考えられる。

　2013年の障害者権利条約の批准、学校教育法施行令の改正を経て、インクルーシブ教育は障害児教育法制における法原理になったと考えられるが（今川 2015a）、教育現場における現状はインクルーシブ教育から程遠い状態にある。特別支援教育と普通教育が乖離した状態にあり、両者を連結させる仕組みが十分に機能していないことが、インクルーシブ教育の実現を困難にしている一因として考えられるが、効果的にインクルーシブ教育を推進してきたアメリカ合衆国においては、近年、特別教育と普通教育の境界があいまいなものとなってきたとされる。本稿においては、日本のインクルーシブ教育の現状を概説した上で、アメリカにおける特別教育と普通教育の関係を明らかにし、日本の障害児教育法制への示唆を得たいと考えている。

1　日本のインクルーシブ教育の現状

(1)　日本の障害児教育法制

　日本の障害児教育法制において、学校教育法施行令22条の3に定める就学基準に該当する障害児は、本条と学校教育法17条に基づき、小学校、中学校または特別支援学校における9年の義務教育が保障される。従来、障害児は原則特別支援学校に入学するという仕組み（＝認定就学者制度）がとられていたが、2013年に学校教育法施行令が改正され、形式的には障害児も原則小学校・中学校に在籍し、特別に認定された場合に特別支援学校に在籍するという仕組み（＝認定特別支援学校就学者制度）へと改正された。この背景には、障害者権利条約の批准、障害者差別解消法の制定等、障害児・者をめぐる法が大きく転換

したことがあげられる。上述したように、障害児教育法制における最大の変化は、インクルーシブ教育、インクルージョンの理念が導入されたことである。

(2) インクルーシブ教育の現状

　日本の障害児教育法制におけるインクルーシブ教育の解釈は、教育学の領域において「日本型インクルーシブ教育」と称されるように、日本特有のものとなっている（渡部編 2012 を参照）。中教審初等中等教育分科会特別支援教育の在り方に関する特別委員会は、合理的配慮に関する報告[1]において、学習権を保障する観点から、障害児の個別の教育的ニーズに応じるためには、多様な学びの場を確保することが必要であるとし、合理的配慮の基礎となる環境整備として、「基礎的環境整備」という概念を提示している。これによると、「合理的配慮」は「基礎的環境整備」を基に個別に決定されるものであり、「通常の学級のみならず、通級による指導、特別支援学級、特別支援学校においても、「合理的配慮」として、障害のある子どもが、他の子どもと平等に教育を受ける権利を享有・行使することを確保するために、学校の設置者および学校が必要かつ適当な変更・調整を行うことが必要である」としている。つまり、障害者権利条約や障害者差別解消法が、インクルーシブ教育の理念に基づいて合理的配慮を行うベースラインを通常学級としているのに対し、「多様な学びの場」をベースラインとすることで、インクルージョンを目的とすることが後退していると考えられるのである（今川 2015b を参照）。

　上記の中教審の報告は、インクルーシブ教育の「共生・包容」の理念をもちろん否定はしていない。ただ、合理的配慮として求めているのは、共に学ぶ場において実質的な教育保障を可能とするための適切な支援ではなく、発達権、学習権の保障をより確実なものとすることであり、適切な教育の質を確保することを重視しているところに特徴がある。この中教審の見解は、教育を受ける権利を、「すべての人が人間として、「学習権」すなわち学習によって人間らしく成長発達していく権利を有していることを前提として、教育をうける権利は、

---

1) 文科省 HP「合理的配慮等環境整備検討ワーキンググループ報告平成 24 年 2 月 13 日」http://www.mext.go.jp/b_menu/shingi/chukyo/chukyo3/046/attach/1316184.htm.（2018 年 1 月 10 日確認）。

すべての人がその学習権・人間的発達権を実現できるように国家に積極的条件整備を要求する権利」（兼子 1978 : 231）とする学習権・人間的発達権説に基づくものと考えられる。日本において特別支援学校における分離教育の合理性が認められ、その制度が充実化されてきたのは、そこでの専門的な教育がなければ発達権を保障されえない、重い障害を有する児童が存在するからである。発達権を前提とした学習権の保障は、教育の「質」の保障を求めるものと考えられ、中教審の報告が質の保障を前提に制度の仕組みを検討していることは、決して否定されるべきことではない。だが、「基礎的環境整備」の理念が、多様な学びの場を保障するために、特別支援学校等、基礎的な環境整備を行うという「場」を前提として、合理的配慮を算定するものとなっていることは、インクルーシブ教育の実現を目的とした場合妥当なものといえるだろうか（今川 2015a, b を参照）。

　インクルーシブ教育は、障害児のニーズに応じた適切な教育の内容を「人」に基づいて判断するものである。ある児童が通常学級への在籍を希望するのであれば、通常学級における当該児童のニーズに基づいた可能な限り適切な教育が保障されることになる。これに対して、「場」を前提として合理的配慮を判断する場合、場の整備が整わなければ、おのずと教育を受けられる場は限定されてしまう。日本の障害児教育の現場では、障害特性に応じた専門教育という点で特別支援学校が充実しているのに対して、通常学級では障害児の受け入れ態勢が整っていない。このような現状を踏まえると、通常学級への在籍を望んでいたとしても、そこにおける環境整備が整っていなければ、より適切な教育を受けられる特別支援学校を選択せざるをえないことになろう。このことは、年々、特別支援学校在籍者が増加していること、しかも、適切な支援を受けることができれば通常学級に在籍することが可能な、比較的軽度の障害を有する児童や保護者がそれを希望するケースが多いという現状からも推測される（今川 2015a を参照）。

2　特別教育と普通教育の接近

　アメリカの障害児教育は、障害者教育法（Individuals with Disabilities Education

Act：以下 IDEA（20 U.S.C. §§1400-1491.））とリハビリテーション法504条（Section 504 of the Rehabilitation Act of 1973（29 U.S.C. §794.））に基づいて保障される。特別教育（Special Education[2]）において、核となるのは障害者教育法（IDEA）であるが、障害児に対する差別の禁止や合理的配慮について規定しているのは、リハビリテーション法504条である。両法の概要をまとめると次のようになる。

(1) アメリカの障害児教育法制の概要
(a) 障害者教育法（IDEA）

障害者教育法（IDEA）は、特別教育について、保護者に費用の負担をかけず、障害をかかえる児童の特別なニーズを満たすよう、特別に定められた教育と定義している。IDEAの主たる目的はすべての障害児に対して「無償かつ適切な公教育（Free Appropriate Public Education：以下 FAPE（20 U.S.C. §1412 (1); 34 C.F.R. §300.17））」を提供することである。この目的を達成する手段の一つとして、障害者教育法（IDEA）は「個別教育プログラム（Individualized Education Program：以下 IEP（20U.S.C. §1414 (d); 34 C.F.R. §300.320-324））」についての規定を設け、「最も制限のない環境（Least Restrictive Environment：以下 LRE（20 U.S.C. §1411; 34 C.F.R. §300.114.））[3]」においてそれを実施することを州等に課している。個別教育プログラム（IEP）は、それぞれの障害児のニーズに応じた適切な教育を提供するために、学校教職員や医師等の専門家と親との協同によって作成されるもので、当該プログラムには障害児に関する情報、提供される特別教育の内容、サービス等が文書化される。当該法は適切な教育の内容について実体的な基準は定めていないが、個別教育プログラム（IEP）の作成に関する詳細な手続規定を設けることで、無償かつ適切な公教育（FAPE）の実現を図ろうとしている。なお、障害者教育法（IDEA）は無償かつ適切な公教育（FAPE）を受けるために必要とされる関連サービス（34 C.F.R. §300.320 (a) (4).）も保障しており、障害の性質、

---

2) 日本において障害児に対する教育は特別支援教育と称されるが、アメリカにおいては特別教育（Special Education）と称される。日本の特別支援教育とは性質が異なるものと考えられるので、本稿では特別支援教育と特別教育は区別して論じることとする。
3) 最も制限のない環境（LRE）の原則は、事実上インクルージョンに類似する効果をもつものであるが、本質的にはインクルージョンとは異なるものであることに留意する必要がある（今川 2012を参照）。

程度によっては、看護師の付添いや、タクシーによる通学等の教育外の援助サービスも児童に提供される。

　(b)　リハビリテーション法504条

　リハビリテーション法504条は、「連邦の財源に基づくプログラムや活動において、障害を理由とする差別の禁止」を目的とするものであり、初等中等教育プログラムを管轄、実施する公的機関は、障害児と認定された者に対して、その障害の状態や程度にかかわらず、無償かつ適切な公教育（FAPE）を提供しなければならない。障害児に対して、障害のみを理由として、本来提供されるべき公教育を提供しない場合は差別に該当する。

　リハビリテーション法504条における無償かつ適切な公教育（FAPE）は、障害者教育法（IDEA）におけるものと類似しているが同一のものではないとされる。実質的な効果の点では違いがほとんどないとされるが、法律のあり方としては、障害者教育法（IDEA）が無償かつ適切な公教育（FAPE）について、積極的な作為を求めているのに対して、リハビリテーション法504条は、非障害児の教育的利益を基準として、障害を理由とした差別を禁止するという消極的な表現を用いて規定されている。障害者教育法（IDEA）は、いわば絶対的な個々人のニーズに基づいて、無償かつ適切な公教育（FAPE）を保障するものであるが、リハビリテーション法504条は、非障害児との比較において相対的に障害児の教育ニーズ、すなわち合理的配慮を判断するものであり、それは公教育の保障だけではなく、児童に対する平等な扱いを強調したものと考えられる（今川 2015a を参照）。もっとも、リハビリテーション法504条における平等の概念は、障害児に対して保障されるサービスや利益が非障害児と同じものでなければならないということを示すものではなく、障害児がサービスや利益を得るために、平等な機会を保障されるということを意味する。したがって、リハビリテーション法504条は、平等な機会を保障するために、通常のプログラムを変更することや、時として、異なる内容の、分離されたサービスが必要となることもやむをえないとしている（Yell 2016）。

　リハビリテーション法504条から導かれる教育領域における差別からの保護としては、障害児に対する物理的およびプログラム等へのアクセシビリティの保障[4]、インクルージョンの保障があげられる。504条の規則は、これらをさ

らに具体化し、建物や設備の改修、学級の再編成、専門職補佐の割り当て、通常学級における介入指導の実施、学級運営の変更等の必要性を示している。また、障害児に対するハラスメントやいじめは、リハビリテーション法504条の差別に該当し、学校側は事件に対する調査や、加害児童への懲戒、保護者とのコミュニケーション等適切な対応をとることが求められる。

なお、リハビリテーション法504条の規則には、教育に関する合理的配慮についての具体的な規定は存在しない。上述した差別からの保護や、リハビリテーション法上の無償かつ適切な公教育（FAPE）を提供する際に必要となる関連サービスが実際には合理的配慮として機能しているとされるが、法規則上、合理的配慮の基準となるものは明記されておらず、裁判例や市民権局（OCR）のガイドラインから、教育領域における合理的配慮の基準を解釈することになる。ガイドライン等によれば、リハビリテーション法504条が示す合理的配慮とは、学校に対して新たに特別なプログラムを創り出すことを求めるものではなく、既存のプログラムにおいて障壁となっているものを取り除くために合理的な変更を行うことを求めるものであるとされる。

(c) 両法の違い

障害者教育法（IDEA）、リハビリテーション法504条ともに、障害をかかえる児童に対して無償かつ適切な公教育（FAPE）を保障するという目的や手続上の仕組みについては、規定上大きな差異はないが、①対象となる児童の範囲、②財源、③合理的配慮・差別禁止の有無については違いが認められる。まず、①対象となる児童については、障害者教育法（IDEA）の方が要件が厳しく、たとえば、発達障害の児童等はその対象から外されることが多い。障害者教育法（IDEA）の規定する「障害児」の要件をみたさなかった児童は、リハビリ

---

4) 物理的なアクセシビリティの保障とは、障害児が施設や設備を利用することができないことを理由に、学校が実施する諸活動を行えなくなることを防止することを目的とする。プログラムへのアクセシビリティの保障とは、障害児が、学校が提供するプログラムについて物理的に利用可能であるだけではなく、当該プログラムから実質的な利益を得ることも求めるものである。
5) IDEAの関連サービスは、特別教育と並行して提供されるものであるが、リハビリテーション法504条の関連サービスは、通常学級において、普通教育を受ける上で必要な配慮を提供するものであるとされる。具体的には、糖尿病の生徒に対する特別な療養食の提供、視覚障害の児童に対する拡大版のテキストの提供、聴覚障害の児童に対して補助者をおくこと、教室の配置の考慮等が行われる。

テーション法504条に基づき教育的支援を受けることとなる。②財源については、障害者教育法（IDEA）の場合、連邦が一定の財源を保障するが、リハビリテーション法504条には特定の財源が確保されていない。③合理的配慮・差別禁止については、リハビリテーション法504条においてのみ考慮されることになる。

　①〜③の違いは、障害者教育法（IDEA）、リハビリテーション法504条が提供する教育の性質の違いから導かれる。障害者教育法（IDEA）が提供する教育は、最も制限のない環境（LRE）において提供されるものであっても原則として特別教育であり、その対象者は限定され、財源も特別に割り当てられる。これに対し、リハビリテーション法504条が提供する教育は、合理的配慮とともに普通教育の中で提供されるものとされる。後述するように、特別教育と普通教育の関係を論じる中で、特別教育の役割を重視し、完全なインクルージョンやメインストリーム等を批判的に捉える論者は、リハビリテーション法504条において提供される教育が普通教育であることを強調する（Huefner 2015を参照）。すなわち、障害のある児童を普通教育の中に包摂していくことは、リハビリテーション法504条において保障されるべきものであり、障害者教育法（IDEA）の下で保障される教育は、いずれの場で提供されるものであっても、障害の特性に応じた特別教育だということになる。しかしながら、次節で述べるように、障害者教育法（IDEA）における両者の境界は、曖昧なものとなっていった。

(2)　特別教育と普通教育の接近
(a)　標準に基づく改革運動（Standards-based Reform Movement）

　障害者教育法（IDEA）は特別教育について定めた法律であり、法律の制定当初、特別教育と普通教育は明確に異なるものであったが、ローリー判決（Board of Education of the Hendrick Hudson Central School District v. Rowley, 548 U.S. 176; 102 S. Ct. 3034（1982））[6]以降、両者の境界は少しずつ曖昧なものとなっていった。1980年代中ごろに「普通教育イニシアチブ（the Regular Education Initiative）」とよばれる、完全なインクルージョンを目的とする運動が始まり、その流れは「標準に基づく改革運動（Standards-based Reform Movement）」[7]につながった。この運

動は、特別教育と普通教育の垣根をなくすことを究極の目的として、障害の有無にかかわらず、全ての生徒に対して統一した教育の達成基準を示し、各学校において全生徒がその基準を満たしているかどうかを調査し、基準に満たない生徒がいる場合には、学校側に責任を課すというシステムを推進していった（Fuchs 2010：303）。標準に基づく改革運動は、1994年の初等中等教育法（Elementary and Secondary Education Act：ESEA）のタイトル1の改正に始まり、2001年の初等中等教育法の改正、すなわちNCLB法（No Child Left Behind Act）によってより強力に推し進められた（Fuchs 2010：303）。NCLB法の目的は、全ての児童に対して、質の高い教育、公正かつ平等で重要な機会を保障することであり、その目的を遂行するために州の学習達成基準やその調査方法等の変更が行われた（20 U.S.C. §6301）。NCLB法の規則は、原則として全ての児童が同じ基準の下におかれること、深刻な知的障害を有する児童を対象とする場合に限り基準を変更することが認められることを示している（Steinberg 2013：415）。

標準に基づく改革運動は、障害者教育法（IDEA）にも影響を与えることとなり、個別教育プログラム（IEP）に関する規則の規定は、IEPを作成する際

---

6) ローリー判決は、障害者教育法（IDEA）の無償かつ適切な公教育（FAPE）の範囲を示した判決であり、現在でもリーディングケースとして大きな影響を持ち続けている。
　本判決は、聴覚障害を有する生徒が、通常学級に在籍するにあたりFM補聴器だけではなく、手話通訳をつけてもらうことを適切な教育として求めた事例である。連邦最高裁は、障害の多様性から、児童が得られる利益も多様であり、障害児が十分な教育上の利益を受けているか否かを判断するのは困難であるとして、教育的利益についての判断基準を定めないと明示した。その上で、無償かつ適切な公教育の保障から導かれる教育的利益について次のように判断した。すなわち、公立学校のシステムにおいては、進級して、学校を卒業できることが教育的利益と見なされるのであるから、インクルージョンの観点から障害児の教育的利益について判断する場合は、まず「機会の基礎部分」として可能な限り通常学級において公教育が提供されているかということ、さらには、進級、卒業を可能とするために「何らかの教育的利益」が得られるように個別教育プログラムが設定されているかということが考慮要素となるとした。本判決においては、原告の児童が通常学級に在籍しており、なおかつ平均以上の成績をおさめていたことから、当該児童の個別教育プログラム（FM補聴器のみを認めているもの）は、無償かつ適切な公教育から導かれる教育的利益に見合うものであると判示された。
7) 標準に基づく改革運動の主唱者は、特別教育と普通教育を区別することは恣意的であり、特別教育を受けることになった児童の中には、自尊心を傷つけられ、自分の将来を制限されたものと捉える者が存在し、区別を設けることが児童にとっての最善の利益とならないおそれがあるという理由から、特別教育と普通教育の垣根をなくし、インクルージョンを前提に障害のある児童も普通教育を受けることを主張する（Fuchs 2010：305-306）。

には、普通教育のカリキュラムに参加し、その中で発達を促すことを目的とするよう定めている（34 CFR 300.320.）。さらに、この運動は、Response to Intervention（以下 RTI）運動へとつながり、2004 年の障害者教育法（IDEA）の改正において、RTI は法定化されることとなった（20 U.S.C. §1414 (b) (6) (B)）。[8]

(b) RTI（Response to Intervention）の仕組み

RTI は、主として学習障害を対象としてデザインされた教育指導モデルである。学習障害とは、ディスレキシアをはじめ、聴く、思考する、話す、数学的な計算を行うこと等について、一つ以上の困難を抱えるものである。アメリカにおいては公立学校に在籍する児童の約 13％が障害者教育法（IDEA）に基づく何らかのサービスを受けており、そのうちの 3 分の 1 を超える児童が学習障害を抱えているとされる。[9] RTI は、州、学校区ごとに内容が異なり手法は統一されていないが、多くの場合三段階に分かれた介入指導が行われるものとなっている。標準的なモデルは以下のようになる（清水 2008 ; 羽山 2012 ; 羽山 2013 ; Jimerson 2016 ; Yell 2016 などを参照）。

まず、第一段階においては、ユニバーサル・スクリーニングと呼ばれる調査が行われる。年 3 回から 12 回と州や学校によって幅があるが、全児童を対象に定期的にスクリーニング検査が行われ、学習上の困難をかかえる児童を発見することが試みられる。具体的には、通常学級での授業と並行してスクリーニングが行われ、学級全体の成績と個人成績に基づいて判断が行われる。学級の平均点が低い場合は、教員の指導の質に問題があると見なされ、指導の改善が求められる。学級の平均点に問題がなく、個人成績が低い場合は、学習上の困難を有する可能性が認められ、RTI の第二段階の介入指導を受けることになる。

第二段階においては、学習上の困難が認められる児童に対して、放課後や昼休みなど通常学級の授業外の時間を利用して、専門家による介入指導が行われ

---

8) 地方の教育行政機関は、児童の学習障害を判定する際には、「response to scientific, research-based intervention」を用いた手続きを経なければならないと規定されている。
9) U.S. Department of Education, National Center for Education Statistics. (2016). Digest of Education Statistics, 2015（NCES 2016-014）, Chapter 2, https://nces.ed.gov/fastfacts/display.asp?id=64.（2018 年 1 月 10 日確認）。

る。通常学級の授業レベルに到達することを目標に、30分程度、2～5人程度の少人数指導が行われ、週1～3回のプログレス・モニタリングにより児童の学習成果が確認される。一定期間を経た上で、学習成果の伸びが少ない児童は、RTIの第三段階の介入指導を受けることになる。

　第三段階においては、特別教育の専門家によって、個別あるいはごく少人数での特別教育に基づく指導が行われる。この段階に至った児童の中で学習成果に伸びが認められない者は、最終的に障害者教育法（IDEA）の対象となるか否か、障害の判定を受けることになる。障害者教育法（IDEA）の対象となる障害を有すると判定されない場合、当該児童は引き続き通常学級に在籍しながら、RTIの三つの層の間を移動することになる。

　なお、障害者教育法（IDEA）はRTIについて、「科学的な調査に基づいた介入」を行うことと漠然とした手法を定めるのみで、実体・手続上、具体的な規定を定めていないが（20 U.S.C. §1414 (b) (6) (B)）、規則には、児童が、①年齢、学年に応じた適切な指導を受けても、その年齢相応の学習上の成果を得られず、また、州が定める学年レベルの水準に達することができない場合、そして、②科学的な調査に基づく介入指導を用いても、十分な進歩を見せない場合には、児童が学習障害を有するかどうかの判定を行うことができる、と規定されている（34 C.F.R §300.309 (a) (1)-(2)）。アメリカ教育省特別教育プログラム課が示すガイドラインによれば、RTIとは、普通教育の中で行われる質の高い調査に基づく介入指導であり、学問上および行動上の問題に対するユニバーサル・スクリーニングの機能を備え、児童の成果について連続したモニタリングを行い、調査に基づく介入指導を徐々に強めて行うために複数の層からなる仕組みであるとされる。[10]

　RTIに関する法的な問題点としては、上述したように障害者教育法（IDEA）上の規定が漠然としているため、実体的権利について訴訟で争うのが難しいということ、手続的保護の制度が整っていないということ等があげられる（Archard 2015：241-257）。

---

10) Memorandum from Melody Musgrove, Director, Office of Special Education Programs（OSEP）to the State Directors of Special Education（2011）. なお、教育省は、National Center on Response to Intervention を設置して、RTIのシステム構築についての研究を進めている。

実体的権利に関しては、障害者教育法（IDEA）に基づく特別教育を受けるための障害の判定について争う訴訟において、RTI に要する時間が問題とされることがある。この問題については、上述した障害者教育法（IDEA）の規則を前提にすると、年齢・学年平均を下回ってはじめて介入指導が行われ、障害の該当性の判定が行われるまでには一定の期間が必要となるので、「落ちるまで待つ（wait to fail）」モデルになるおそれがあるとの批判が当初より存在していた（Archerd 2015：241-245）。[11]

　教育省特別教育プログラム局は、上記の問題に対応するために、特別教育を必要とする生徒への障害の判定を不必要に延期させるような方法で、RTI を使用してはならないとの指針を示している。[12]児童の保護者が判定を希望したが、RTI の調査を続行する必要がある、あるいは RTI の結果障害の該当性が認められない等を理由に学校側がそれを拒否する場合には、学校区は保護者の申請を拒否する理由について、書面により告知を行わなければならない。この場合、児童の保護者は不服申立てやデュー・プロセスの審理を申し立てることができる。なお、障害の判定について争われた裁判例によれば、RTI のプロセスは、6 ヶ月以内に終了させなければならない（Walker 2010：42）。また、RTI を受けている児童が介入指導に対して効果を見せている場合、教員が定期的に保護者とコンタクトを取り、彼らにその児童の成果についての情報を提供しているのであれば、仮に、その児童が特別教育の対象となる障害を有している可能性があるとしても、いたずらに障害の判定を遅らせているとは見なされない（Yell 2016）。

　手続的保護の問題としては、特別教育を求める児童が RTI について争う場合、障害者教育法（IDEA）が保障する様々な手続的権利（20 U.S.C. §1415.）[13]を行使することが可能となるが、特別教育に関わりなく RTI そのものの問題を訴える場合には、不服を申し立てるための法的な手段が規定されておらず、紛争解

---

11)　障害の認定が長引く場合の不利益として、特に行動障害をかかえる児童のケースが挙げられる。IDEA の対象となる障害を有すると認められていれば、問題行動を起こしても、障害を原因として、停学、休学処分を受けることは免れるが、障害の認定を受けられない場合、その児童は、素行不良による懲戒処分を受ける可能性が出てくる（Steinberg 2013：420-422）。
12)　前掲注 10)、RTI のプロセスは、IDEA の適格性の判定を遅らせたり否定するのに用いてはならないとする。

決の方法が保障されていないということがあげられる。

　(c)　RTI の意義

　RTI が障害者教育法（IDEA）の中に法定化されたことの意義は、大きく二つに分けることができる。第一の意義は特別教育を必要としている児童を発見するためのツールとしての役割を果たすということであり、第二の意義は通常学級において様々な学習上の困難をかかえる児童に対して、複数の段階からなる連続した介入指導を提供するということである（Archerd 2015 : 241-263 を参照）。

　RTI が法定化された主たる目的は第一の意義にあったとされる。障害者教育法（IDEA）において、学校は "Child Find"（20 U.S.C. 1412 (a) (3)）という義務を課されており、特別教育を必要とする児童を漫然と放置することは許されない。保護者からの申し出の有無にかかわらず、学校は児童に対する特別教育の必要性の検討を行わなければならないのである。

　RTI が法定化される前は、学習障害の判断を行うために、ディスクレパンシー・アプローチと呼ばれる手法がとられていた（羽山 2012 ; Archerd 2015 ; Yell 2016 等を参照）。これは、児童の IQ と学習上の達成度との間に深刻な格差がある場合に学習障害を認めるものである。ディスクレパンシー・アプローチについ

13）　特別教育を希望する者が RTI について争うことになった場合の手続きは、次のとおりである。まず、児童に対する特別教育サービスの必要性を感じた保護者は、学校に対して当該児童の判定を行うことを依頼する。学校は当該児童の障害の判定を行い、障害に該当しない場合には、その理由について書面にて説明しなければならない。児童に障害が認められた場合は、学校は保護者らと共に当該児童に対する個別教育プログラム（IEP）を作成することになる。保護者や学校が、上記の流れの中で何らかの同意できない点が出てくる場合は、デュー・プロセスの訴えを提起することになる。デュー・プロセスの訴えは、州の審理手続が活用され、行政審判官により裁決が下される。デュー・プロセスの審査を経ても問題が解決しない場合は、連邦裁判所に訴えを提起することになる。
　また、これらの紛争解決方法に加えて、「デュー・プロセスの審理に先立つ紛争解決手続（pre-due-process-hearing dispute resolution procedures）」として、2004 年の IDEA の改正で規定された ADR の手続きを用いることもできる。
　保護者が不服申立ての手続きを行ったのち、保護者と学校とは、解決のためのセッションに参加しなければならず、両者の間でこのセッションを放棄することに同意しない限り、セッションによる解決がはかられる。これらの紛争解決の手続きを経た後（あるいは放棄した後）でなければ、デュー・プロセスの審議に移ることはできない。多くの州や学校は、特に、デュー・プロセスの訴えが提起される前の紛争を扱うことに焦点をおいた、pre-due-process-hearing resolution procedures とは別の紛争解決の方法を定めている（Archerd 2015 : 249-257; 今川 2011 を参照）。

いては、児童が学習上かなりの遅れをとるまでは、障害者教育法（IDEA）に基づく特別教育のサービスを受けることができない「落ちるまで待つ（wait to fail）」モデルだとの批判が強く、RTI に移行することとなった。

　障害の中でも学習障害の発見は難しく、児童が抱える問題が、学習障害に由来するものなのか、家庭環境等、生活上の困難に由来するものなのか、判断がつかない場合がある。アメリカにおいては英語を母語としないマイノリティ家庭や、生活上の問題をかかえる貧困家庭の児童が、学習上の困難を抱えるケースが多く、これらの児童が学習障害ではないのに障害とされるケース、中には、学校側が、これらの児童により手厚い教育的支援を提供するために、意図的に障害の判断を行うケースもあるとされる（Archerd 2015 : 237-238）。1977 年から 2000 年代初頭にかけて、学習障害と診断され、障害者教育法（IDEA）に基づくサービスを提供される児童が倍以上に増加したという背景もあり、"Child Find" のツールとして適切に障害の判断を行い、不必要に特別教育を受ける児童を抑制するという目的もあって RTI は法定化されたとされる（Archerd 2015 : 237-238; Berkerley 2009 : 86）。RTI が導入された 2004 年の障害者教育法（IDEA）の改正以降、依然として法の対象となる障害の中で学習障害が多数を占めるが、学習障害と判断される児童の数は減少している[14]。

　RTI の第二の意義は、通常学級において様々な学習上の困難をかかえる児童に対して、複数の段階からなる連続した介入指導を行うことにある。これは、障害の有無にかかわらず学習上の成果を向上させることに焦点をおいたものであり、授業についていくことが難しい児童に対して、通常学級において科学的な調査に基づく適切な介入指導を行うことを目的としている。対象となる児童は、介入指導を受けながら普通教育カリキュラムをこなしていくことになり、結果としてインクルージョンを促すことになる。

　このような点から、RTI は、標準に基づく改革運動の目的を促進させ、普通教育と特別教育の統合を促すものであるとされる（Fuchs 2010 : 303-307; Steinberg 2013 : 412-416 等）。第一に、RTI は普通教育の中で特別な教育方法を実施するものであり、普通教育と特別教育の間の垣根を取り払い、連続した教

---

14)　前掲注 9)。

育サービスを可能としている。第二に、学習障害の児童であっても、障害のない児童と同じ教育達成基準を目標として定めることを可能とし、当該児童に対して早期の介入指導を行うことで、教育達成基準に到達する可能性を高めている。ここにおいて学習障害は、基準点への到達を妨げている、一つの要因にすぎないということになる。第三に、RTIは普通教育において提供されるものであるが、RTIの実施に当たっては、障害者教育法（IDEA）のパートB[15]、NCLB法のタイトル1[16]、NCLB法のタイトル3[17]の三つの連邦法において財源が確保されている。この財源の構造は、学習上の困難をかかえる児童に対して質の高い教育を提供するためには、普通教育、特別教育が共に機能する必要性があることを示していると考えられる。

(3) 小 括

アメリカの障害児教育法制においては、分離された環境において特別教育を受けるまでに、複数の層からなる仕組みが存在する。まず、通常学級において行われる支援として①RTIの介入指導（本稿で詳述したように、RTI自体が複数の層から構成される）、②リハビリテーション法504条に基づく合理的配慮の提供、③障害者教育法（IDEA）の最も制限のない環境（LRE）の原則に基づく特別教育が存在する。①〜③による教育的な効果が認められない場合は、障害者教育法（IDEA）に基づく特別教育が、④通級による指導、⑤特別学級、⑥特別学校において提供されることになる。障害のある児童すべてが特別教育の対象と

---

15) 学校は、IDEAのパートBに基づいて提供された財源のうち、上限15％までを、早期介入指導サービスに使うことができる。これは、現時点では特別教育の必要性を認められないが、普通教育を受けるにあたって、学問、行動上のサポートが必要な生徒に対して行われるものである。また、過剰に障害の判定を行っている学校は、上限15％いっぱいに早期介入指導サービスにお金を充てなければならないとされる。なお、早期介入サービスとして、RTIは一つの手段であり、その他の方法を試みることもできる。RTI以外の介入指導を行うことや、教師にトレーニングを実施すること等があげられる（Archerd 2015 : 240）。
16) NCLBのタイトル1パートAは、低所得の家庭の児童が多く在籍する学校に補助金を提供するものである。14ビリオンドル以上の財源があてられているが、これは公式に予定された額よりも少ない（Archerd 2015 : 241）。
17) NCLBのタイトル3に基づく財源は、英語習得プログラムに対して拠出されるものであり、2014年の総額は723ミリオンドルである。ただし、この対象は、限定されている（Archerd 2015 : 241）。

なるのではなく、適切な支援を受けながら可能な限り普通教育を受ける仕組みが整えられており（上記①②）、インクルージョンの規定が存在せずとも、最大限可能な限り（LREの原則）、通常学級において特別教育を受けることが可能となっている（上記③）。

上述したように、①と②の仕組みは、障害のある児童も、さまざまな支援を受けながら通常学級において普通教育カリキュラムを受けることを可能としており、特別教育と普通教育の境界をあいまいなものとしている。そして、①のRTIの整備が進むにつれて、障害者教育法（IDEA）に基づく特別教育を受ける児童の数が減少しているということは、特別教育と普通教育を接近させることによって、特別教育をより限定的な教育方法とすることが可能となることを示唆していると考えられる。なお、アメリカの特別教育と普通教育は教育目的が同じ内容となっており、両者の接近について考察する場合の重要な論点となるが、この点については他稿にゆずることとしたい。

むすびにかえて

本稿では、アメリカの障害児教育法制、特にRTIの仕組みについて考察を行うことで、特別教育と普通教育を可能な限り接近させること、すなわち普通教育における複層的な教育の仕組みを整えること、がインクルーシブ教育を実現するための手がかりになるということを明らかにした。日本の特別支援教育と普通教育は、目的や場等が乖離した状況にあり、普通教育における複層的な教育の仕組みは存在しない。インクルーシブ教育を推進するのであれば、これらの問題を今後の立法課題として検討していく必要があろう。

障害者権利条約の批准、障害者差別解消法の制定以降、インクルーシブ教育に関わる法制度の変更があったのは、学校教育法施行令の「認定特別支援学校就学者制度」への改正と、義務教育費国庫負担法・公立義務教育諸学校の学級編制及び教職員定数の標準に関する法律の改正である。

義務教育費の多くを占めるのは人件費であり、義務教育費国庫負担法等は、従来、学級定数の上限を起点に、教職員の標準定数を決めてきたが、2017年の法改正によって、学校の児童生徒数に応じて算定ができるように基礎定数が

新設された。つまり、教育費の算定方法の単位が、学級から児童生徒へと変更され、学習の個別化をはかりやすくなったと考えられる。

　インクルーシブ教育を保障するためには、通常学級においてそれぞれの障害児のニーズに応じるために、学習の個別化を前提とすることが求められる。義務教育費国庫負担法等の改正は、学習の個別化を前提に、少人数指導等を実現可能とするものであり、インクルーシブ教育を推進するための重要な変更であると考えられる。義務教育費国庫負担法等の改正により、日本の教育法制はインクルーシブ教育を実施するスタートラインに立ったと考えられ、新しい法制度の下での、特別支援教育と普通教育の間をむすぶ複層的な仕組みの可能性について引き続き検討を進めていきたい。

［参考文献］
《邦文文献》
今川奈緒　2011「障害者教育法における手続的保護の重要性」社会福祉学部論集 7 巻 19 頁
　── 2012「インクルージョンと分離をめぐる一考察──障害者教育法における LRE（より制限のない環境）の原則について」大原社会問題研究所雑誌 640 号 18 頁
　── 2015a「障害児教育における合理的配慮の射程」社会保障法 30 号 28 頁
今川奈緒＝織原保尚　2015b「障害と教育法」菊池馨実＝中川純＝川島聡編著『障害法』成文堂、166 頁
兼子仁　1976『教育権の理論』勁草書房
　── 1978『教育法新版』有斐閣
苅谷剛彦　2009『教育と平等』中公新書
清水貞夫　2008「「教育介入に対する応答（RTI）」と学力底上げ政策」障害者問題研究 36 巻 1 号 66 頁
中村睦男＝永井憲一　1972「社会的生存権としての教育権の構造」小川利夫＝永井憲一＝平原春好編『教育と福祉の権利』勁草書房、26 頁
日本教育法学会編　2014『教育法の現代的争点』法律文化社
羽山裕子　2012「アメリカ合衆国における学習障害児教育の検討──RTI の意義と課題」教育方法学研究 37 巻 59 頁
　── 2013「米国の Response to Intervention における指導の在り方に関する一考察」SNE ジャーナル 19 巻 1 号 73 頁
米沢広一　2008「障害児の教育を受ける権利」障害者問題研究 36 巻 1 号 11 頁
　── 2016『憲法と教育 15 講〔第 4 版〕』北樹出版
渡部昭男編　2012『日本型インクルーシブ教育システムへの道』三学出版

《欧文文献》

Archerd, Erin 2015 *Response to Intervention*, Ohio State Journal on Dispute Resolution, vol.30, pp.233-266.

Bateman, Barbara, Lloyd, John Wills, and Tankersley, Melody 2015 *What Is Special Education?* Bateman, Barbara, Lloyd, John Wills, and Tankersley, Melody, eds., Enduring Issues in Special Education, Routledge, pp.11-20.

Berkeley, Sheri et al. 2009 *Implementation of Response to Intervention*, Journal of Learning Disabilities, vol.42, pp.85-85.

Fuchs, Douglas et al. 2010 *The "Blurring" of Special Education in a New Continuum of Generarl Education Placements and Services*, EXCEPTIONAL CHILD, vol.76, pp.301-321.

Huefner, Dixie Snow 2015 *Placements for Special Education Students*, Barbara, Lloyd, John Wills, and Tankersley, Melody, eds., Enduring Issues in Special Education, Routledge, pp.215-230.

Jimerson, Shane R., Burns, Matthew K., VanDerHeyden, Amanda. M, eds. 2016 *Handbook of Response to Intervention second ed.*, Springer.

Steinberg, Genna 2013 *Amending § 1415 of the IDEA: Extending Procudeal Safeguards to Response-to-Intervention*, Columbia Journal of Law & Social Problems, vol. 46, pp.393.

Yell, Mitchell L. =Walker, David W. 2010 *Ther Legal Basis of Response to Intervention: Analysis and Implications*, Exceptionality, vol.18, pp.124-137.

Yell, Mitchell L 2016 *The Law and Special Education*, fourth ed., Pearson.

Walker, David W., and Daves. David 2010 *Response to Intervention and the Courts: Litigation-Based Guidance*, Journal of Disability Policy and Study, vol.21, pp.40-48.

Zirkel, Perry A. 2017 *A Major New Court Decision: Are Blurred Boundaries Worth the Price on the Eligibility Side?* Exceptionality, vol. 25, no. 1, pp.1-8 .

Zirkel, Perry A., and Thomas, Lisa B. 2010 *State Laws and Guidelines for Implementing RTI*, Teaching Exceptional Child, vol 43, pp.60-78.

第7章

自然災害における生活保障

山崎栄一

1　総論

(1) 被災者支援法制の歴史

　一般に、災害法制というのはショッキングな災害を経験することにより、漸進的ではあるが成長を遂げていくという特徴をもっている。災害法制の一セクションを担う被災者支援法制も、同様である。

　たとえば、災害対策基本法（以下、「災対法」と略す）は伊勢湾台風（1959年）、災害救助法（以下、「救助法」と略す）は南海地震（1946年）、災害弔慰金等法（以下、「弔慰金等法」と略す）は羽越水害（1967年）、被災者生活再建支援法（以下、「支援法」と略す）は阪神・淡路大震災（1995年）を契機に制定された。

　被災者支援法制は、阪神・淡路大震災をきっかけにそれまでとは比較にならないほどの発展を遂げているといえる。救助法は大規模災害への対応ならびに災害時要配慮者への配慮に向けて運用の見直しが行われた（厚生省 1997）。支援法自体も、2004年と2007年にさらなる大改正をしている。その中で、これらの支援制度とは異なる独自支援を講じる自治体が徐々に現れ、被災者支援法制の欠陥を補完する事例として紹介されていった（山崎 2013：40）。

　東日本大震災（2011年）の後には被災者支援法制の大幅な見直しがなされた。災対法は2012年と2013年の二回にわたり大改正が行われ、救助法、支援法、弔慰金等法も改正されている。2016年4月には熊本地震が発生したが、東日

本大震災後の大幅な見直し後、はじめて起きた大規模災害でもあり、東日本大震災後に再構成された被災者支援法制にとってはどこまでの見直しができているのかについての試金石となっている。[1]

以下において、本書の企画に沿った形で、福祉権を「市民の生活に対し国家的支援ないし配慮が要請される場面を、市民の側から理解するキーワード」として捉えながら、自然災害における国家的支援ないし配慮のあり方について考察を行っていく。

(2) 自然災害における特徴

自然災害とは、災対法2条1号によると「暴風、竜巻、豪雨、豪雪、洪水、崖崩れ、土石流、高潮、地震、津波、噴火、地滑りその他の異常な自然現象……により生ずる被害」を指している。

自然災害による被害は、自然現象である加害力と脆弱性（vulnerability）によってもたらされる。脆弱性とは「自然の加害性の力が非日常的な大きさで、作用する場合、それを予測して対応する行動を取り、対処あるいは対抗し、その後、回復するために必要な人ならびにそのグループの能力」である。災害は、「脆弱性をもつ人の集団が加害力に襲われて損害を被り、あるいは生計を乱されて、集団の他からの援助がないと回復が期待できないという状況を意味」しており（ワイズナーほか 2010）、ここにいう「脆弱性をもつ人の集団」として、平常時において社会福祉の対象になっている人々が第一に取り上げられる。故に、自然災害における社会福祉を論じる意義があるといえる。[2] 自然災害は、住民が災害前にすでにもっていた脆弱性をさらに悪化させうるという特徴をもっており（Fletcher,.et al (eds.) 2005）、平常時において潜んでいた社会福祉の問題が一気に噴出することになる。

自然災害においても、絶対的に保障されなければならない権利内容が存在す

---

1) 先行研究としては、阪神・淡路大震災における阿部 1995a の業績は日本の被災者支援法制論を牽引するものである。また、東日本大震災で多くの研究成果が現れている。熊本地震における被災者支援については、中央防災会議 2016 を参照。
2) 災害危機の管理者は、貧困者、虚弱者、高齢者、ホームレス、女性ならびに子供といった、もっとも脆弱性を帯びていると考えられる住民たちの所在を確認しておかなければならない（Cutter 2005）。

る。悲観論的な話となるが、自然災害、事に大規模災害になると、ヒト・モノ・カネが絶対的に不足することがむしろ当たり前であって、そのような状況下において、福祉権を十分に保障できない事態も考えられる。そうであったとしても、速やかに被災者の権利を回復できるような措置を講じることが要請される。

(3) 被災に基づく支給

被災者支援制度を受給するためには、自然災害によって家屋を失ったとか負傷をしたというふうに、自らが被災をしていることを要件とする制度が大半である。そして、被災をしている事実を公的に証明する書類として罹災証明書があり、市町村長が発行することになっている（災対法90条の2）。

家屋の被害度については、内閣府「災害の被害認定基準について」（通知）に基づき認定される。そこでは、住家の主要な構成要素の経済的被害の住家全体に占める損害割合により、全壊世帯（損害割合が50％以上）と大規模半壊世帯（損害割合が40％以上50％未満）、半壊世帯（損害割合が20％以上40％未満）、一部損壊世帯（損壊割合が20％未満）と振り分けられることになる。その他にも、床上浸水や土地に対する被害も受給要件に関わってくる場合がある。

(4) 福祉権の時間的整理

時間的にどこからどこまでの支援ないし配慮が求められるのか。災害対応というのは、災害予防―災害応急対策―災害復旧―災害復興というフェーズ別に分類されるが、被災者支援の場面においては、以下のような当てはめとなる。

　災害予防　安全な場所への避難行動ならびに被災者支援に向けた準備
　災害応急対策　安全な場所への避難行動、避難所等の応急的な居住先（ホテル・旅館、テント村、車中泊、在宅避難を含む）における避難生活、

---

3) いかなる緊急事態であったとしても、人間の尊厳を侵害するような行為、災害前から顕在的／潜在的に存在していた差別が噴出する形で一定の属性の人々を優先的に救助したり、見殺しにしたりすることは絶対に許されてはならないし（稲葉 2016）、「露骨な『見殺し』とみられるような制度設計を行うことは13条や25条の観点から憲法上許されない」（葛西 2013）。
4) 大規模災害においては、強制避難・強制疎開の可能性も視野に入れなければならず、強制的手段による福祉権の実現という、二律背反的な課題にも取り組まなくてはならない。

応急的な生活手段の確保
　災害復旧　応急的な居住先を出てからの一時的な居住先（仮設住宅、借上
　　　住宅など）における避難生活、一時的な収入の確保
　災害復興　本格的な生活再建（恒久的な居所の確保、恒久的な収入の確保）

　自然災害時には、避難場所・避難所→一時的な居所→恒久的な居所というふうに、より安全でより生活環境が安定した場所に移動していくという行動パターンとなるのであるが、脆弱性のために「動きたくても動けない」という特徴を見いだすことができる（Yamasaki,.et al 2017）。

(5)　福祉権の担い手──国家的支援の限界

　自然災害時における福祉権（支援ならびに配慮）の実現を担保しているのは、第一に国家であることはいうまでもないが（その中でも、国─都道府県─市町村との連携のあり方が問題とされる）、NPO、ボランティア、事業者、市民、そして被災者自身までもが含まれている。

　東日本大震災において露呈したのが公助（＝国家的支援）の限界であった（生田　2013：134）。そこで、東日本大震災後の災対法においては、ボランティアの重要性（5条の3）が認識されるとともに、事業者に対しては災害時における協力（7条2項）、住民（7条3項）に対しては事前の備えに努めることとされた。

　自然災害における福祉権というのは、単に、国家的支援・配慮を求める権利ではなく、被災者支援及び配慮が公助─共助─自助の連携に基づくガバナンスとして展開されるという認識の下で、それぞれの守備範囲を明らかにするとともに、国家が相応の役割を果たすことを求める。そこでは、被災者支援のガバメントからガバナンスへの発想転換が求められている。[6]

---

5)　避難行動というのは、生命・身体の保護を目的として行われるところ、憲法13条（基本権保護義務）の問題に帰着してしまうのではないかと思われるが（山崎　2013）、避難行動に対する支援というのは、その中に災害時要配慮者に対する配慮が含まれているわけで、そういった配慮は憲法25条を踏まえることではじめて注入されるのではないだろうか。葛西まゆこは、「究極的には13条との重なり合いも出てくるとはいえ、『弱者』の存在を考えたとき、25条は13条とは異なる存在感を発揮する余地があるのではないか。」（葛西　2013）としている。本稿においては、避難行動とそれに対する福祉的支援も議論の射程に入れておく。

2 福祉権に関する基本理念、立法・運用指針

(1) 憲　法

　被災者支援を行うに当たっては、「何を目的に、どういう考え方にたった基準で行うのか」を明らかにしておく必要があるが、(生田 2014：20)。日本国憲法の条文から、どのような基準を見いだすことができるのであろうか。[7]

　憲法13条は、個人の尊重を掲げており、自然災害によって、自立の基盤を失った被災者に対し、自立できるところまで「社会保障」「生活配慮」「公的支援」を行うことは、憲法の根底的原理たる「個人の尊重」原理から、当然に要請されるべきものであるとされる（浦部 1997）。そうすると、「被災者が自立できるまで支援をする」という基準を見いだすことができる。個人の尊重原理は、被災した個人を国家ならびに社会がきちんと認識することを求める。ここに、すべての被災者に対する「忘れ去られない権利」としての福祉権を見いだすことができる。それは、すべての被災者が生活再建を果たしているのかについて個々に配慮がなされるということを意味する。そして、憲法13条から導き出される自己決定権から、被災者が自律的に生活再建が果たせるような制度設計が求められる。

　憲法25条から導き出される社会国家原理は、被災者支援の根拠となりうるものであり、かつ、当原理からから「困っている順に救済を行う」という基準を見いだすことができる（阿部 1995b）。

　憲法14条から導き出される公平性の原則は、困った人には困ったなりに支援をするという実質的平等の原理と、同じくらいに困っているのであれば同等の支援をするという形式的平等の原理、から成り立っており、これらの二原理が基準を形成し、被災者支援の内容を「限定」するとともに「指針」づけることになる。

---

6)　災害救助の場面においてこのような発想転換が求められている。避難所運営に当たっては、行政のみならず、自主防災組織、NPO、ボランティアといった共助組織による運営が基本だからである。

7)　たしかに、自然災害時においては、憲法で保障されている様々な人権が損なわれるわけで（吉田 1996）、それぞれの条項を丁寧に吟味する必要があるのは承知しているが、ここでは、法制度設計ならびに運用の基本コンセプトに関わる条項のみを取り上げた。

(2) 災害対策基本法

実は、東日本大震災後における法改正以前の災対法においては、被災者支援のあり方を規定している条文がほとんどなかった（さらにいえば、基本理念規定も存在していなかった）。災対法は東日本大震災を経てやっと被災者支援法制の一部分となり、被災者支援の基本理念・指針として機能することが期待されるまでになった。

2条の2は、東日本大震災以降にはじめて災害対策の基本理念を規定したものである。そこでは、人の生命・身体の保護を最優先すること（4号）、被災者の年齢・性別・障害等への配慮（5号）、迅速な被災者援護（6号）が要請されることになった。

8条2項において、国および地方公共団体が取り組むべき事項として、被災者の心身の健康の確保（14号）、高齢者、障害者、乳幼児などの「要配慮者」に対する必要な措置（15号）、被災者への情報提供ならびに被災者からの相談（17号）をあげることができる。

86条の6において、災害応急対策責任者に、避難所における生活環境の整備等を義務づけているとともに、86条の7において、避難所に滞在することができない被災者に対しても同様に生活環境の整備等を義務づけている。この規定を受けて、内閣府 2013b が設けられている。

(3) 障害者に関する条約・法令

(a) 障害者権利条約の批准

2006年12月の国連総会において採択された障害者権利条約により、日本も批准に向けて国内法の整備を行った（2014年1月20日に批准）。その結果、2013年6月に障害者基本法が改正され、同時期に障害者差別禁止法が制定（2016年4月施行）されることになった。

5条は、四つの法の平等（平等法の前の平等、法の下の平等、法の平等な保護および法の平等な利益）を定めるとともに、差別の禁止と差別に対する平等かつ効果的な法的保護に加え、合理的配慮の提供を確保するための措置を締結国に義務づけている。

11条は、自然災害を含む危険な状況において、障害者の保護および安全を

確保するため措置を締結国の義務づけている。
　(b)　障害者基本法
　4条は、差別の禁止を規定するとともに（1項）、必要かつ合理的な配慮を求めている（2項）。
　10条2項は、施策を講じるに当たって、障害者その他の関係者の意見を聴き、その意見を尊重する努力義務を課している。
　22条2項は、災害時その他非常事態における障害者への必要な情報が迅速かつ的確に提供されるよう求めている。
　26条は、障害者が安全かつ安心に生活できるように、防災および防犯に関して必要な施策を講じるよう求めている。
　(c)　障害者差別解消法
　7条は、行政機関等について、作為に係る「不当な差別的取扱い」と不作為に係る「合理的配慮の不提供」を禁止している。8条は、7条同様、事業者について、作為に係る「不当な差別的取扱い」と不作為に係る「合理的配慮の不提供」を禁止するものであるが、前者が法的な義務であるのに対して、後者は努力義務にとどまる（障害者差別解消法解説編集委員会編　2014：84）。ここにいう事業者というのは、社会福祉事業者やNPO・ボランティアなどが想定されよう。
　7条・8条にいうところの「合理的配慮」というのは、障害者個々人が社会的障壁の除去を必要とする旨の「意思の表明」があった場合においてなされうるものである。そうすると、災害前における防災対策の場面においては参画の機会の確保、災害後の被災者支援の場面においては苦情処理や不服申立手続の整備が不可欠となろう。
　また、合理的配慮については、「その実施に伴う負担が過重でないとき」とされており、事業規模やその規模から見た負担の程度、財政状況、業務遂行に及ぼす影響などといった要素を個別の事情に応じて考慮した上で、負担が過重である場合には、本法に基づく義務は発生しないとされている（障害者差別解消法解説編集委員会編　2014：84）。
　5条は、7条・8条が想定している個別具体的場面における「合理的配慮」とは区別される形で、合理的配慮が的確に行われるために、不特定多数の障害

者を主な対象として行われる「事前的改善処置」が、計画的に推進されるように、行政機関等および事業者の責務を規定したものである。

災害対策においては、むしろ、「意思の表明」がむずかしいという現実を踏まえた上で、5条による「事前的改善措置」の促進可能性を議論していった方が生産的である。たしかに、災害時、人員、物資ならびに空間が絶対的に不足している状況下において、個々の障害者等が意思の表明をしたところで、どこまでの配慮がなされうるのか期待はできないものの、平常時に災害対策を手がけている際にどれだけ配慮に向けた努力がなされるかがポイントとなる。

(4) 性別への配慮――男女共同参画

災対法2条の2第5号においては、「性別」から生じるニーズに応じた適切な支援を求めている[8]。

男女共同参画の分野において防災の視点が加味されたのは、2005年「第二次男女共同参画基本計画」からであった。2010年「第三次男女共同参画基本計画」を経て、最近は、2015年「第四次男女共同参画基本計画」において「第11分野　男女共同参画の視点に立った防災・復興体制の確立」として策定されている。

内閣府 2013a は、予防、応急、復旧・復興等の各段階において地方公共団体が取り組む際の基本的事項を示した指針となっており、今後の防災における男女共同参画についての方向性を示している。そこでは、「現状として、家庭内で高齢者、障害者、乳幼児等の介護や保育等を行っている者は女性が多く、医療・保健・福祉・保育等にかかわる専門職にも女性が多い。」とした上で、「避難所運営や被災者支援等において、女性が政策・方針決定過程に参画することが重要である。」としている。

災害時における女性の配慮が求められる一方、配慮の実現のためには防災対

---

8)　一方、災対法8条2項15号において「高齢者、障害者、乳幼児その他」の要配慮者に対して、防災上必要な措置を国及び地方公共団体に求めているが、「女性」という文言はない。コメンタールにおいても、要配慮者の具体例として「妊産婦」まではあげているが、「女性」はあげていない（防災行政研究会編 2016）。他方、「男性」への配慮があまり議論されないが、それ自体、男性特有のニーズが「忘れ去られる」リスクを負っているといえる。

策における女性の参画が不可欠である。とはいえ、防災分野における女性の参加がなかなか進まないという現状がある（山地 2016）。

(5) 国際的な基準
(a) 仙台防災枠組 2015-2030
2015 年 3 月 14 日〜 18 日に開催された第 3 回国連防災世界会議において、仙台防災枠組 2015-2030（Sendai Framework for Disaster Risk Reduction 2015-2030）が採択された。

前文の 7 項において、防災の実践が効率的かつ効果的であるためには、「マルチハザードに対応した、他分野間の協働に基づく、排除のない（inclusive）、障壁のないアクセスしやすい（accesible）」ことが必要であるとした上で、政府は「女性、子供と青年、障害者、貧困者、移民、先住民、ボランティア、実務家コミュニティ、高齢者などの関連するステークホルダーを、政策・計画・基準の企画立案及び実施に参画させるべき」であるとしている。[9]

III 指導原則 d において、防災における、全社会的な参画と協力関係、さらにはエンパワーメント、排除・障壁のない（inclusive, accesible）、非差別的な参加が要請され、性別・年齢・障害・文化的視点は、すべての政策ならびに実践の中に取り入れられることが要請されることになった。

(b) IASC ガイドライン
代表的な国際基準としては、2011 年に人道援助に携わる国連機関などで構成される機関間常設委員会（Inter-Agency Standing Comittee : IASC）が策定した「自然災害時の人々の保護に関する IASC ガイドライン（IASC Operational Guidelines on the Protection of Persons in Situations of National Disasters）」が存在する（墓田ほか 2011）。[10]

そこでは、自然災害時における人権侵害の危険性を示唆し、人権保障に立脚

---

9) 立木茂雄は、インクルーシブの概念が、障害者に限定されずに「一般的なインクルーシブ・アクセシブルな防災（排除・障壁のない防災）」へと、概念の外延が拡張されたと評価している（立木 2016）。
10) カタストロフィー的な災害においては、一国家だけでの対応は事実上不可能といえることから（山崎 2017）、国際社会や国際機関に向けての、自然災害における福祉権的配慮の要請がなされるところ、最低限守られるべき住民の権利内容として掲げることができる。

した被災者支援・配慮のあり方について言及している。災害時に配慮の必要な脆弱性のある集団として、避難者、女性、子供および未成年者、高齢者、障害者、HIV/AIDS と共に生きる人々患者、親族の支援のない片親世帯または子供が世帯主の世帯、少数民族の集団および先住民といった集団をあげている。

当ガイドラインは、被災者支援制度を設計・整備していく中において、根本的・基本的な視点が欠けていないかどうかの試金石として活用できる。

3　支援の内容——給付・サービス

(1)　災害直後の生存保障——災害救助法

救助法において、具体的には、以下のような救助メニューが用意されている（救助法4条1項）。

> ①避難所および応急仮設住宅の供与、②炊き出しその他による食品の給与および飲料水の供給、③被服、寝具その他生活必需品の給与または貸与、④医療および助産、⑤被災者の救出、⑥被災した住宅の応急修理、⑦生業に必要な資金、器具または資料の給与または貸与、⑧学用品の給与、⑨埋葬、⑩死体の捜索および処理、⑪がれきの撤去

このように、救助法は被災直後における被災者の生存・生活を確保するための法律であるということができる。

救助の程度、方法および期間はあらかじめ「一般基準」が設けられている[11]。しかし、それはあくまでも最低限の基準であって、一般基準によっては救助の適切な実施が困難な場合には、市町村長であれば都道府県知事、都道府県知事であれば内閣総理大臣に協議することで、一般基準を上回る「特別基準」を設定することもできる。

たとえば、避難所におけるパーティション、冷暖房、仮設洗濯場・風呂・シャワー・トイレの設置、高齢者・病弱者に対する食事への配慮、仮設住宅にお

---

11)　正式名称は、「災害救助法による救助の程度、方法及び期間並びに実施弁償の基準（平成25年10月1日内閣府告示第228号）」である。

ける寒冷地対応、民間住宅の借上げといった内容である。このように、建前上は、必要であれば何でもできるのが救助法である（兵庫県震災復興研究センター編 2012、中川 2005）。詳細は、5(3)を参照されたい。

(2) 家屋の損害に対する弔慰金・見舞金――被災者生活再建支援法

支援法では、全壊世帯（損害割合が50％以上）と大規模半壊世帯（損害割合が40％以上50％未満）には、その後の住宅再建の方法によって金額が異なるが、全壊世帯には最大300万円、大規模半壊世帯には最大250万円が支出される。半壊世帯（損害割合が20％以上40％未満）、一部損壊世帯（損壊割合が20％未満）、床上浸水世帯、土地被害には支援金の対象外である。

支援法の支援金であるが、被害の程度によって支給される「基礎支援金」と住宅の再建方法によって支給される「加算支援金」をあわせると最大300万円になる。

表　支給対象と支給金額

区分	住宅の再建方法	基礎支援金	加算支援金	合計
全壊 解体 長期避難	建設・購入	100万円	200万円	300万円
	補修	100万円	100万円	200万円
	貸借	100万円	50万円	150万円
大規模半壊	建設・購入	50万円	200万円	250万円
	補修	50万円	100万円	150万円
	貸借	50万円	50万円	100万円

(注) 単身世帯は複数世帯の3/4となる。

2007年の法改正によって、支援金の性質が弔慰金・見舞金という曖昧な性格へと変容してしまったので、災害による損害を補塡するためのお金なのか、「つなぎの生活費」としてのお金なのか曖昧になっているがゆえに、法制度設計として収入保障のあり方についての議論に踏み込みきれない要因となっている。

(3) 遺族・障害者に対する弔慰金――災害弔慰金等法

弔慰金等法は災害による人命の損失に係る遺族や障害についての救済制度である。

遺族に対しては災害弔慰金、障害に対しては災害障害見舞金が支給されることになっている。支給対象と支給金額は以下の通りである。

	支給遺族／支給の対象	支給金額
災害弔慰金	配偶者、子、父母、孫、祖父母 兄弟姉妹 （同居または生計同一の場合）	生計維持者が死亡した場合 500万円 その他の者が死亡した場合 250万円
災害障害見舞金	重度の障害： 　両眼失明、要常時介護、両上肢ひじ関節以上切断等 　労災1級相当あるいは重い重複障害	生計維持者　　250万円 その他の者　　125万円

災害弔慰金の支給要件として問題となっている、災害関連死（4(2)(b)を参照）の判定については、阪神・淡路大震災、東日本大震災後においていくつかの訴訟が起きている（小口 2017、宮本 2013, 2016）。その他の課題としては、障害見舞金の支給対象が狭すぎる、障害見舞金については一括払いよりも年金方式も視野におくべきではないのか、そもそも自然災害による障害が社会的に認識されていない[12]、といった点があげられる。弔慰という側面よりも生活保障という側面に着目した上で、制度の再編成を図るべきである。

(4) 住居・家財への損害、負傷に対する貸付制度――災害弔慰金等法

住居・家財への損害ならびに負傷による医療費については、災害弔慰金等法における災害援護資金による貸付が行われる。

---

[12] 阪神・淡路大震災においては、震災後長期間にわたって災害による障害者の存在が忘れられていたという実態がある（津久井 2011）。

(5) 医療サービス・福祉サービス──救助法、医療・福祉各法

医療サービスの提供について、救助法に基づく医療サービスとは、「災害のために医療の途を失った者」であり（災害救助実務研究会編 2014）、限られた状況下でしか提供されない。[13] 救助法が適用されないのであれば、平時における医療保険制度を利用するということになる。

災害直後の福祉サービスの提供についても、「福祉避難所におけるホームヘルパーの派遣等、介護保険法等の福祉各法による在宅福祉サービス等の提供は、福祉各法による実施を想定しており、本法による救助としては予定していない。」とあり（内閣府2017：45）、介護保険法・障害者総合支援法などの福祉各法で対応することになる。ただし、災害直後には迅速なサービスの提供が求められることから救助法によるサービスの実施も検討すべきである。

(6) 収入保障──生活保護法、生活困窮者自立支援法、雇用保険法

収入保障は、平時における福祉制度で支援が行われることになっている。すなわち、生活保護制度、生活困窮者自立支援ならびに雇用保険制度による支援である（吉永 2013、今野 2013）。

(7) その他の支援制度

その他の支援制度としては、義援金、復興基金、自治体の独自施策があり、既存の被災者支援法制ではカバーできないニーズに対し、柔軟に対応できるように運用されるべきである。他方、被災者の負担軽減策として、公租公課の減免、支援金・弔慰金の差押禁止、整理手続が存在する。

(8) 情報提供と相談業務

災対法8条2項17号において、国・自治体が取り組むべきこととして情報提供や相談業務があげられているが、これらの担い手は、国・自治体にとどまらない。民間の専門家や士業による情報提供・相談業務の実施も重要な地位を

---

13) 保健師等による口腔ケアは医療ではなく予防なので災害救助法の適用外だというが、生命に関わる疾病の予防は救助法の支援メニューに入れてもいいのではないか。

占めている。

東日本大震災時には、日弁連によって司法的なサポートが展開された[14]。災害時における法律相談には、①紛争防止機能、②精神的支援機能、③パニック防止機能、④情報提供機能、⑤立法事実収集機能、がある（吉江 2016）。

(9) 被災者支援制度の統合化に向けての動き

被災者支援制度としては、救助法・支援法・弔慰金等法の三本柱が中核的な制度として存在している。ショッキングな災害の都度、法制定・法改正がなされてきたことから、全体的なビジョンをもって制度が設計されているわけではない。それぞれの制度間の連携の悪さが指摘されている。

救助法はあくまでも災害直後の応急的な生存確保の制度であり、建設型仮設住宅・借上型仮設住宅ならびに住宅の応急修理については、一時的な居住先の確保に特化した制度として救助法から独立・分離させた方がいいのではないかという提言が見られる（生田 2013：210、島田 2017：84）[15]。

他方、支援法も、本格的な住宅再建の段階において真価を発揮する制度であって、長期的な避難生活には十分対応しきれない部分がある。

家屋の修理については、救助法における応急修理（現物支給）と支援法における修理に対する支援金の支給があるが、統合すべきである。

弔慰金等法も遺族や極めて重度の障害者に対する収入保障的な役割を果たしてはいるが、災害時に特化した一般的な収入保障制度は存在していない。一時的な収入の確保についても生活保護制度と雇用保険といった平常時の制度しか

---

14) 日弁連は、「被災者の生活再建支援制度の抜本的な改善を求める意見書（2016年2月19日）」において、
　(1) 被害状況に応じた個別の生活再建支援計画を立てて支援を実行する「災害ケースマネジメント」を制度化すること。
　(2) 被災者への情報提供や相談、寄り添い・見守り等とともに、支援計画の実施に関与する「生活再建支援員」を新たに配置すること。
　を求めている。
15) 「借上型仮設住宅」は救助法の運用が現物支給に固執しているために、家賃の支給ではなしに借上げという形態をとらざるをえない結果、生みだされた仕組みであって、借り主（都道府県）―貸し主―被災者の法的関係が複雑化している。今後、政策提言を行うに当たっては現金給付を前提とした「家賃補助制度」という用語で提言を行うべきである。

ない。一時的な収入保障として自治体の独自施策が展開された事例はあるが、議論そのものが活発的ではない。

全体的に見て、災害復旧（＝一時的な避難生活・収入保障）の場面における被災者支援について制度の狭間が生じているといえる。今後は、被災者支援制度を見直し、あるいは統合化しようとする動きが活発化することが予想される。全てのフェーズにおける被災者支援制度を包括した、被災者総合支援法の制定が関西学院大学災害復興制度研究所によって提唱されている（山崎 2013：263）。

4　配慮の対象——福祉権の対象

(1)　災害時要配慮者

配慮が求められている人は誰なのかについて言及をしていきたい。真っ先に配慮の対象として思い浮かぶのが、災害時要配慮者（以下、「要配慮者」と略す）である。要配慮者とは、災対法の改正によって法令用語として確立した用語である。災対法8条2項15号において、「高齢者、障害者、乳幼児その他特に配慮を要する者（以下「要配慮者」という。）」という形で現れている。実務上は、同義語として「災害時要援護者」という用語が防災対策上用いられてはいたが、今後は、要配慮者が用いられることになる。[16]

要配慮者の中でも、「災害が発生し、又は災害が発生するおそれがある場合に自ら避難することが困難な者であつて、その円滑かつ迅速な避難の確保を図るため特に支援を要するもの」（災対法49条の10第1項）が「避難行動要支援者」として位置づけられ、市町村長に「避難行動要支援者名簿」の作成が義務づけられている。

これらの用語は以下のように整理ができる。

災害時要配慮者（＝災害時要援護者）＞ 避難行動要支援者

---

16)　災害時において、高齢者や障害者に対して特別な配慮をしようとする動きは、阪神・淡路大震災においては「災害弱者」という用語で語られ、2004年の三条水害を契機に「災害時要援護者」という用語で語られていたが、同義語として法令用語として確立したのが「要配慮者」であるといえる。立木 2013 ならびに立木 2016 を参照。

立木茂雄によると、これら三つの用語は「障害の社会モデル」に依拠したものであって、かつこれらに共通するのは「要」という言葉であり、災害時に周囲の人や環境からの「援護」や「支援」、「配慮」が「要される（誘発される）」内容であるとする。そして、災害時に提供が「要される（誘発される）」のは、「合理的配慮（reasonable accommodation）」であると結論づけている（立木 2016：54-55）。
　具体的にはどのような合理的配慮が求められるのか、要配慮者に対する施策としては、災害に関する安全性の向上、要配慮者に係る避難誘導体制の整備、避難場所での健康状態の把握、応急仮設住宅への優先的入居、高齢者・障害者向け応急仮設住宅の設置等の手配などがあげられている（防災行政研究会編 2016：105）。内閣府 2013b では、要配慮者に対する支援体制、避難所における要配慮者、福祉避難所の設置、要配慮者等への情報提供、要配慮者からの情報提供、相談窓口の設置が記載されている。

(2) 被災者

　一見、被災者なのだから福祉権の対象であるのは当たり前だろう、と思われるかもしれないが、災害時においては、被災者＝被災者支援制度の受給要件を満たしている者、被災者支援制度を受けている者として捉えがちである。そうなると、受給要件を満たさない半壊世帯・一部損壊世帯や避難所・仮設住宅に居住しない人たちが最初から配慮されない（「忘れ去られる」）ということも生じている。そもそも論として、どのような被害程度であれ、被災者一人一人が必要なニーズを満たしているのかを、常に配慮しておかなければならないのである。以下に、「忘れ去られる」リスクの高いグループについて言及をする。

(a) 自然災害における罹災──被災者と法の適用要件、適用範囲、被害度

　被災者支援制度を利用するためには、被災をしていることが要件とされるのはいうまでもないが、支援制度そのものが発動される要件として、被災した市町村あるいは都道府県内において、一定の住家の被害を発生要件としている制度がほとんどである。
　災害救助法における適用基準がベースとされていて、原則は、市町村や都道府県の区域内の人口に応じて一定数以上の世帯が、滅失した場合に制度が発動されることになっている。そうすると、同じ災害であったとしても、居住して

いる地域によっては、被災世帯が少ないために支援制度を利用できないというケースも存在しうるのである（5(6)を参照）。このような場合、自治体が独自に支援を行うこともある。[17]

(b) 災害関連死予備軍

災害関連死とは、自然現象に起因する直接死ではなく、避難生活における疲労・ストレスや環境の悪化等といった間接的な原因により死亡することをいう。復興庁の調査によると、災害関連死の原因の約3割が避難所等における生活の肉体・身体的疲労によるものであった（復興庁 2015：1）。

普段は要配慮者とは位置づけられていない中年層であっても、このような災害関連死リスクを負っているのであって、新たに「災害関連死予備軍」というカテゴリーを設ける意義はある。

災対法2条の2第4号は、まさに災害関連死の防止に向けられたものである。

(c) 避難所・仮設住宅以外の避難者

従来の被災者支援というのは、避難所—仮設住宅という、行政が提供してきた居所をベースに展開させてきた。ところが、避難者であったとしても避難所や仮設住宅で避難生活をしていない人、あるいは在宅被災者に対しては、物質的な支援がなされにくかったという実態があった（山崎 2016a、チーム王冠 2014）。

災対法86条の7において、避難所に避難できない避難者に対する生活環境の整備が要請されるようになった。

(d) 広域避難者・借上型仮設住宅居住者

配慮を必要とする被災者グループとして、広域避難者や借上型仮設住宅居住者があげられる。避難先で孤立しやすい人たちであって、特有の配慮を必要としている。

東日本大震災においては、被災した市町村以外に避難を行う広域避難者が大量に発生した。「広域避難者」[18]は、「大規模災害・大規模事故によって、従来の

---

17) 内閣府 2016 によると、「災害時の住民の救助は、災害対策基本法や地方自治法等により先ず市町村等が行うこととなって」いるが、災害救助と被災者個々人への支援施策とは別枠で考えるべきものであって、災害により被害が生じた以上は、災害の規模の如何にかかわらず、支援がなされるべきである。

地域・コミュニティーから切り離され、様々な生活基盤を失った中で、広範な地域に散らばって長期間の避難生活を余儀なくされている人々」のことを指す（青木 2013：167）。このような人たちに対しては、避難先での雇用・収入保障や社会とのつながりを維持できるような支援が求められている。

借上型仮設住宅居住者とは、救助法上、応急仮設住宅の代用措置として民間借上住宅に居住している人のことを指す。借上型仮設住宅には、①被災者への迅速な住宅の提供ができる、②仮設住宅と比べてコストがかからないし、品質も一定のレベルのものが期待できる、③被災者の多様な生活ニーズ（通勤・通学等）を反映することができるというメリットがある。その一方、避難先においては被災者として認識がされにくく、支援団体の支援が行き届きにくいし、これまでのコミュニティーと疎遠になりやすいというデメリットが存在する。

借上型仮設住宅居住者は、広域避難の一形態であり、東日本大震災をきっかけに福祉権の対象として浮かび上がってきた。

(e) 帰宅困難者

東日本大震災において、首都圏ならびに仙台市内において帰宅困難者が発生した。以降、大都市圏において帰宅困難者対策が進められつつある。帰宅困難者については、民間事業者の協力が不可欠となるが、避難所ならびに物資を提供した事業者については災害救助法を適用し費用を支出するという手法が編み出されている（山崎 2013：16）。ただ、受け入れた事業所において何らかの法的責任問題が発生した場合の補償については、不明瞭なままとなっている（廣井 2013：208-209）。補償問題のために事業者が萎縮してしまわないように、自治体が最終的に補償を行うという規程を災害救助法に設けるべきである。

5　福祉権の実現に向けて

(1)　被災者支援制度へのアクセス

これまでに述べてきたように、どのような支援がなされるのかについては、被災者支援に関する法制度から明らかとされており、どのような配慮をしなけ

---

18)　広域避難者対策については、阪神・淡路大震災からも問題提起されていた（田並 2010）。

ればならないのかについては、ガイドラインや指針により示されているところであるが、これらを現実のものにするためにはどうすればいいのであろうか。

　支援や配慮の実施を担保するための第一の手段は、被災者や要配慮者自身が被災者支援制度にアクセスすることである。具体的には、避難行動要支援者名簿への登録、被災者支援受給に向けた申請、自らのニーズの意思表明（主張・要求）、などがあげられよう。

　積極的な被災者・要配慮者が被災者支援制度に「アクセスする権利」と同様に消極的（サイレント）な被災者・要配慮者が被災者支援制度から「アクセスされる権利」も保障されなければならないと考える。

　避難行動要支援者名簿や被災者台帳は、避難行動要援護者や被災者を包摂するツールとして期待される[19]。これらは「アクセスされる権利」を担保する制度として位置づけることができる。

(2) 被災者支援制度の改善

　また、被災者支援制度の改善に向けた運動も重要である。被災者生活再建支援法は、阪神・淡路大震災をきっかけに全国的な立法運動が展開された結果、制定されたものである。

　政策提言の場面においては、被災者や要配慮者の代弁者としての当事者団体、支援団体の存在も大きい。東日本大震災においては、法律家の働きかけが被災者支援法制のあり方に影響を与えてきた（津久井 2016）。自治体による独自施策は、間接的ではあるが国の被災者支援制度に対する「自治体からのボトムアップ的な政策提言」として作用することで、被災者支援法制の発展を促していった（山崎 2007）。

(3) 配慮の実現──柔軟なニーズ充足と救助法の「特別基準」

　どこで自然災害が起きたとしても、あらゆる場所におけるあらゆる人に対して配慮がなされるためにはどのような体制づくりが求められるのか。配慮を実

---

19) 被災者台帳は、職権主義的な介入を可能にする。被災者台帳システムの開発者である井ノ口宗成が「未相談者と未申請者への"攻めの行政"」といっているのは、まさに職権的な介入を念頭においている（井ノ口ほか 2008）。

現する仕組みとしては救助法における「特別基準」の活用が考えられる。

　この、特別基準を駆使して、被災者ならびに要配慮者の避難生活を支援・配慮していけるかがポイントとなる。そのためには、現場の職員が被災者ならびに要配慮者のニーズをきちんと把握することが重要であって、一般基準で充足ができるのかを判断し、それができない場合に特別基準として設定することの必要性・合理性をどこまで説明できるかにかかっている。

　要配慮者への配慮手法として注目されているのが、福祉避難所・福祉仮設住宅である。ただし、一般の避難所から要配慮者を排除したりすることはあってはならないし、そもそも、福祉避難所・福祉仮設住宅に分離して収容するという発想自体が、インクルージョンの理念とはそぐわないのであって、一般避難所・仮設住宅のユニバーサルデザイン化を図るべきである。

　また、災害関連死を予防するためには、避難生活における生活環境の改善が不可欠であるが、それには特別基準の活用が欠かせない（特別基準を実現するためには(6)を参照）。

(4) 参画の保障

　福祉権に基づく「支援」ならびに「配慮」の実質的保障のためには普段からの「参画」が不可欠であるといえる。福祉権に関連する法令等において、個々の属性に応じた支援・配慮を求めるとともに、防災施策への参画を求める条文が見られた（2(3)～(5)）。

　災対法15条5項8号ならびに16条6項において、都道府県ならびに市町村地域防災会議の委員として、「自主防災組織を構成する者又は学識経験のある者」をあげており、これにはボランティアなどのNPOや女性・高齢者・障害者団体等の代表者も含むと解されている（防災行政研究会編 2016）。

　内閣府 2013a：6において、女性の参画と要配慮者との関係についても言及がなされており、「現状として、家庭内で高齢者、障害者、乳幼児等の介護や保育等を行っている者は女性が多く、医療・保健・福祉・保育等にかかわる専門職にも女性が多い。そうした女性の意見を取り入れることは、災害時要援護者〔原文ママ：筆者〕の視点を反映することにつながることから、避難所運営や被災者支援等において、女性が政策・方針決定過程に参画することが重要で

ある。」としている。

　災対法42条3項において、市町村の一定地区内にいる居住者および事業者（地区居住者等）が策定する「地区防災計画」について規定されているが、策定段階において要配慮者の存在を認識するきっかけとするとともに、地区防災計画の策定プロセスに要配慮者が参加できるようにすることが求められる。

　意思決定プロセス以外にも、防災用品の開発過程において、要配慮者を参画させるという方途も考えられる。[20]

　どの場面においても、異口同音で要配慮者や女性の参画が望ましいといってはいるものの、要配慮者や女性が参加し、発言しやすいような雰囲気・環境づくりをどのように設けていったらいいのかについては、社会福祉学における実践援助技術論の知見を踏まえた検討がなされるべきである。意思表明が消極的な人であったとしても、そういった人を埋没させることなく社会で迎え入れていくという仕組みづくりが求められている。普段からの避難訓練等の具体的な防災施策への参画が促進されるべきである。

(5) 福祉権と個人情報

(a) 避難行動要支援者名簿

　自然災害における福祉権の特徴として、被災者や配慮を要する人の存在を把握することの重要性を指摘することができる。福祉全般にいえることであるが、福祉に必要な人材・物資・財源はもとより、当該福祉の対象がどこにいるのかが把握できないと、支援・配慮のしようがないのであって。福祉権の実現を担保するための重要課題であるといえる。

　避難行動要支援者名簿とは、要配慮者の中でも、避難行動に支援が必要なものをピックアップした名簿である。要配慮者を把握し、行政・地域間で共有しようという試みは、以前から存在していた。すなわち、2004年の三条水害を契機に、2005年に『災害時要援護者の避難支援ガイドライン』が策定されて以降、全国的な活動が展開されてきたものの、2013年の災対法改正に合わせて『避難行動要支援者の避難行動支援に関する取組指針（平成25年8月）』が

---

20) 福祉器具の開発過程における高齢者・障害者の参画を提唱したものとして山崎 2006 を参照。

策定され、現在に至っている。

避難行動要支援者名簿の作成は、市町村長に義務づけられている（災対法49条の10第1項）。

名簿の作成に当たっては、行政組織内部・組織間における情報共有（同条3項・4項）、避難支援等の実施に必要な限度での目的外利用（49条の11第1項）、本人の同意に基づく避難支援等関係者への提要ならびに条例に基づく同意を得ない提供（同条2項）、緊急時における同意を得ない外部提供（同条3項）が認められている。

確認しておかなければならないのは、避難行動要支援者に対する避難支援は第一に地域の共助によって実現されるものであって、「地域が」避難行動要支援者の所在を把握し、支援体制を整えなければならない。避難行動要支援者名簿は地域に提供されることによってその真価が発揮されるということである。そのような中で、特に、障害者に関する個人情報が十分に利用・提供されない状況は、社会的障壁であるといえる。他方、要配慮者に関する個人情報の取扱いについては、慎重であることが求められる。原則として、本人の同意に基づいた収集・利用・提供が行われるべきである（山崎 2016b, 2016c）。

(b) 被災者台帳

被災者支援制度は、未だに充実したものとはいえないが、そもそも論として被災者が既存の支援制度をもれなく使い切れているのかが問題とされる。

被災者台帳とは、被災者の総合的な生活再建支援を実施するために設けられたものであり、阪神・淡路大震災から萌芽的に導入されており、自治体がそれぞれ政策法務上の対応を図ってきていたものの、東日本大震災後に災対法90条の3以下において法的な整備が行われた（山崎 2013：150-165）。

被災者台帳は、被災者台帳は、市町村長が作成することができる（災対法90条の3第1項）。被災者台帳に記載される情報とは、①氏名、②生年月日、③性別、④住所または居所、⑤住家の被害その他市町村長が定める種類の被害の状況、⑥援護の実施の状況、⑦要配慮者であるときは、その旨および要配慮者に該当する事由、と定められており（災対法90条の3第2項）、その他にも、⑧電話番号その他の連絡先、⑨世帯の構成、⑩罹災証明書の交付の状況、⑪市町村長が台帳情報を外部提供することに被災者本人が同意している場合には、そ

の提供先、⑫その提供先に台帳情報を提供した場合には、その旨およびその日時、⑬被災者の個人番号、⑭その他市町村長が必要と認める事項が記載されることになっている（災対法施行規則8条の5）。

　被災者台帳は、被災者支援の「抜け・漏れ・落ち」を防ぐとともに、被災者・要配慮者個人個人に配慮をするためのツールとして機能することが期待される。避難行動要支援者名簿と同様に、被災者・要配慮者の支援団体に提供できるような仕組みを構築しておく必要がある（山崎 2013：134, 2016b）。地域や支援団体の協力は直接的な「国家的支援」の限界を補うものであるとともに、福祉権の実現には地域や支援団体との協働が不可欠なのであって、個人情報の提供は共助を促進するものである。

　被災者台帳が機能するためには、被災者の所在が分からないとどうしようもない。そうすると、市町村長に被災者台帳の作成を認めたとしても、市町村長が被災者の所在を把握できる仕組みが不可欠である。

　災害後における被災者の所在の把握について、平常時における存在情報（災害時点における現住所）の活用には限界がある。被災者台帳に記載されている存在情報というのはまさに、平常時に集められた、災害時点における現住所に過ぎない。最新の存在情報にアップツーデートするためには、災害後における避難先の把握システムの整備が必要である。そこでは、避難先の把握を誰がするのか、把握された存在情報をどのように集約するのかが課題とされる。

　さらにいえば、広域避難者の把握となると市町村単位の運用には限界がある。被災者台帳の住民基本台帳への組み込みを検討するべきである。

(6) 権利保障――司法的救済の可能性

　被災者支援法制は、①応急救助を出発点としていること、②給付行政を中心としているために請求権の存否が曖昧であること、③災害時における対応の柔軟性を確保するために要綱・要領に基づいた施策が多いことからして、権利救済の可能性を探るとしても、「つかみ所のむずかしい法制度」である（山崎 2013：88）。[21]

---

21) アメリカにおける被災者支援に関する判例については葛西 2013 を参照。

これまで、被災者支援制度に関しては、自立支援金訴訟があった[22]。災害弔慰金の支給をめぐって、災害関連死であるかどうかの判定につき訴訟が阪神・淡路大震災や東日本大震災において提起され、勝訴判決が出ている（宮本 2013, 2016）[23]。他方、避難生活における救助法の運用をめぐる不服申立て、訴訟や罹災証明書の発行に当たって行われる建物被害認定調査の結果をめぐる不服申立て、訴訟というものは起こされていない[24]。

　内閣府によると、災害救助法による救助は、「応急救助の性質からして被災者の申請を待つことなく、都道府県知事がその職権によって、救助すべき対象（人）、救助の種類、程度、方法及び期間を調査、決定の上、実施することとなっている。したがって、形式的には、これに対して一般国民の側からの異議申立てやそれに基づく救済手段は定められていない。」としているが（内閣府 2017：2）、仮設住宅・借上住宅の入居、応急修理は被災者からの申請に基づくものであり、「行政処分」として構成してもいいのではないか。また、避難所における生活でも、時間が経過するにつれ、生活環境の改善がなされるべきところ、いつまでたっても生活環境が劣悪なままの状態を放置してよいわけではなく、「違法・不当な事実行為の継続」として不服申立ての対象として法制化すべきである。

　鈴木庸夫は、被災者支援の場面における、いくつかの司法的救済の可能性について示唆をしている。たとえば、被災世帯が少ないために支援法が適用されない場合、都道府県に対して、法的に申請を行い、却下された場合に、申請型義務づけ訴訟を提起できるとしている。また、被災者人格権に基づき、生命や健康、生活の質が害される蓋然性が高くなり、その結果、病気や死亡の結果を招くような場合、避難所段階、仮設住宅段階であっても必要があれば、救助法における特別基準の適用を前提として、公法上の確認訴訟を提起し地位確認請求ができるとしている（鈴木 2015：55-57）。

---

22)　神戸地判 2001・4・25LEX/DB28061346、大阪高判 2002・7・3 判時 1801 号 38 頁。世帯主被災要件をめぐる男女差別が問題とされた。原告勝訴。
23)　最決 2002・12・19 判例集未登載、仙台地判 2014・12・9 判時 2260 号 31 頁、仙台地判 2014・12・17 裁判所ウェブサイト、盛岡地判 2015・3・13 労働判例ジャーナル 45 号 49 頁、仙台高判 2015・6・25LEX/DB25540950。
24)　ただし、実質的な苦情処理や不服に対する対応は行われている。

国賠法による責任追及も考えられる。将来的な被災者支援制度のあり方に警鐘を鳴らすという点において有効な手段である。災対法において、被災者支援の指針が示されるようになった現在においては、より、違法性を指摘しやすい環境が整っているといえる。たとえば、避難行動要支援者名簿や避難支援に係る全体計画の未策定、障害者等の要配慮者の実質的な排除、災害救助の著しい遅滞、長期間にわたる生活環境の未改善、合理的な理由の欠いた福祉避難所・避難室の未開設などは違法の判断を受ける余地がある。

罹災証明に係る建物被害認定調査、災害関連死の判定、避難生活について苦情処理・不服申立てについては、被災者支援専門の審査機関を設けるべきである。一連の被災者支援施策の運用を監視するオンブズマン組織を創設するという方途もある。専門機関やオンブズマン組織のメンバーとしては、被災地や被災者の事情が分かるような人物を任命すべきである。

むすび——自然災害における福祉権

自然災害においては、「支援」はもとより被災者の個性や被災者が置かれている状況に応じた「配慮」が大事な場面が多い。災害時においては、一律的な支援になりがちであるがゆえに余計に配慮を怠ると、ニーズが満たされないだけではなく、支援そのものが行き届かなくなる恐れが出てくる。4において自然災害における配慮の欠如について述べたが、そこから「忘れ去られない権利」としての福祉権を見いだすことができる。[25] 同様に、福祉権に基づく「支援」ならびに「配慮」を実質的に保障するためには、「参画」という視点も重要である。これらの「支援─配慮─参画」を実質的に担保するためには「個人情報の活用」が欠かせない。

最後に、福祉権の実現方法について言及するが、主観的な意思表明の権利を認め、その実質化を図るとともに、客観的な制度整備に務めなければならない。前者については、権利救済制度を充実化させるとともに、権利の主張や防災施策への参画が消極的な人（＝サイレントな被災者・要配慮者）が福祉権を行使で

---

25)「忘れ去られない権利」の根拠規定としては、憲法13条があげられよう。

きるような環境づくり、エンパワーメントが今後の課題とされる。後者については、福祉権に関する理念・指針規定を具体的な被災者支援法制に反映させるという垂直的連携と、切れ目のない支援の実現に向けた被災者支援法制間の水平的連携という二つの視点に立った被災者支援法制の抜本的な整備が今後の課題とされる。

【謝辞】
　本研究は、JSPS 科研費 17K12627、17H04507、17K01338、16H05666 の助成を受けたものです。

［参考文献］
《邦文文献》
青木佳史 2013「広域避難者支援の法的課題」社会保障法 28 号 166-179 頁
阿部泰隆 1995a『大震災の法と政策』日本評論社
　　―― 1995b「弔慰金、義援金、災害復興基金などの配分基準の提案――『困っている順』に配分しているか」ジュリスト 1065 号 50-60 頁
生田長人 2013『防災法』信山社
稲葉実香 2016「緊急事態における人権保障の適用停止と停止し得ない権利」関西学院大学災害復興制度研究所『緊急事態条項の何が問題か』岩波書店
井ノ口宗成ほか 2008「被災者基本台帳に基づいた一元的な被災者生活再建支援の実現――2007 年新潟県中越沖地震災害における"柏崎市被災者生活再建支援台帳システム"の構築」地域安全学会論文集 10 号 553-563 頁
今野順夫 2013「復旧・復興に向けた生業・雇用問題」社会保障法 28 号 141-153 頁
浦部法穂 1997「被災者に対する『公的支援』と憲法」自由と正義 1997 年 8 月号 108-116 頁
大関輝一 2011「3・11 と被災者支援②生活再建期支援の模索――仮設入居者、在宅被災者、避難所被災者へのケア」賃金と社会保障 1543・44 号 42-61 頁
大橋洋一 2012「避難の法律学」自治研究 88 巻 8 号 26-48 頁
岡本正ほか 2013『自治体の個人情報保護と共有の実務――地域における災害対策・避難支援』ぎょうせい
小口幸人 2017「災害弔慰金の制度と裁判」復興 18 号 36-41 頁
葛西まゆこ 2013「生存・『避難』・憲法」奥平康弘＝樋口陽一編『危機の憲法学』弘文堂 351-380 頁
金子由芳 2016「『人間の復興』の制度論」松岡勝実ほか編『災害復興の法と法曹』287-303 頁

菊池馨実ほか 2015『障害法』成文堂
厚生省 1997『大規模災害における応急救助の指針について（平成 9 年 6 月 30 日　社援保第 122 号）』
近藤民代 2015「東日本大震災における自治体独自の住宅再建支援補助金メニュー創設の背景と特徴」日本建築学会 80 巻 707 号 135-144 頁
災害救助実務研究会編著 2014『災害救助の運用と実務——平成 26 年版』第一法規
島田明夫 2017『実践　地域防災力の強化——東日本大震災の教訓と課題』ぎょうせい
島田茂 2015「災害時要援護者対策と個人情報の保護」甲南法学 55 巻 3 号 1-28 頁
障害者差別解消法解説編集委員会編著 2014『概説　障害者差別解消法』法律文化社
菅野拓 2015「東日本大震災の仮設住宅入居者の社会経済状況の変化と災害法制の適合性の検討——被災 1・3 年後の仙台市みなし仮設住宅入居世帯調査の比較から」地域安全学会論文集 27 号 47-54 頁
鈴木庸夫 2015「大規模震災と住民生活」鈴木庸夫編『大規模震災と行政活動』日本評論社、25-67 頁
髙成田亨＝布施龍一 2012「復興から取り残される『在宅被災者』」世界 2012 年 4 月号
立木茂雄 2007「災害時要援護者支援の課題と対策」都市問題研究 59 巻 6 号 51-66 頁
—— 2016『災害と復興の社会学』萌書房
田並尚恵 2010「《報告》阪神・淡路大震災の県外被災者の今——震災から 15 年」災害復興研究 2 号 143-159 頁
チーム王冠 2014『東日本大震災・在宅被災世帯「家屋修繕状況調査」報告書　2014 年 11 月 21 日　東日本大震災から 3 年 8 ヶ月の現実』
中央防災会議 2016『熊本地震を踏まえた応急対策・生活支援策の在り方について（報告）』
津久井進 2011「震災障がい者を支える法制度のあり方」災害復興研究 3 号 39-50 頁
—— 2016「法律家としての支援——法制度の改善への取組」法律のひろば 2016 年 3 月号 36-42 頁
内閣府 2012『男女共同参画白書（2012 年度版）』
—— 2013a『男女共同参画の視点からの防災・復興の取組指針（平成 25 年 5 月）』
—— 2013b『避難所における良好な生活環境の確保に向けた取組指針（平成 25 年 8 月）』
—— 2017『災害救助事務取扱要領（平成 29 年 4 月）』
中川和之 2005「避難住民の救援は、災害救助法がベース＝長期避難にも"仮設住宅"」近代消防 43 巻 8 号 96-99 頁
墓田桂ほか 2011「災害を超えて——国際災害対応法（IDRL）の現状と日本に期待される役割」法律時報 83 巻 8 号 72-75 頁
廣井悠編 2013『これだけはやっておきたい帰宅困難者対策 Q＆A』清文社
兵庫県震災復興研究センター編 2012『「災害救助法」徹底活用』クリエイツかもがわ
復興庁 2012『東日本大震災における震災関連死に関する報告（平成 24 年 8 月 21 日）』
防災行政研究会編 2016『逐条解説　災害対策基本法〔第 3 次改訂版〕』ぎょうせい
増山裕一 2016『災害税制の研究』実務出版
宮本ともみ 2013「災害関連死の審査について——東日本大震災における岩手県の取組から」アルテスリベラレス（岩手大学人文社会科学部紀要）92 号 67-86 頁

―― 2016「災害関連死問題に対応するための課題」松岡勝実ほか編『災害復興の法と法曹』成文堂、29-54 頁
室﨑益輝「大震災 5 年――現場が問いかける復興の課題」法律のひろば 2016 年 3 月号 4-12 頁
村中洋介 2016「災害対策基本法に基づく地方公共団体の『避難行動要支援者名簿』の作成と個人情報保護」都市問題 107 巻 4 号 91-99 頁
山崎栄一 2006「福祉用具の安全と法制度」日本機械学会 2006 年度年次大会講演論文集 7 号 7-8 頁
―― 2007「被災者支援の法制度」兵庫県震災復興研究センター『災害復興ガイド』編集委員会編『災害復興ガイド――日本と世界の経験に学ぶ』クリエイツかもがわ、126-129 頁
―― 2013『自然災害と被災者支援』日本評論社
―― 2014「災害対策基本法の見直し」関西大学社会安全学部編『防災・減災のための社会安全学』ミネルヴァ書房、141-157 頁
―― 2016a「被災者支援の法制度」関西大学社会安全学部編『東日本大震災　復興 5 年目の検証』ミネルヴァ書房、171-187 頁
―― 2016b「災害時要配慮者への支援と課題」法律のひろば 2016 年 3 月号 13-20 頁
―― 2016c「災害時における個人情報の利活用」自治体法務研究 47 号 16-21 頁
―― 2017「自然災害と国家緊急権」井上典之ほか編『憲法理論とその展開　浦部法穂先生古稀記念』信山社、233-255 頁
山地久美子「災害復興、防災・減災におけるジェンダー――東日本大震災の 5 年から考える」法律のひろば 2016 年 3 月号 21-28 頁
吉江暢洋 2016「復興支援・住宅再建の法的問題」松岡勝実ほか編『災害復興の法と法曹』成文堂、137-167 頁
吉田栄司 1996「被災者の人権侵害をどう考えるか」法学セミナー 496 号 43-46 頁
吉永純 2013「災害と社会保障――生活保護について」社会保障法 28 号 154-165 頁
ワイズナーほか 2010『防災学原論』築地書館

《欧文文献》
Daniel A. Farber,.et al 2009, Disaster Law and Policy, 2nd ed (Aspen Law & Business)
E.Yamasaki,.et al 2017, People Who Cannot Move During a Disaster - Initiatives and Examples in Japan Disaster Victim Support, Journal of Disaster Research Vol.12 No.1, pp.137-146
IASC 2011, IASC Operational Guidelines on the Protection of Persons in Situations of National Disasters, Inter-Agency Standing Comittee
Laurel E. Fletcher,.et al (eds.) 2005, After the Tsunami: Human Rights of Vulnerable Populations, HUMAN RIGHTS CENTER, UNIVERSITY OF CALIFORNIA, BERKELEY (October 2005)
Susan L.Cutter 2005, The geography of social vulnerability：race, class, and catastrophe [online]. URL http://understandingkatrina.ssrc.org/Cutter/

第8章

障害者の権利保障
――刑事裁判における障害者の一側面

尾形　健

はじめに

　「現代社会がまさに今直面しはじめた、正義論上の喫緊の問いは、実に多様な身体的・精神的障害を持つ人々の潜在能力（capabilities）を、いかに高めていくか、ということである」（Nussbaum 2011 : 149）。障害者の権利保障は、現代福祉国家にとって重要な課題の一つと考えられ、それは、福祉権保障をテーマとする本書にとっても、看過しえない論点である（本書第6章〔今川奈緒論文〕も参照）。わが国についていえば、障害者権利条約の批准（2014年）を契機に、障害者法制の整備が急速に進められ、障害を理由とする差別の解消に関する法律（障害者差別解消法）の施行（2016年4月1日）により、行政機関等に対し、社会的障壁の除去のための「必要かつ合理的な配慮」が求められる（同法5条・7条2項・8条2項）など、これまでの平等のあり方が再検討され、学界でも研究が蓄積されつつある（植木 2011、菊池＝中川＝川島編著 2015、杉山 2016 など参照）。

　そうした中にあって、本稿は、司法手続における障害者の問題に焦点を当ててみたい。障害者権利条約は、「締約国は、障害者が全ての法的手続（捜査段階その他予備的な段階を含む。）において直接及び間接の参加者（証人を含む。）として効果的な役割を果たすことを容易にするため、手続上の配慮及び年齢に適した配慮が提供されること等により、障害者が他の者との平等を基礎として

司法手続を利用する効果的な機会を有することを確保する」とした上で（13 条 1 項）、締約国に対し、そのために「司法に係る分野に携わる者（警察官及び刑務官を含む。）に対する適当な研修を促進する」ことを求める（同 2 項）。そして、わが国の障害者基本法は、障害者が刑事事件等の対象となった場合等において、「個々の障害者の特性に応じた意思疎通の手段」を確保すべきこととし（29 条）、こうして、現行法上、司法手続全般における障害者への配慮が求められている。

一方、障害者が刑事手続の当事者——被疑者または被告人——となった場合、困難な問題が生ずることがある。すなわち、当事者主義を基調とする刑事手続は、その前提として一定の判断能力等を備えた主体を前提とするが、障害者については、しばしばこの点でその前提と齟齬を来す事態が生じうる。しかし、上記のように、現代福祉国家において、障害者の生のありように格別の配慮をすべきことが要請され、また、障害者権利条約はじめ現行法制もそれを求めているとすれば、障害者の特性に配慮しつつ、刑罰権の発動とその手続のあり方にかかる法的統制という、立憲主義の古典的要請をどのように確保するか、という問いを、私達は真剣に考察しなければならないであろう。

本稿は、以上をふまえ、障害者の刑事手続をめぐる諸問題のうち、「訴訟能力」をめぐる論点を検討したい。この点は、すでに刑事訴訟法学で議論があり（松本＝石原＝渡辺編集 1992、後藤 1992、渡辺 1998：第 3 部、渡辺 2006：第 13 章、法と精神医療学会 2008、指宿 2010：第 6 章、飯野 2014、暮井 2016a、訴訟能力研究会編 2016 など参照）、また、筆者は刑事訴訟法研究者ではなく、その意味で素人作業なのであるが、ここでは、障害法に関心を寄せる憲法研究者という筆者の立ち位置から（尾形 2012、尾形 2015 等参照）、若干の検討をすることとしたい。

1 刑事手続と障害者——問題の所在

まず、刑事手続に直面する障害者の問題のうち訴訟能力に関する論点を鮮明に示した、平成 7 年 2 月 28 日最高裁第三小法廷決定（刑集 49 巻 2 号 481 頁。以下「平成 7 年 2 月決定」という）の事案と判断について見ておきたい（本件については、松本＝石原＝渡辺編集 1992：第 5 章〔水田賢＝鎌田真和執筆〕、曽根

2010 など参照）[1]。

(1) 事案の概要
(a) 本件の概要

本件事案は、被告人が 1980（昭和 55）年 8・9 月、岡山市内にある 2 ヶ所の鉄工所事務所において、現金 300 円をそれぞれ窃取したとして逮捕・起訴された事案である（その後、同市内の自動車から現金を窃取した等の罪で追起訴された）。しかし本件被告人は、耳が聞こえず、言葉も話せない聴覚・言語障害者であり、しかも学校教育や手話教育を満足に受けておらず、文字を読むこともできない状況であった。

このため、裁判所の審理では、手話通訳を介し、身振り・手振りの動作によって意思疎通を図ったが、岡山簡裁での第 1 回公判の際の人定質問では、被告人に住所・本籍などの言葉を通訳することができなかった。その後弁護側の請求により事件は岡山地裁に移送されたが、第 4 回公判で起訴状朗読後の黙秘権告知手続（刑訴法 291 条 1 項・4 項）で、通訳人は、被告人に「『黙れ』ということは伝えられるが、黙秘権の本来の意味である『自分には不利益になると思われることは、しゃべる必要はない』ということは伝えられない」、と述べた。また、公判中では、法廷の正面に相対するのが裁判官であり、左右にいるのが検察官・弁護人であるという認識を被告人が有しているかどうかも疑わしいものであった。以上のような状況のまま、本件第一審は、第 1 回公判期日の開始（1980（昭和 55）11 月）から第 66 回公判期日（1987（昭和 62）年 7 月）までの 7 年余りを要し、その間、裁判官が 7 名関与するという経緯をたどった。

(b) 第一審・控訴審の判断

第一審は、「本件のような極限的事例においては、被告人に対する訴追の維持ないし追行は救い難い影響を受けている」というほかなく、「それはまた同時に、刑訴法が公訴の適法要件として本来当然に要求する訴追の正当な利益が

---

[1] 平成 7 年 2 月決定の事案は、差戻審において公判手続停止決定が行われ、これに対し弁護側が特別抗告を行ったが、最高裁はこれを棄却し、その後、検察官による公訴取消しまで公判手続が 2 年間停止し、公訴取消しの 3 ヶ月後に被告人が死亡したとされる（訴訟能力研究会編 2016：69〔指宿信執筆〕）。

失われている」、として、本件各公訴につき、刑訴法338条4号（公訴棄却判決の要件として「公訴提起の手続がその規定に違反したため無効であるとき」を定める規定）により、公訴提起の手続自体が不適法であった場合に準じ、公訴棄却をするのが相当であると判断した（岡山地判昭和62・11・12判時1255号39頁）。一方控訴審（広島高岡山支判平成3・9・13判時1402号127頁）は、本件被告人につき、被告人は社会内で他人の介護を受けなくても生活することができ、善悪の事理弁識能力はあると認められ、責任能力はあると考えられるが、「裁判手続の中で、訴訟行為をなすに当たり、その行為の意義を理解し、自己の権利を守る能力すなわち訴訟能力があると認めるには、極めて疑問が大きい」、として、第一審同様、本件被告人の訴訟能力について疑問に付した。しかし、控訴審は、第一審が刑訴法338条4号により公訴棄却とした点につき、同条項は公訴提起手続に瑕疵がある場合に限定され、本件のような場合に適用すべきものではないとし、結局本件被告人は、訴訟能力が欠けているから、「手続の公正を確保するため、刑事訴訟法314条1項〔被告人が心神喪失の状態にあるとき、その状態の続いている間公判手続の停止をする旨定める規定〕を準用して公判手続を停止すべきである」、と判断し、破棄差戻しした。

(c) 最高裁決定

これに対し被告人側から上告があったが、最高裁（平成7年2月決定）は、弁護人の上告趣意を排斥しつつ、職権により次の通り判断した。すなわち、「刑訴法314条1項にいう『心神喪失の状態』とは、訴訟能力、すなわち、被告人としての重要な利害を弁別し、それに従って相当な防御をすることのできる能力を欠く状態をいうと解するのが相当である」が、本件事実関係によれば、「被告人に訴訟能力があることには疑いがあるといわなければならない」。このような場合に、「裁判所としては、同条4項により医師の意見を聴き、必要に応じ、更にろう（聾）教育の専門家の意見を聴くなどして、被告人の訴訟能力の有無について審理を尽くし、訴訟能力がないと認めるときは、原則として同条1項本文により、公判手続を停止すべきものと解するのが相当であり、これと同旨の原判断は、結局において、正当である」、というのであった。

なお、公判手続停止後のその後の措置について、千種秀夫裁判官は、次のように補足意見で付言した。「裁判所は、訴訟の主宰者として、被告人の訴訟能

力の回復状況について、定期的に検察官に報告を求めるなどして、これを把握しておくべきである。そして、その後も訴訟能力が回復されないとき、裁判所としては、検察官の公訴取消しがない限りは公判手続を停止した状態を続けなければならないものではなく、被告人の状態等によっては、手続を最終的に打ち切ることができるものと考えられる。ただ、訴訟能力の回復可能性の判断は、時間をかけた経過観察が必要であるから、手続の最終的打切りについては、事柄の性質上も特に慎重を期すべきである」。

(2) 問題の所在──訴訟能力の判断基準と、裁判所のとるべき措置

最高裁はこのように、訴訟能力の意義を明らかにしつつ、これに疑いがある場合には、「原則として」刑訴法314条1項本文に従い、公判手続を停止すべきものとした。そもそも、公判では、被告人に十分な防御の機会が与えられなければならないところ、被告人が防御することができないような状態にある場合には、公判を行うことができず、こうした状況にある被告人を当事者として公判手続を進めると、その防御権を無視することとなり、手続の公正を害することになる。刑訴法314条は、公判で被告人に十分な防御の機会を与えるべく、被告人の防御権を尊重し手続の公正を担保し、被告人の権利保護のために設けられたものとされる（青柳ほか 1978：269〔青柳文雄執筆〕、平場ほか 1974：609〔高田卓爾執筆〕、河上ほか 2012：561〔小林充＝前田巌執筆〕）。

平成7年2月決定は、心神喪失状態にある被告人の公判のあり方について、一定の方向性を示したが、ここでは二つの論点に注目しておきたい。まず、①訴訟能力の意義についてである。同決定は、「被告人としての重要な利害を弁別し、それに従って相当な防御をすることのできる能力」と解したが、いかなる場合に、どのような状況下にあれば、訴訟能力に「疑いがある」またはそれを「欠く状態」にあるものと評されるのか、という問題がある。これは、被告人たる障害者の裁判を受ける権利（憲法32条・37条1項）や適正手続保障（憲法31条）にも関わり、憲法論的検討の余地があるように思われる。次に、②被告人が仮に訴訟能力を欠くとされた場合、裁判所はいかなる措置をとるべきか、という問題がある。平成7年2月決定は、原則として刑訴法314条1項本文に従い公判手続停止という措置をとったが、それ以外の措置はありうるのか。

また、仮に公判手続停止後も被告人の訴訟能力の回復が見込めない場合には、どのような措置をとりうるのか。後に見るように、最高裁は、平成28年12月19日第一小法廷判決（刑集70巻8号865頁。以下「平成28年判決」という）で、公判手続停止の後、訴訟能力回復の見込みがなく公判手続再開の可能性がないと判断される場合、裁判所は、刑訴法338条4号に準じ公訴棄却という措置をとりうるとした（本稿3(3)(b)②参照）。もっとも、そのような措置がいかなる法的論拠に基づいてなされるべきかは、なお検討の余地がある。

以下では、平成7年2月決定が示した以上の論点——①訴訟能力の意義と、②訴訟能力に欠ける場合の措置のあり方——に留意しながら、これまでの裁判例等を素材に、検討していきたい。

2　刑事訴訟における訴訟能力の意義

まず、訴訟能力の意義をめぐって、学説の議論状況・裁判例の展開等を確認しておきたい。

(1)　訴訟能力の意義

「訴訟能力」とは、「国家の公訴権が適正に行使されるための前提として、その対象とされる被疑者・被告人が自己の正当な防御権の行使のために要すべき精神的能力の問題である」、とされる（訴訟能力研究会編 2016：12〔北潟谷仁執筆〕）。学説では、刑事訴訟における訴訟能力とは、「有効に訴訟行為を行いうる能力」をいうとされ、民事訴訟では行為能力が必要とされるところ、刑事訴訟では、「訴訟能力」とは「意思能力、すなわち、自己の訴訟上の権利を防御する事実上の能力」で足りるとされてきた（平野 1958：72、法曹会編 1998b：18-19）。ただし、学説では、意思能力にとどまらず、被告人が防御する上で必要となる意思疎通能力の側面も含めて理解する見解が有力となっている（松尾 1991：212。なお団藤 1967：112参照）。聴覚・言語障害者の訴訟能力が問題となる事例がしばしば見られたことなどから、最近では、訴訟能力について、意思疎通能力を重視する傾向が見られるとされる（木村 1998：26、飯野 2014：468、白取 2017：40）[2]。なお、刑訴法314条1項本文にいう「心神喪失」は刑法等の責任能力の文脈（刑

法39条等）で用いられる「心神喪失」と同じ語ではあるが、刑訴法上の訴訟能力は、同法上の観点から別に目的論的に構成されなければならない、とされてきた（団藤 1967：112）。最高裁は、「刑法上心神喪失者であるというのはその犯行の当時において行為の違法性を意識することができず又はこれに従つて行為をすることができなかつたような無能力者」を指すのに対し、「訴訟能力」とは、「一定の訴訟行為をなすに当り、その行為の意義を理解し、自己の権利を守る能力を指すのである」、として、刑法上の問題と訴訟法上のそれとを区別している（最決昭和29・7・30刑集8巻7号1231頁。以下「昭和29年決定」という）。

　訴訟能力は、三つの要素に分解しうるとされる（後藤 1992：162-163）。第一に、日常的な意味での意思疎通能力（コミュニケーションの可能性）が必要とされること、第二に、意思疎通能力を前提として、被告人は、自らに対して向けられ、また自らが主体として行う訴訟行為の意味を理解する力（理解力）が求められること、第三に、訴訟行為の抽象的な意味を知るだけではなく、自分の問題として合理的・主体的に利害得失を衡量できる能力（判断力）が必要とされること、である。また、訴訟能力は相対的であり（同一被告人でも事件の内容によって肯定・否定がありえ、事件内容・争点が単純な場合には訴訟能力は肯定しやすく、逆に複雑な事件では要求される能力の水準は高くなる）、被告人に対する制裁が重大であるほど防御権保障も手厚くする必要があるため、訴訟能力の基準設定には刑の重さも考慮すべきものと説かれる。

(2)　最高裁判例における訴訟能力の諸相
(a)　公判手続続行能力と訴訟行為能力
　最高裁は、先述のように、刑法上の責任能力論と区別しつつ、「訴訟能力というのは、一定の訴訟行為をなすに当り、その行為の意義を理解し、自己の権利を守る能力を指す」、と解していた（昭和29年決定）。しかしその後、平成7

---

2)　さらに、渡辺修は、被告人は防御権の主体であり、弁護人と意味ある意思疎通が不可欠であることなどから、①裁判の意義や防御することの意義を認識し理解する力と、②防御に関する情報交換・意見交換が弁護人とできる力という、二つの精神諸力の総合として訴訟能力を把握する（渡辺 2006：169、渡辺 1998：158）。

年2月決定では、訴訟能力を、「被告人としての重要な利害を弁別し、それに従って相当な防御をすることのできる能力」と捉えている。昭和29年決定は、被告人による控訴取下げの効力が問題とされたものであり、個別の訴訟行為の能力が問題とされたものであった（このため、「一定の訴訟行為をなすに当り」とされている）。これに対し、平成7年2月決定は、こうした個別の訴訟行為能力ではなく、能力に制約のある被告人が、防御権保障ないし手続の公正の確保の観点から、そもそも訴訟手続を進めていくことが許されるか否かが問題となったものである（法曹会編 1998a：131〔川口政明執筆〕）。

　ところで、1995（平成7）年6月、最高裁は、死刑判決の言渡しを受けた被告人が、死刑判決宣告の衝撃および公判審理の重圧に伴う精神的苦痛によって拘禁反応等の精神障害を生じ、その影響下において苦痛から逃れることを目的に上訴を取り下げたという本件事案において、上訴取下げを無効とした（最決平成7・6・28刑集49巻6号785頁。以下「平成7年6月決定」という）。「被告人の上訴取下げが有効であるためには、被告人において上訴取下げの意義を理解し、自己の権利を守る能力を有することが必要であると解すべきところ〔昭和29年決定を引用〕、右のような状況の下で上訴を取り下げた場合、被告人は、自己の権利を守る能力を著しく制限されていたものというべき」である、というのであった。この決定をふまえ、今日では、㋐昭和29年決定は控訴取下げの有効性が問題とされた事案であり、訴訟行為の有効要件である「訴訟行為能力」に関して判示されたものであるが、㋑平成7年2月決定は、刑訴法314条1項による公判手続停止の要否が問題とされた事案であり、「公判手続続行能力」（公判手続を続行するに耐えうる能力）に関して判示されたものである、とされる（法曹会編 1998a：266 267〔中谷雄二郎執筆〕）。

　このように、最高裁は、訴訟能力について、(i)公判手続続行能力としてのそれと、(ii)個々の訴訟行為能力としてのそれとを区別し、かつ、その判断基準も異なるものと位置づけている、と考えられている。すなわち、被告人の防御権保障・手続公正確保の観点から、訴訟手続で被告人に必要な能力という限度で共通する部分に即応するものとして「訴訟能力」概念を構成し、(i)公判手続続行能力と(ii)訴訟行為能力とは、「訴訟能力」の派生概念と捉え、両者は「訴訟能力」を異なった問題局面で捉えたもの、とされる。ただ、平成7年6月決定

をふまえると、「訴訟能力」概念の用い方としては、昭和29年決定にかかわらず、平成7年2月決定が問題とした上記(i)を指すものとして用い、上記(ii)については、問題となる個々の訴訟行為に対応させて呼称する（たとえば「上訴取下げ能力」等）のが相当とされる（法曹会編 1998a：131-133〔川口政明執筆〕。刑訴法学説上のとらえ方につき、法曹会編 1998a：274-275〔中谷雄二郎執筆〕、飯野 2014：464-468、白鳥 2017：40-41 等参照）。

(b) **訴訟能力判断の具体的指針——平成10年判決**

その上で、上記(i)公判手続続行能力としての訴訟能力について、最高裁は新たな判断を示している。すなわち、重度の聴覚障害および言語を習得しなかったことによる二次的精神遅滞により、精神的能力・意思疎通能力に重い障害を負っている被告人について、刑訴法314条1項本文にいう「心神喪失の状態」にあるかが争われた事件で、最高裁は、当該被告人は心神喪失の状態になかったとして、これを肯定した原判決を破棄した（最判平成10・3・12刑集52巻2号17頁。以下「平成10年判決」という）。ここで最高裁は、被告人は上記の通り重い障害を負ってはいるが、手話通訳を介することにより、刑事手続において自己の置かれている立場をある程度正確に理解し、自己の利益を防御するために相当に的確な状況判断をすることができ、必要な限りにおいて各訴訟行為の内容も概ね正確に伝達を受けられるなどの本件事情の下で、「被告人は、重度の聴覚障害及びこれに伴う二次的精神遅滞により、訴訟能力〔平成7年2月決定にいう訴訟能力〕……が著しく制限されてはいるが、これを欠いているものではなく、弁護人及び通訳人からの適切な援助を受け、かつ、裁判所が後見的役割を果たすことにより、これらの能力をなお保持していると認められる」、とした。ここでは、平成7年2月決定にいう訴訟能力が著しく制限されている場合でも、弁護人・通訳人からの適切な援助と、裁判所の後見的役割があれば、訴訟能力がなお肯定される余地があることが示され、訴訟能力の内容として、自己の置かれている立場、各訴訟行為の内容、黙秘権等に関し、必ずしも一般的・抽象的・言語的な理解能力ないし意思疎通能力までは必要とせず、具体的・実質的・概括的な理解能力ないし意思疎通能力があれば足りる、と判断したものとされる。平成7年2月決定との関係については、同決定は「心神喪失の状態」の意義を示し原判決の認定判断を是認したにとどまり、被告人の心神喪失

ないし訴訟能力の判断基準についてまで判示するものではなかったところ、平成10年判決は、「訴訟能力の判断基準について、具体的指針を示したもの」とされる（以上法曹会編 2001：25-26、21・27〔中谷雄二郎執筆〕）。

3 訴訟能力をめぐる裁判例の展開

さて、以上の最高裁判例の前後には、様々な裁判例の蓄積・展開があった。そこで、本稿が知りえた範囲ではあるが、これまでの訴訟能力をめぐる裁判例の展開を時系列的にふれておきたい（訴訟能力研究会編 2016：66以下〔指宿信執筆〕、同 92以下〔金岡繁裕執筆〕等参照）。

(1) 昭和期から平成初期の展開
(a) 起訴状謄本送達の効力と訴訟能力

まず、訴訟能力との関係で、被告人に対する起訴状謄本送達の有効性が問題となった事例がある。東京高決昭和34・10・21判時204号33頁は、窃盗等被告事件につき、鑑定により、公訴提起以後精神分裂症の緊張病性昏迷状態にあり心神喪失の状態とされた被告人に対し、起訴状謄本送達の効力が問題とされた事案である。原決定（三条簡決昭和34・8・18判時199号36頁）は、これを肯定し公訴棄却としたが、東京高裁は次のように原決定を取り消した。「訴訟能力とは自己の権利を防衛するに足る訴訟行為をなし得る能力を指称するのであり、責任無能力者と訴訟無能力者とは必ずしも一致するものではない」。起訴状謄本送達で問題となるのは訴訟能力であり、その無能力者に対しては、適法な送達があったとしてもこれを有効と認めることはできない。しかし、本件被告人については、心神喪失状態と記載した鑑定書は責任能力の有無を決定する目的であったことが明らかであり、また、起訴状受領時の被告人の言動等を考察すると、本件被告人は起訴状謄本が送達された当時訴訟能力を有していたことを認めないわけにはいかない、と。

---

3) 刑訴法271条2項は、公訴提起のあった日から2ヶ月以内に起訴状の謄本が送達されないときはその効力を失うと定め、同339条1項1号は、271条2項の場合に公訴棄却の決定をすべきことを定めている。なおこの点については後述する（本稿3(3)(a)参照）。

また、宇都宮地決昭和 38・8・30 下刑集 5 巻 7・8 号 819 頁では、被告人は、起訴状において「瘖啞者」と記載され、幼少の頃から聴覚障害を有し、適切なろう教育を全く受けていないため、口話法・手話法等の意思疎通手段を習得しておらず、「生来の魯鈍級の精神薄弱の知能も手伝って」、正常な言語発達が著しく阻害され、話し言葉・書き言葉の理解・表現は、わずかに被告人自身および家族の氏名を漢字で書くことができ仮名文字数語を理解するのみで、その理解・表現力は正常な子供の 2 歳レベル前後を示すものに過ぎない、などとされていた。公判では、黙秘権・反対尋問権などの訴訟上の諸権利や起訴状朗読等訴訟手続は全く通訳する方法がない、といった状況であった。裁判所は、「刑事訴訟法上の意思能力はこれを欠くものと認めるのを相当とする」としたが、控訴審（東京高決昭和 39・2・4 高刑集 17 巻 1 号 138 頁）は、原決定を取り消した。すなわち、起訴状謄本の送達は、被告人に公訴提起の事実を知らせ、防御の機会を与えなければならないものであるから、その当時本件被告人がその程度の能力をもっていることが必要である。本件被告人を担当した拘置所看守によれば、手真似・口振りで大体のことはわかった様子で「うん」とうなずいたほか、被告人は他の在監者が起訴状謄本を渡されるのを見ており、大体飲み込めたと思う、とされたことを前提に、「被告人に本件公訴が提起されたことを知らせ得たと判断して差支えない」。被告人は自己流の身振り動作で家族・近親者とある程度意思交流でき、自筆連署で弁護人選任届を提出するなど、第 1 回公判期日前の被告人の防御準備の機会は十分に与えられており、刑訴法 314 条によって公判手続を停止すべきほど本件被告人の身体障害は重篤なものと断定しえない、というのであった。

(b)　聴覚障害者等の訴訟能力

　その後、聴覚障害者の訴訟能力が問題とされる事例があり、被告人の教育歴や言語活動の水準等をふまえた意思疎通能力の程度を重視し、それに著しく欠ける状態を「心神喪失」に準じて取り扱っている。

　まず、大阪地決昭和 63・2・29 判時 1275 号 142 頁は、被告人は生来性のろう者でろう教育を全く受けておらず、理解し表現することのできる文字は被告人自身の氏名や算用数字等のみであり、意思交信の手段はこれらの文字と絵図の利用、そしてわずかな手話表現を交えた身振り表現しかなく、言語活動の水

準は4歳程度とみられる、とされ、通訳可能な事項の範囲も極めて限定され、それが正確になされたかを確認する手段もない、という事案であった。裁判所は、昭和29年決定を引用し、次のように判断した。「訴訟能力とは、訴訟行為をなすに当たり、その行為の意義を理解し、自己の権利を守る能力をいうものと解すべきところ……、そのような能力が機能するためには、まず、自ら直接又は通訳人を介して、訴訟の状況、すなわち、各訴訟行為の内容を認識するとともに自己の意思を表明する能力を備えていることが当然の前提となるから、被告人のように意思交信能力が極端に低く、かつ、これを補足する手段のない者に対して、このまま訴訟手続を進めるならば、手続の公正を確保できないことになるといわざるをえない」。本件被告人は訴訟能力を欠く者に準じて扱うのが相当であるとして、刑訴法314条1項本文を準用し公判手続を停止するとした。

東京地八王子支決平成2・5・29判タ737号247頁は、被告人は生来の聴覚障害者であり、戦時中約2年間ろう学校に通学したのみで、捜査段階の知能検査によれば精神年齢は8歳10ヶ月、知能指数は59で精神薄弱（原文ママ）とされ、その意思伝達能力は甚だ不十分であるが、社会生活経験等により日常生活は営みうるものとされた例である。裁判所は、やはり昭和29年決定をふまえつつ、被告人に対し厳密な意味における会話は成り立たず、またその思考は狭い経験の枠内にとどまり、抽象的な事柄は理解することができず、公判で黙秘権の告知を試みたものの成功するに至らなかった、などとして、次のように述べた。「被告人に対しては刑事訴訟手続において最も重要な権利の一つである黙秘権の意味を理解させ、その権利行使の機会を与えることが現時点においては不可能であるとみるほかなく、結局、被告人には前記のような訴訟能力が欠けているというべきであり、被告人についてこのまま訴訟手続を進めるならば、手続の公正を確保できないことになるといわざるを得ない」。

なお、聴覚障害とは関連しないが、このほか、記憶喪失等が公訴棄却・公判手続停止の事由となりうるかもしばしば争われた（名古屋高金沢支判昭和49・7・2刑事裁判月報6巻7号775頁、大阪高判昭和59・9・30判タ534号224頁等。訴訟能力研究会編 2016：128以下〔北潟谷仁執筆〕参照）。

(c) 「瘖啞者」の責任能力（旧刑法 40 条）

旧刑法 40 条は、「瘖啞者ノ行為ハ之ヲ罰セス又ハ其刑ヲ減軽ス」と規定していたが、かつては、聴覚障害者たる被告人にかかる刑事弁護戦略の一環として、公判手続停止等と並んで、旧刑法 40 条により刑の免責・減軽等を主張する可能性も指摘されていた（ただし、ろう教育の充実・発展や聴覚障害者の社会的自立を保障するという観点などから、その適用には慎重であるべきとされた。松本＝石原＝渡辺編 1992：174-175〔渡辺修執筆〕）。もともと、明治 13 年刑法で瘖啞者の行為を一切処罰しないこととし、明治 40 年刑法で旧刑法 40 条のような規定となったが、戦後、聴覚障害者に対する教育の普及・充実や手話の全国的統一の推進などから、他の身体障害者等のうち瘖啞者だけを特別に取り扱うことが疑問視され、さらに、責任能力に関する一般的規定（刑法 39 条）を適用すれば足りるとして、刑法の表記の平易化や尊属加重規定の削除等を内容とする刑法改正（平成 7 年法律第 91 号）の際、40 条は削除された。[4] 判例によれば、旧刑法 40 条にいう「瘖啞者」とは「聴能、語能の両機能を欠損した者」とされ（最決昭和 28・5・29 刑集 7 巻 5 号 1192 頁）、刑法学説によれば、不可罰または減刑されるかどうかは、心神喪失に相当する場合か否かで区別すべきものとされていたようである（大塚＝河上＝佐藤編 1989：811〔若原正樹執筆〕参照）。

(2) 平成中期以降の展開

平成 7 年 2 月決定・平成 10 年判決が出されて以降、これらが下級審裁判例に大きな影響を与えることとなった。

(a) 訴訟能力を認めた例
①裁判例の展開

まず、原審の途中から異常な言動が認められるようになり、控訴審において

---

[4] さしあたり井上 1995：18-19 参照。この規定が削除されても、責任能力については刑法 39 条によるものとされ、責任能力が認められる場合でも、聴覚障害等が具体的犯行に及ぼした影響等は、刑を決定するに当たり考慮されるべき情状の一つとなるほか、酌量減軽（刑法 66 条）の考慮事項となるものとされた。裁判例として、秋田地判昭和 37・7・10 下刑集 4 巻 7 ＝ 8 号 670 頁、広島地福山支判昭和 40・11・22 下刑集 7 巻 11 号 2090 頁、徳島地判昭和 42・11・2 下刑集 9 巻 11 号 1333 頁等があるが、次第に旧刑法 40 条にいう「瘖啞者」の意義を限定するかのような解釈を示している。

公判期日に出頭せず、鑑定留置中も異常な言動があった被告人について、鑑定等によれば、それらの言動全てが精神の異常から来るものと認められず、被告人なりの打算があって鑑定関係者に対する拒絶的態度に出たものであって、自己が裁判を受けていることの認識を有しており、精神的能力・意思疎通能力に欠けるところはないとして、訴訟能力を肯定したものがある（東京高判平成13・4・26東京高裁判決時報（刑事）52巻1〜12号26頁）。ここで訴訟能力は、「被告人としての重要な利害を弁別し、それに従って相当な防御をすることのできる能力」とされ、平成7年2月決定の定義づけを前提としている。

　次に、福岡高那覇支判平成16・2・3高等裁判所刑事裁判速報集（平成16年）189頁は、重度聴覚障害者で手話の修得が全く不完全で情報伝達能力が著しく制限され、二次的精神遅滞を有する被告人の万引き窃盗事案に関わるものであるが、裁判所は次のように述べる。「訴訟能力の内容としては、自己の置かれている立場、各訴訟行為の内容、黙秘権等に関して必ずしも一般的・抽象的・言語的な理解能力ないし意思疎通能力までは必要とせず、具体的・実質的・概括的な理解能力であれば足り、その有無の判断については、被告人の一般的な精神能力ないし意思伝達能力だけでなく、過去の刑事裁判を受けた経験の有無、当該刑事手続における被告人の供述ないし対応などについても検討する必要がある」。本件被告人について、相当の生活能力を身につけていたこと、事案の単純性（大型スーパー食料品売場における常習類犯窃盗事案）、犯意等を優に肯定できる事情、さらに、被告人はこれまで9回にわたり同種前科で公判手続をへて服役し、刑事手続に相当程度の理解を形成しうる経験を有していること等から、訴訟能力を肯定した。以上のうち引用部分は、平成10年判決の最高裁調査官解説の趣旨（法曹会編 2001：22-25〔中谷雄二郎執筆〕）をふまえたものと思われる。

　②オウム真理教教祖事件

　オウム真理教教祖事件では、第一審で死刑判決を受けたオウム真理教教祖たる被告人について、控訴申立手続に際し、弁護人が、被告人と意思疎通が図れず被告人には訴訟能力がないとして、期間内に控訴趣意書を提出しなかった。弁護人側から控訴趣意書提出期限延長申出書が出され、裁判所は期限を延伸したところ、弁護人は再び被告人に訴訟能力がないと主張し、公判手続停止申立

書等を提出した。裁判所は公判手続停止の職権発動は行わず、上記期限の再延伸も行わないこととした。しかし、弁護人が被告人の訴訟能力を否定する精神医学の意見書を提出したことや、第一審で死刑を言い渡された重大案件であることもふまえ、裁判所は、慎重を期する意味で、事実取調べ（刑訴法 43 条 3 項）により、鑑定の形式で精神医学の専門家から被告人の現在の精神状態についての意見を徴することとされた[5]。

　弁護人は裁判所の鑑定方法に問題があるなどとして結局控訴趣意書を提出しなかったため、裁判所は、提出遅延が刑訴規則 238 条所定の「やむを得ない事情に基くもの」と認められず、このため被告人の訴訟能力に疑いが生じない限り控訴棄却は免れない、として、訴訟能力について検討した。裁判所は、被告人の訴訟能力にかかる事実関係を詳細に認定し、裁判所の事実認識を示し、提出された精神科医の各意見の当否を検討した上で、結論として、被告人が訴訟能力を有することに疑いはない、とした（東京高決平成 18・3・27 判時 1956 号 10 頁）。裁判所は、平成 7 年 2 月決定を引用しつつ、仮に被告人が自ら訴訟を追行する能力を欠いている場合であっても、弁護人から適切な援助を受けながら訴訟の追行に当たることが可能である限り、被告人の訴訟能力は保たれている、としている。そして、第一審公判のある時期以降、不規則発言を繰り返したり法廷で居眠りをしたりするなどの言動が見られたものの、立場が変わって証人として召喚されると多くの証言を行うなど、被告人の会話能力に問題はなく、訴訟における被告人と証人の違いも十分認識していたとされ、これらのことから、被告人が第一審公判初期の段階で有していた相当高度の防御能力が減衰し、訴訟能力を欠くに至ったという疑いは生じない、と認定した。なお裁判所は、拘置所における被告人の言動に関して、生活能力と訴訟能力の関係について言及し、「一般論としては、被拘禁者が職員の指示に従ったり、食事を

---

5)　控訴申立人は裁判所規則で定める期間内に控訴趣意書を控訴裁判所に差し出さなければならず（刑訴法 376 条 1 項）、その期間内に控訴趣意書を差し出さないときは、控訴裁判所は決定で控訴を棄却しなければならない（同 386 条 1 項 1 号）。ただし、控訴裁判所は、期間経過後に控訴趣意書を受け取った場合において、その遅延がやむをえない事情に基づくものと認めるときは、期間内に差し出されたものとして審判することができる（刑訴規則 238 条）。本件は、控訴趣意書提出が遅延したことにつき、刑訴規則 238 条にいう「やむを得ない事情」があったかが問題とされた（この点につき石田 2008、白取 2007、指宿 2007 など参照）。

自力で摂取したりする能力と、その者の訴訟能力との間には大きな懸隔があるように考えられがちであるが……弁護人の適切な援助を受けながら裁判の追行に当たる場合を考えてみると、……被告人本人には裁判で問題となっている重要な事柄の利害を認識、判断し、それを踏まえて弁護人と意思疎通する能力があれば足りることになり、その能力の差はそれほど大きくないと考えられることになる」、としている。

③公判手続続行能力と訴訟行為能力（上訴取下げ能力）

また、同一被告人について、(i)公判手続続行能力と(ii)個々の訴訟行為能力がそれぞれ問題となった事例がある。(i)について、横浜地判平成16・5・25判タ1183号341頁は、現住建造物等放火等の罪に問われた被告人について、公判時妄想状態にあり、訴訟の意味を理解し被告人としての利害を弁別し、権利を防御する能力を欠く状態にあるとする弁護人の主張に対し、いまだ訴訟能力に欠けるところはないとした。裁判所はその際、被告人が一貫して無罪と主張していること、被告人質問の際の様子、精神鑑定時の態度、そして被告人が大学法学部に在籍したことがあり刑事法に関する知識に基づく発言もしていることなどの事実を指摘している。(ii)について、本件被告人は、この判決に対し自ら上訴放棄の申立てをしたが、その後上訴権回復請求書と控訴申立書が被告人より提出された。裁判所は、上訴放棄申立時にその判断能力等が保持されていたことは明らかであるなどとして、被告人による上訴放棄が有効になされた以上、刑訴法362条が定める上訴権回復の事由にも当たらないことは明白であるとして、その申立てを退けた（横浜地決平成16・5・28判タ1183号344頁）。すでにふれたように（2(2)(a)参照）、上訴権放棄の有効性判断は、平成7年6月決定および昭和29年決定の趣旨をふまえつつ、「被告人において上訴取下げの意義を理解し、自己の権利を守る能力を有する」状況にあったか否かが、極めて重要となる。

---

6) 本件の異議申立審（東京高決平成18・5・29判時1956号7頁）も、特別抗告審（最決平成18・9・15判時1956号3頁）も、訴訟能力を肯定した原々審の判断を是認した。
7) 判例タイムズ1183号341頁の解説によれば、本件において裁判所は、上訴放棄の経緯、その後の上訴権回復申立ての理由、その間の心境の変化などについて、被告人に面接して詳しく事情を聞くとともに、拘置所の担当者にもその間の経緯や被告人とのやり取り等について照会し、これらの結果をも併せ検討した上でその申立てを排斥した、とされる。

(b) 訴訟能力を否定した例

　一方、平成中期以降に訴訟能力が否定された例として、平成10年判決の控訴審たる大阪高判平成7・12・7高刑集48巻3号199頁がある（平成7年2月決定を引用しつつ原審において公判手続停止とすべきであったとする）。また、さいたま地川越支決平成18・10・12判タ1246号345頁は、広場・路上等で児童に対し頭部を手拳・平手で殴打したという暴行事案であり、被告人は、小児自閉症および中等度の精神遅滞があるとされ、コミュニケーション障害があるとされた。被告人は過去に刑事裁判を受けた経験があり、被告人なりに刑事裁判における自己の処遇の決定等に関し理解していることはうかがえるものの、弁護人や検察官の役割について正確に理解しているとは認めがたく、黙秘権の内容を理解しているとは認めがたい応答をしている、などという状況であった。これらのことから、裁判所は、「①被告人が自閉症により非常に多岐に渡るコミュニケーション障害を有している上、中程度の精神遅滞……があるため、知的能力によってコミュニケーション障害を補うことができないこと、②それゆえに、被告人は、刑事裁判の構成員の役割や黙秘権について理解しているとは認めがたいこと等に照らすと、被告人には訴訟能力すなわち被告人として重要な利害を弁別しそれに従って防御することができる能力が欠けているといわざるをえない」、とした。

　そして、近年の事例として、名古屋地岡崎支判平成26・3・20判時2222号130頁がある。これは、1995（平成7）年5月、被告人が愛知県豊田市において当時66歳と1歳の2名を文化包丁で刺殺し、殺人・銃刀法違反の事実で起訴されたものである。1995年11月の第1回公判期日において、弁護人から、被告人は精神病に罹患しており公判停止事由に該当する可能性があるため、公判手続停止の必要性の有無につき専門家の意見を求める申立てがあり、裁判所による精神鑑定等の結果、1997（平成9）年3月公判手続停止決定がなされた。1998（平成10）年5月、被告人の勾留執行停止がなされ、被告人は措置入院を受けたが、これ以降、被告人の精神的症状にあまり変化がないまま入院治療が継続され、結局、公判手続停止から約17年を経過した時点でも被告人の訴訟能力の回復が認められなかった。

　裁判所は、以上のような状況を前提に、平成7年2月決定を引用しつつ、次

のように判断した。訴訟能力の内容として、具体的には、①公訴事実のみならず刑事裁判の進行や訴訟関係人の役割の基本を理解し、重要な情報・資料を弁護人に提供し、②冒頭手続において人定質問に答え、黙秘権の意味を理解し罪状認否を行い、③証拠調べにおいて冒頭陳述や証拠の採否の手続を理解し意見を表明し、証人に反対尋問したり任意に供述したりするなどの反証活動を行い、④検察官の論告や弁護人の弁論、判決内容をおおむね理解することなどが想定される。これらは弁護人の協力や裁判所の後見的関与を得てなしうる程度のもので足り、「したがって、訴訟能力の有無及びその回復の見込みの判断にあたっては、被告人が、裁判所や訴訟関係人、とりわけ、被告人の正当な利益を擁護すべき弁護人と意思疎通できるか否かが極めて重要となる」。しかし本件被告人には訴訟能力が回復しなかっただけでなく意思疎通能力がほぼ完全に失われ、その原因は非可逆的な慢性化した統合失調症等にあり、さらに71歳と高齢となり、日常生活維持能力も重篤に低下し、介護を要する状態にあり、言語的・非言語的にもコミュニケーションは成立せず、裁判所や訴訟関係人の認識や黙秘権の理解はおろか人定質問すら成立する状況になく、被告人に訴訟能力はなくその回復の見込みが認められないことは明らかである、とした（その上で、裁判所は公訴棄却としたが、この点については後にふれる〔本稿3(3)(b)②〕）。検察から控訴があったが、控訴審（名古屋高判平成27・11・16判時2303号131頁）は、第一審裁判所が訴訟能力の回復見込みはないとした判断を是認した。検察官は、第一審裁判所が平成7年2月決定を判断基準とし、平成10年判決よりも相当高度な抽象的・言語的理解力や意思疎通能力を要求したとして争ったが、控訴審は、第一審は平成7年2月決定を判断基準として摘示したものでなく、平成10年判決と区別しうること（被告人の知的能力の障害の程度や社会的適応能力の点で平成10年判決の被告人とは異なることや、事案の単純さにおいても異なること等）を指摘し、訴訟能力の判断に当たって考慮すべき点を適切に判示したものと評価できる、としている。

(3) 訴訟能力欠如の場合の裁判所の措置

　以上は、訴訟能力判断をめぐるものであるが、一方で、被告人が訴訟能力を欠く場合に、裁判所はどのような措置をとりうるかも問題となる。平成7年2

月決定は、刑訴法 314 条 1 項本文により原則として公判手続停止とすべきことを明らかにしたが、ここには、(a)ほかにとりうる措置がありうるか、(b)仮に公判手続停止後も訴訟能力の回復が認められない場合、裁判所はいかなる措置をとりうるか、という問題がある。

(a) **訴訟能力欠如の場合の裁判所の措置**

かつては、被告人が訴訟能力に欠けるとされる場合に、公訴提起時より一貫してそうであったと見て、被告人に対し公訴提起があった日から 2 ヶ月以内に起訴状謄本の送達がなされなかったものとして、公訴棄却とする措置（刑訴法 271 条 2 項・339 条 1 項 1 号参照）がとられる例が見られた（前掲三条簡決昭和 34・8・18、同宇都宮地決昭和 38・8・30 等。この措置をとらなかったが起訴状送達無効の可能性自体は否定しない例として前掲東京高決昭和 34・10・21、同東京高決昭和 39・2・4 等）。もっとも、この措置については、解釈論としては疑問であるとして、現行法は、適式になされる限り、訴訟能力の有無にかかわらず、起訴状謄本送達はその効力を認める建前をとるものと解する立場が説かれ（法曹会編 1998b：20-23）、また、平成 7 年 2 月決定も送達有効を前提としたものとされる（法曹会編 1998a：135-136〔川口政明執筆〕）ことなどから、今日この手法をとる例はみられないようである。

(b) **訴訟能力回復が見込めない場合の裁判所の措置**

①迅速な裁判を受ける権利（憲法 37 条 1 項）との関係

また、訴訟能力に欠ける状態が回復せず、結果的に長期にわたり公判停止手続が継続した場合、憲法 37 条 1 項の趣旨から、「審理の著しい遅延の結果、迅速な裁判をうける被告人の権利が害せられたと認められる異常な事態が生じた場合には、これに対処すべき具体的規定がなくても……その審理を打ち切るという非常救済手段がとられるべきこと」を肯定した高田事件最高裁判決（最大判昭和 47・12・20 刑集 26 巻 10 号 631 頁）に照らし、迅速な裁判を受ける権利との関係で問題が生じうる。

京都地判平成 8・11・28 判時 1602 号 150 頁は、判決言渡し時から約 30 年前に発生した強盗殺人未遂・殺人・殺人未遂等の事案にかかるものであった。被告人は、公判開始後、心神喪失の状態となり訴訟能力がないと認められ、起訴後 4 年近くの時点で公判手続停止決定がなされた。約 4 年を経過したのは、被

告人の精神状態が増悪し極度の異常に陥り鑑定のための問診等を行えず、鑑定意見の作成に時間を要したことなどがあった。その後約25年間被告人は措置入院とされていたが、検察官の上申を受け、裁判所は鑑定人を選任し、被告人は完全寛解に至っていないが公判期日への出頭は可能などとする鑑定書の結果をふまえ、公判手続停止決定を取り消し、被告人に対し公判期日を指定した。こうして本件は、約26年間にわたり審理が中断され、起訴後約30年6ヶ月を経過して第一審判決に至るという展開をたどった。弁護人は、審理がかくも著しく遅延したのは被告人の責めに帰せられない原因によるもので、被告人の迅速な裁判を受ける権利（憲法37条1項）が侵害された異常な事態が生じていたから、被告人に免訴判決を言い渡すべきである、などと争った。裁判所は、「異常な事態」に至っているかは遅延の期間のみで一律に判断されるべきではなく、諸般の情況を総合的に判断して決せられるべきものである、などとして、本件公判が著しく長期化したのはもっぱら被告人の病気にあったことに加え、証拠調べがほとんど完了していたことなどから被告人の防御上重大な不利益を受けたとは認めがたい、などとして、弁護人の主張を退けた。ただし裁判所は、平成7年2月決定の千種裁判官補足意見の趣旨をふまえつつ、被告人が訴訟能力を回復する見込みがないと確定的に判断されるに至る等の状態によっては、その審理手続を最終的に打ち切ることができるものと考えられるし、またそのような措置を考慮すべきである、としている（が、本件では訴訟能力回復の見込みがないと確定的に判断された状態には至らなかったとしている）。[8]

②裁判手続打切りへの途

被告人の訴訟能力が回復されないときの裁判打切りについて、最近の注目すべき例として、前掲名古屋地岡崎支判平成26・3・20がある。

先述のように、被告人に訴訟能力の回復は認められないとした裁判所は、続いてその場合の措置を検討する。平成7年2月決定の千種補足意見を引用しつ

---

8) 結論として裁判所は、本件犯行当時精神分裂病により心神喪失の状態にあったとの合理的疑いが存するとして、責任能力を否定し、刑訴法336条前段により被告人を無罪とした。このように、被告人の訴訟能力に争いがありうる場合でも、これを肯定しつつ、心神耗弱として刑の軽減をするか、または責任能力を否定する例が見られる（平成10年判決の第一審たる京都地判平成3・10・22刑集52巻2号125頁のほか、新潟地判平成15・3・28LEX/DB28085564、佐賀地判平成24・2・21LEX/DB25480443 等参照）。

つ、「被告人に訴訟能力の回復の見込みがなく、公判手続再開の見込みがないにもかかわらず、検察官が公訴を取り消さない場合、裁判所が公判手続を打ち切ることは、訴訟手続の主宰者である裁判所の責務であるといえる」。「訴訟能力は、当事者主義の訴訟構造の前提をなすものであって、訴訟関係成立の基礎となる重要な訴訟条件である。……訴訟能力の回復の見込みがない場合に、公判手続の停止を継続し、刑事被告人の地位を半永久的に強制することは、被告人の迅速な裁判を受ける権利（憲法 37 条 1 項）を侵害し、適正手続の保障（憲法 31 条）にも反するおそれがあるだけでなく、事案の真相を明らかにし、刑罰法令を適正且つ迅速に適用実現するという刑事訴訟法の目的（1 条）にも反することになる」。こうして裁判所は、刑訴法 338 条 4 号を準用し公訴棄却の判決を言い渡すのが相当であるとした。しかし、控訴審（前掲名古屋高判平成 27・11・16）は、訴訟能力の回復の見込みはないとする原審の判断は維持しつつも、刑訴法上、訴追の権限を独占的に有する検察官が公訴を取り消さないのに裁判所が公判手続を一方的に打ち切ることは基本的に認められておらず、検察官の公訴取消しの合理的な運用を期待するのが刑訴法の自然な理解であるとして、一審の措置を疑問視した。そして、高田事件最高裁判決にも言及し、一審のいう訴訟打切りは「極限的な場合」の限度において憲法 37 条 1 項の趣旨に照らし是認することができる、とし、本件において、検察官が公訴取消しをしないことが明らかに不合理であると認められる極限的な場合には当たらないとして、破棄差戻しをした。

　上告審（平成 28 年判決）は、訴訟能力回復の見込みがないとした原判断を是認しつつ、次のように述べた。「訴訟手続の主宰者である裁判所において、被告人が心神喪失の状態にあると認めて刑訴法 314 条 1 項により公判手続を停止する旨決定した後、被告人に訴訟能力の回復の見込みがなく公判手続の再開の可能性がないと判断するに至った場合、事案の真相を解明して刑罰法令を適正迅速に適用実現するという刑訴法の目的（同法 1 条）に照らし、形式的に訴訟が係属しているにすぎない状態のまま公判手続の停止を続けることは同法の予定するところではなく、裁判所は、検察官が公訴を取り消すかどうかに関わりなく、訴訟手続を打ち切る裁判をすることができるものと解される。刑訴法はこうした場合における打切りの裁判の形式について規定を置いていないが、訴

訟能力が後発的に失われてその回復可能性の判断が問題となっている場合であることに鑑み、判決による公訴棄却につき規定する同法 338 条 4 号と同様に、口頭弁論を経た判決によるのが相当である」。「したがって、被告人に訴訟能力がないために公判手続が停止された後、訴訟能力の回復の見込みがなく公判手続の再開の可能性がないと判断される場合、裁判所は、刑訴法 338 条 4 号に準じて、判決で公訴を棄却することができると解するのが相当である」。

4　刑事裁判における障害者とその憲法的保障

　以上、限られた範囲であるが、訴訟能力をめぐる裁判例を概観した。ここで本稿が注目してきた二つの論点──①訴訟能力の意義と、②訴訟能力に欠ける場合の措置のあり方──に即して、若干の検討をしておきたい。

(1)　訴訟能力の意義

　裁判例のおおよその傾向としては、平成 10 年判決を境に、「訴訟能力基準のハードル」（訴訟能力研究会編 2016：66〔指宿信執筆〕）が低められたと思われる例が見受けられる。訴訟能力の判断は、精神医学の知見等が極めて重要であり（訴訟能力研究会編 2016：110 以下〔中島直執筆〕、中田 1966 等参照）、ここではごく限られた言及にとどまらざるをえないが、まず、指摘しうるのは、裁判例が示すように、訴訟能力が問題になる被告人の事情・状況は極めて多様である、ということである（訴訟能力研究会編 2016：90〔指宿信執筆〕）。障害者への国家的配慮とは、その性質上、「差異に対する鋭敏さ（responsiveness to difference）」が求められる（Tennessee v. Lane, 541 U. S. 509, 536 (Ginsburg, J., concurring) (2004). なお尾形 2011：128 も参照）。しかし、訴訟能力の判定は、被告人の裁判を受ける権利ないし適正手続保障に大きな影響を与えるものであって、また、訴訟能力が問題となる「場」の特質も看過してはならない。すなわち、刑事訴訟とは、

---

9)　中田 1966：117 は、精神医学では、訴訟無能力を非常に厳しく制限するのが一般的である、という。精神疾患のほとんどは犯行当時からその状態にあり、責任無能力者として無罪の言渡しを受ける可能性が大きいのに、訴訟無能力として公判停止とされると、未決のまま長くその状態にあることになり、それは被告人に決して望ましいこととは考えられない、という。

現在の法廷とは時間的・空間的に離れた、過去の特定時点・場所での犯罪行為について論ずる「場」であり、単純な事案であっても、時間的・空間的に別の場面での出来事について論ずるということ自体、「既にそれなりの抽象的能力を必要」とする。つまり、「実生活空間と訴訟空間との間には大きな性格の違い」がある、ということである（法曹会 1998a：134〔川口政明執筆〕）。日本国憲法は、適正手続保障を掲げ（31条）、刑事被告人の公正な裁判を受ける権利を保障し（37条1項・32条）、刑事裁判を含め対審による公開裁判を原則とすることで（82条1項）、当事者主義的な対審構造を通じた適正手続保障の確保を求めるが、様々な障害をもつ被告人の状況に慎重な配慮を図りつつ、憲法が本来予定する刑事裁判の基本構造をふまえた対応が求められる。

　アメリカ法の伝統によれば、心神喪失の状態にある者を公判手続に服せしめることは、「極めて非人道的でかつ無慈悲なこと（extreme inhumanity and cruelty）」とされ[10]、防御をなしうる精神的・身体的能力を欠く者の公判と判決言渡しは、「自由な統治というまさにその観念に固有の、正義の普遍的諸原則に反する」（Sanders v. Allen, 100 F. 2d. 717, 720 (1938)）。こうして、「その精神状態が、自身に対する裁判手続の性質及び目的を理解し、弁護人に助言を求め、自身の防御のため手を貸す能力を欠いている者について、公判手続に服せしめてはならないことは、長きにわたり受容されてきた。……このような制限は、司法の対審構造（adversary system of justice）にとって核心的である」（Drope v. Missouri, 420 U. S. 162, 171-172 (1975).）。そして、訴訟能力を慎重に判断する手続を尽くさないことは、適正手続に反するとされ（Pate v. Robinson, 383 U. S. 375, 385 (1966).)、そこでの能力の判断基準は、「被告人が、合理的な程度の理解力で、その弁護人に助言を求める上で十分な能力が現在するか、そして、自身に対する公判手続について、合理的な事実に関する理解力を有するか」、という、刑事裁判という「訴訟空間」に相応しい能力のあることが求められる（Dusky v. United States, 362 U. S. 402 (1960).）。

　このように考えると、わが国憲法の下であっても、訴訟能力判断の基本とし

---

10) Blackstone 1769：25. これは、クック（Sir Edward Coke）の言葉とされる。以下は試論にとどまらざるをえないが、アメリカ憲法論をふまえたより立ち入った検討は、別稿であらためて考察したい。

ていえば、被告人には一般的・抽象的・言語的な理解能力ないし意思伝達能力が必要であるとせざるをえないように思われる（法曹会編 1998a：133-135〔川口政明執筆〕。法曹会編 2001：24〔中谷雄二郎執筆〕にいう「抽象的・言語的理解能力説」）。ただ、憲法は、公平な刑事裁判実現の主宰者として裁判所を予定しており（37条1項・76条1項・3項。なお最大判平成23・11・16刑集65巻8号1285頁〔裁判員制度合憲判決〕も参照）、弁護人依頼権を重要な権利として保障する（34条・37条3項）ことから、訴訟能力判断には、弁護人の助力や裁判所による後見的役割もある程度考慮する必要もあろう（法曹会編 1998a：134〔川口政明執筆〕、暮井 2016a：14）。ただし、訴訟能力は事件の内容や被告人の状況に応じて多様でありうるから、以上を前提としつつ、精神医学の知見等もふまえながら慎重かつ個別具体的に検討せざるをえず、訴訟能力概念の段階的ないし多様な把握も重要となる（暮井 2016a：11-12）。こうして、裁判所は、弁護人の弁護活動や裁判所の後見的関与を必要に応じて考慮し、「具体的に被告人の自己の立場の理解の程度、状況判断、供述や対応の的確性などを見極め、担当医師や精神医学等の専門家に鑑定意見を求めるなどして、被告人に訴訟能力が欠如しているかどうかについて、慎重に審理を尽くすべきである」（平成28年判決の池田政幸裁判官補足意見）。

(2) 訴訟能力に欠ける場合の措置のあり方

次に、訴訟能力に欠ける場合の措置のあり方であるが、起訴状謄本送達無効の措置のほか（3(3)(a)）、次のような議論があった（暮井 2016b：121、松代 2017：193 等参照）。①刑訴法338条4号を準用し、公訴棄却判決とすべきとの説があり、これは、訴訟能力回復が見込めない場合は公訴提起後に後発的に公訴棄却すべき事情が生じたとするか、または、裁判所が訴訟の主宰者として職責を全うできないために公訴提起が無効になったことなどを理由とする。次に、②刑訴法339条1項4号を準用して公訴棄却決定とする説があり、これは、被告人死亡の場合に準じた措置とされる。また、③刑訴法339条1項3号により公訴棄却決定とする説があり、これは、裁判官が検察官に公訴取消しを要請し、検察官が応じない場合に限り、裁判所は訴訟の主宰者として、検察官が公訴を取り消したものと擬制して同号によって処理しようとする。そして、④高

田事件最高裁判決のように、被告人に帰責しない事由で裁判が長期化した場合には、免訴判決によるべきとする説がある。平成28年判決は①説によったといえる。ただ、その論拠として、「事案の真相を解明して刑罰法令を適正迅速に適用実現するという刑訴法の目的（同法1条）」を挙げるが、訴訟能力回復の見込みがない場合の措置について刑訴法は規定を置いていないのであるから、本稿の見地からは、そのような措置を裁判所がとることについて、憲法的論拠を考察する余地はあるように思われる。

　適正手続保障（憲法31条）の意義に立ち返るならば、少なくとも、国家が、私人に対し、刑事被告人としての地位を強い続けることが許されるのは、それが当該刑事訴追追行という目的との間で合理的関連性がある場合に限られる、というべきであろう。わが国刑訴法314条1項本文との関係でいえば、当該被告人が、将来において訴訟能力を回復する相当の蓋然性があるかどうかを決するのに必要な期間を超えて公判手続停止が及ぶ場合、そのような状態に被告人を置き続けることは、適正手続保障の観点から極めて問題がある。そして、自身の無実を証明する機会を決して得ることのないまま、被告人を無限に訴追状態におくことは、迅速な裁判を受ける権利（憲法37条1項）および適正手続保障を否定するものというべきであって、そのような場合、訴追そのものが否定されるべきであろう（以上につき、See Jackson v. Indiana, 406 U. S. 715, 738, 740 (1972).）。平成28年判決の第一審たる前掲名古屋地岡崎支判平成26・3・20が、憲法37条1項・31条に言及しつつ刑訴法338条4号に準じて公訴棄却としたのも、以上のような文脈で理解しうるように思われる。しかし、たとえば聴覚障害者が被告人の事例で問題となったように、「捜査・公訴・裁判手続いずれも被告人の理解・意思表示・権利行使を無視して行われているもので、捜査権限を含む公訴権及び裁判権の不当な行使によって、被告人の黙秘権・弁護人依頼権のみならず『包括的防御権』が侵害された」場合にあっては、裁判追行の瑕疵を重く見て、高田事件最高裁判決に即し、免訴という措置もありうるように思われる。もちろん、このような事由は現行法上免訴事由とされていないが、「司法が自らの瑕疵を正す責務は憲法76条の『司法権』に内在する」、というべきであろう（渡辺 1998：166-167）[11]。

むすびにかえて

　以上、本稿では、刑事裁判における障害者、特にその訴訟能力論を中心に概観してきた。本稿のさしあたりの結論は、憲法の予定する刑事裁判の基本構造と権利保障に立ち返り、むしろ古典的な手続保障によりつつ多様な障害をもつ被告人の状況に対応するという、やや逆説的なものであった。

　ただ、現代福祉国家において市民の生に配慮するあり方は、本書各章が示すように多様でありうるのであって、本稿が取り上げた訴訟能力についても例外ではない。すなわち、仮に公判手続停止の措置をとるか手続打切りにする場合、被告人の処遇をどのようにすべきか、という問題が残されている。公判手続停止期間中における心神喪失状態の治療や意思疎通能力の回復等、訴訟能力回復のための取組みや、手続打切り後の被告人の処遇等について、福祉的支援が求められる（暮井 2016a：12-13、訴訟能力研究会編 2016：118〔中島直執筆〕のほか、触法高齢者・障害者の福祉的支援につき、菊池 2012 参照）。ここでもやはり、福祉権的考慮が意味をもつように思われる。

［参考文献］
《邦文文献》
青柳文雄＝伊藤栄樹＝柏木千秋＝佐々木史朗＝西原春夫（著者代表）1978『註釈刑事訴訟法　第 3 巻』立花書房
飯野海彦 2014「訴訟の主体としての被告人の訴訟能力」岩瀬徹＝中森喜彦＝西田典之編　集代表『町野朔先生古稀記念　刑事法・医事法の新たな展開　下巻』信山社、461 頁
石田倫識 2008「刑事訴訟法判例研究」法律時報 80 巻 4 号 135 頁
井上宏 1995「刑法の表記の平易化」時の法令 1506 号 6 頁
指宿信 2007「麻原裁判の『打ち切り』を見て」法学セミナー 626 号 4 頁
　──　2010『刑事手続打切り論の展開』日本評論社
植木淳 2011『障害のある人の権利と法』日本評論社
大塚仁＝河上和雄＝佐藤文哉編 1989『大コンメンタール刑法第 2 巻〔第 35 条～第 44 条〕』

---

11)　ここでの手続打切りは、法定列挙事由によらない措置であり、刑訴法学では「非類型的訴訟条件」とされるかと思われるが、訴訟条件の欠如という点で、刑訴法 338 条 4 号により公訴棄却の裁判に一本化すべきことが説かれている。ただし、免訴か公訴棄却かは、一事不再理効について違いが生じうるとされる（以上、田宮 1996：226、448-451）。

青林書院
尾形健　2011『福祉国家と憲法構造』有斐閣
───　2012「障害者法をめぐる憲法的一思考」大原社会問題研究所雑誌 640 号 4 頁
───　2015「障害と憲法」菊池＝中川＝川島編著 2015、74 頁
河上和雄＝小林充＝植村立郎＝河村博編 2012『注釈 刑事訴訟法〔第 3 版〕第 4 巻』立花書房
菊池馨実　2012「司法福祉と社会福祉」日本社会保障法学会編『新・講座社会保障法　第 3 巻　ナショナルミニマムの再構築』法律文化社
菊池馨実＝中川純＝川島聡編著 2015『障害法』成文堂
木村烈　1998「訴訟能力と刑事鑑定」原田國男＝川上拓一＝中谷雄二郎編『中山善房判事退官記念　刑事裁判の理論と実務』成文堂、25 頁
暮井真絵子　2016a「治療法学に基づく訴訟能力論の再検討」法と精神医療 31 号 1 頁
暮井真絵子　2016b「訴訟能力の回復見込みがないとして公訴棄却した原判決を破棄・差し戻した事例」季刊刑事弁護 86 号 119 頁
後藤昭　1992「被告人による控訴取下げの効力が争われた一事例」千葉大学法学論集 7 巻 1 号 159 頁
白取祐司　2007「弁護人の控訴趣意書提出期限の徒過と被告人の裁判を受ける権利」季刊刑事弁護 50 号 72 頁
白取祐司　2017『刑事訴訟法〔第 9 版〕』日本評論社
杉山有沙　2016『障害差別禁止の法理』成文堂
訴訟能力研究会編 2016『訴訟能力を争う刑事弁護』現代人文社
曽根英二　2010『生涯被告「おっちゃん」の裁判』平凡社
田宮裕　1996『刑事訴訟法〔新版〕』有斐閣
団藤重光　1967『新刑事訴訟法綱要〔7 訂版〕』創文社
中田修　1966「拘禁反応と訴訟能力」精神医学 8 巻 2 号 113 頁
平場安治（著者代表）1974『注解刑事訴訟法　中巻』青林書院新社
平野龍一　1958『刑事訴訟法』有斐閣
法曹会編　1998a『最高裁判所判例解説刑事篇〔平成 7 年度〕』法曹会
法曹会編　1998b『例題解説刑事訴訟法（1）〔3 訂版〕』法曹会
法曹会編　2001『最高裁判所判例解説刑事篇〔平成 10 年度〕』法曹会
法と精神医療学会　2008「〈ミニシンポジアム〉『訴訟能力』」法と精神医療 22 号 14 頁以下
松尾浩也　1991『刑事訴訟法（上）〔補正第 3 版〕』弘文堂
松代剛枝　2017「訴訟能力欠如を理由とする公訴棄却の適否」ジュリスト 1505 号（平成 28 年度重要判例解説）192 頁
松本晶行＝石原茂樹＝渡辺修編集 1992『聴覚障害者と刑事手続』ぎょうせい
渡辺修　1998『刑事裁判と防御』日本評論社
渡辺修　2006『刑事裁判を考える』現代人文社

《欧文文献》

Blackstone, William, Sir.,1769. *Commentaries on the Laws of England*, vol. 4, Clarendon Press, Oxford. (A Facsimile of the First edition of 1765-1769, University of Chicago Press, 1979.)

Nussbaum, Martha C.,2011. *Creating Capabilities: The Human Development Approach*, The Belknap Press of Harvard University Press.

第9章

財政と福祉権保障

坂田隆介

はじめに

　生活保護法に基づく種々の保護は、本来、憲法25条に基づく国の責務であるが、実際の具体的な実施事務は法定受託事務として地方自治体の長に委ねられており、地方自治体も国とともに生活保護費の負担義務を担っている[1]。実施主体の問題と費用負担の問題は日本ではあまり関連付けて考えられていないが、生活保護が居所の如何を問わず等しく保障される必要のある最低限度の生活保障であり、その行政サービスは地域住民に最も近い地方自治体によって担われるのが望ましいということからすれば、生活保護費にかかる財源責務は福祉権保障にとって重要な論点といわなければならない。1980年代以降、国家財政の危機を理由に国庫負担割合の削減圧力は持続しており[2]、1985年の補助金一括法により80％から70％へ削減され、1989年には「国の補助金等の整理及び合理化並びに臨時特例に関する法律」によって75％に引き上げられたものの80％には戻されず、さらに2005年には三位一体改革の一環として75％から

---

1) 実際には、地方自治体の長が保護決定や実施事務を行うことは現実には困難であるため、その全部または一部を、長の管理に属する行政庁（福祉事務所）に委任されている（生保19条4項）。この委任に基づいて通常は、福祉事務所長が法律上の実施機関と同様の立場で、保護申請の受理、要保護者への調査、保護決定、被保護者に対する調査・指導、保護変更・停止・廃止などの処分を行う。

50％に引き下げる提案が厚労省からなされたところ、地方側から猛烈な反発があり激しい議論の末に結論は先送りとなった。[3]

　国と地方とでどのように財政責任の分配を行うかは、憲法論としては、さしあたり憲法25条と、地方自治の基本原則を定める憲法92条および地方公共団体の権能について規定する憲法94条に関わる問題を含むものといいうるが（尾形 2006：329）、中心となるのは憲法25条である。国と地方との財政責任の分配の問題は、給付水準そのものを取り上げるものではないが、「健康で文化的な最低限度の生活」の保障を実効あらしめる財源措置に関する問題であり、生活保護制度等、国民の最低生活ないし基礎的生活に関わる重要な施策については、国と地方との協働関係を前提にしたとしても、やはりそこには一定の責任分配にかかる限界を考えなければならない（尾形 2006：329）。多岐にわたる財政と福祉権保障の問題のうち、福祉権保障にとって基盤的制度である生活保護における国と地方との財政責任の配分のあり方を考察すること、これが本稿の主題である。

　この間の国の責任割合の削減が地方分権の流れの中で提唱されていることに鑑みて、以下では、90年代以来アメリカで生じている連邦政府から州政府への権限委譲の動きに対して批判的な考察を行っているデイビッド・A・スーパーの議論を主に参照しつつ、福祉政策の実施をめぐる中央政府と地方政府との

---

2) 1983年3月14日のいわゆる第二臨調の第五次答申（最終答申）が国庫負担割合削減の流れを加勢したと位置づけられてきた。これに対し、岩永理恵は、臨調最終答申の「生活保護費補助金」の「整理合理化の方策」は制度の適正な運営という観点から書かれているにとどまり、現在の通説に反して、臨調答申は国庫負担割合削減を提案していないことから、国庫負担減は国の財政問題が直接の原因として提案されたのであり、臨調答申に根拠づけられているとはいえないと指摘する（岩永 2011：228-230）。
3) 生活保護費の支弁・負担割合の推移は、池田＝砂脇 2009：164以下参照。三位一体改革をめぐる経緯について、京極 2008：44-55; 椎川 2005aなど参照。なお、地方負担分といっても純粋に地方の持ち出し分を意味しないことには注意が必要であり、生活保護費は地方交付税の基準財政需要額に参入されることを通じて財源確保が果たされるため、国庫負担割合が削減されたとしても地方交付税による財源措置がなされる点は無視してはならない。ただし、基準財政需要額は地方公共団体が実際に生活保護費に支出した額と一致するものではなく、地方の実情によっては一般財源決算額が基準財政需要額を上回り、その差額を地方が負担しなければならない事態も十分ありうる。国庫負担割合削減が地方への責任転嫁だと批判されるのはこのためであり、市長会は国による生活保護費の適切な財源措置を繰り返し求めてきた（上原 2013：6; 同 2014：22-23; 同 2014b：48; 星野 2009：42; 小西 2009：141-167; 指定都市市長会 2004も参照）。

財政責任のあり方につき検討を行う（Super 2005 : 2547）。アメリカは、連邦制である点、生存権条項を憲法典に持たない点など憲法構造上、日本と大きな違いがあるものの、合衆国全体として福祉政策を実現する上で連邦政府が「中央政府」としていかなる役割を、いかなる根拠に基づいてなしうるかという問題がむしろ鋭く問われざるをえない側面がある（尾形 2011 : 11, 20 ; 葛西 2011 : 82-83）。そのような中央政府と地方政府との財政政策上の連関、役割分担をめぐるアメリカの議論は、日本にとっても一定の示唆を得られるものと考えられる。

1 アメリカ財政連邦主義の機能不全

(1) アメリカ型福祉国家における財政連邦主義

福祉政策の分権化の動きはアメリカでも生じており、近年、多くの規制的・財政的権限が連邦政府から州政府へと移譲する動きが進められてきた。象徴的なものは、1996年のいわゆる福祉改革法（the Personal Responsibility and Work Opportunity Reconciliation Act of 1996）の制定である。これは、福祉政策としてこれまで重要な役割を果たしてきた被扶養児童世帯補助（Aid to Families with Dependent Children〔AFDC〕）を廃止し、現金扶助の受給期間を生涯5年に制限し、受給開始から2年までの間に職業教育・訓練への参加を義務付ける等さまざまな条件を課し、公的扶助を暫定的な扶助政策へと転換するものであった（Temporary Assistance for Needy Families〔TANF〕）。

州政府の権限を拡大させる姿勢は、連邦議会だけでなく執行部門および司法部門にも見てとれる。1996年福祉改革法が成立する以前から福祉政策からのウェイバー条項を広く州政府に認めていたことや、ブッシュ大統領がメディケ

---

4) Pub. L. No. 104-193, 110 Stat.2105, 2110-85 (codified as amended in scattered sections of 42 U.S.C.).
5) 1996年福祉改革法について、U.S. DEPARTMENT OF HEALTH AND HUMAN SERVICES Administration for Children and Families Office of Family Assistance, TEMPORARY ASSISTANCE FOR NEEDY FAMILIES PROGRAM (TANF) Eleventh Report to Congress ; Van Wiggeren1997 : 1327. 邦語文献として、根岸 2006 : 141-161 ; 藤原 = 江沢 2007 : 407-419 ; 葛西 2004 : 255-269 など参照。
6) ウェイバー条項とは、連邦政府が特定目的の定率補助金を交付する際に課す規定を、保険教育福祉省の長官の承認に基づき、放棄する制度であり、州政府にAFDCに関連する実験的プロジェクトを実施させる目的で1962年に導入された。根岸 2006 : 89-140。

イド、低所得者への住宅援助政策の一部を州が広く支配できるブロック補助金へと転換させる動きがそれである（Super 2005 : 2546-2547）。また合衆国最高裁判所は、レーンクィスト・コート期に州権の拡大化を志向する「新連邦主義」を反映した諸判決——連邦法に基づく訴えからの州の主権免責の拡大や修正10条に基づき連邦法が介入できない州の自律的権限領域に関する諸判決[7][8]——を下してきた[9]（Super 2005 : 2547-2548）。

　アメリカ連邦制のあり様は時代とともに変遷を見せているが、一般的には、憲法成立以来の伝統的な「二元的連邦主義（dual federalism）」の時代が1930年代まで続いた後、ニューディール期に連邦政府の役割が飛躍的に拡大し、その後「協調的連邦主義（cooperative federalism）」の時代になったと把握されている。そして1960年から1980年までに「協調的連邦主義」が完成すると同時に、1960年代後半の「偉大な社会」計画を契機に財源面でも政策内容でも連邦政府の主導権が際立つようになり、次第に「強制的連邦主義（competitive federalism）」へ変容してきた（Kincaid 1990 : 139; Rivlin 1992 : 82-100）[10]。

　アメリカ連邦制財政システムの特徴は、本格的な財政調整制度が定着しなかったところにある（小泉 2004）[11]。財政調整制度は、全国的に必要な行政の水準を保障するために、中央政府が地方の財源不足分を一般財源として補填するものであり、「国民は、居所の如何を問わず等しく生存権を保障される」という、

7）　主権免責に関する判例として、Alden v. Maine, 527 U.S. 706 (1999); Kimel v. Florida Board of Regents, 528 U.S. 62 (2000); Board of Trustees of the University of Alabama v. Garrett, 531 U.S. 356 (2001).
8）　修正第10条に関する判例として、New York v. United States, 505 U.S. 144 (1992); Printz v. United States, 521 U.S. 898 (1997). もっとも、Reno v. Condon, 528 U.S. 141 (2000) は、運転免許者の情報を州が提供することを禁止した連邦法に対して Printz 判決を適用できないとして、修正第10条違反の主張を退けている。
9）　主権免責および修正第10条のほかに、州際通商条項の権限範囲を限定する動きも指摘されている。United States v. Lopez, 514 U.S. 549 (1995); United States v. Morrison, 549 U.S. 598 (2000); NFIB v. Seberius, 567 U.S. 567 (2012).
10）　アメリカ政府間財政関係の変遷に関する邦語文献として、古川 2000 が詳しい。また片桐 2005 : 21頁以下も参照。片桐の整理によれば、80年代以降は「強制的連邦主義」と同時に「自活的連邦主義（fend-oneself federalism）」や「競争的連邦主義（competitive federalism）」への移行も認められるという。
11）「財政調整制度なき国家」という点が、他の先進連邦制国家——カナダ、ドイツ、オーストリア——と大きく異なる特徴である、と小泉は指摘する。

福祉国家を支える基本的なイデーを実現するための要というべき制度である（林 1992：246；小泉 2004：3）。アメリカの政府間財政関係は基本的に連邦補助金に限定され、各州が自己財源によって自律的に運営することを前提としている点で、地方交付税が主要な役割を果たす日本の政府間財政と著しい対照をなしている。[12]

財政調整制度の不存在は、アメリカ型福祉国家の背骨であるハイエク的自由概念の反映だと評されている（渋谷 2006：8）。中央政府の権力に対する制御とチェックとを通して各地域の自律と自助という高い価値を護るという、アメリカ・モデルにおける重要な価値を護るために分権的な連邦制を徹底し、あえて財政調整制度を拒み続けているところにアメリカ型福祉国家の特徴があるというわけである。[13] このようなアメリカ型福祉国家観によれば、財政や税制に関わる意思決定が連邦政府に委ねられるのは極めて限定された場合となり、それは「アメリカの分権主義的な経済社会において州・地方政府側における自治に置く大きな価値を部分的に放棄してまでも、連邦政府に委ねる必要があるのかどうかが、重要な判断基準」になる（渋谷 2006：10）。その意味で、レーガン政権以降の州政府への権限委譲の動き——第一に個人の主体的な自己責任の基盤となる就労を促進・誘導する条件が強められ、第二に連邦政府から州政府への補助金が、エンタイトルメントを伴った使途が特定された定率補助金から、州政府側にプログラム設計に関する裁量性を増加させる包括補助金へと転換された——は、「アメリカ的な自由主義と連邦制の再確認および復活」をめざすアメリカ的特徴を強める揺り戻しと捉えることができると指摘されている（根岸 2006：1-9）。

ところが、このような最近の動きに対して、デイビッド・A・スーパーは、

---

12) 連邦補助金から見たアメリカ連邦主義の変遷につき、加藤 2006：52-64。ニクソン政権期に導入され、レーガン政権によって廃止された、「一般歳入分与」というアメリカ史上唯一の財政調整制度につき、古川 2006：151 以下参照。
13) また渋谷は、財政調整制度の不在につき、「保守派の論理が背骨となってアメリカ連邦制が構築されており、日本の地方交付制度のような財政調整を明示的な目的とする制度が存在せず、それぞれの政策目的で正当化される連邦補助金が、結果的に各州における財政格差を是正できるか否かという問題設定で論じるところに、アメリカ・モデルの特徴があらわれているともいえよう」とも指摘する（渋谷 2006：8）。

そもそも連邦制度とは何のために存在するのかについての一貫した理論的考察が欠落していると批判する（Super 2005 : 2548-51）。連邦制度に関する理論的基盤がなければ、どの権限を、どの程度移譲すべきかを判断することができない。スーパーによれば、従来の連邦制をめぐる議論は、規制権限に関する連邦主義（regulatory federalism）と財政関係に関する連邦主義との区別が十分になされていないため、後者の財政関係に関する連邦主義――財政連邦主義（fiscal federalism）をめぐる問題を適切に理論化できていないという。現在の財政連邦主義における重要な問題は、福祉給付政策の責務を連邦政府から州政府へと移譲する動きであるが、スーパーは、州政府は福祉政策を有効に実施できない強力なバイアスを予算構造に抱えているため、安易な移権限移譲は財政連邦主義を機能不全に陥れるものであり、政策選択として的外れであると指摘する。次元の異なる二つ政府に効率的かつ効果的に責務を担わせるためには、財政政策をめぐる連邦政府と州政府との関係につき、より理論的に洗練されたモデル――「新たな財政連邦主義（New Fiscal Federalism）」を展開することが重要であると述べる。

　以下、現在の連邦財政主義が機能不全に陥っている要因は何であるか、それに対する処方箋としてスーパーが提示する「新たな財政連邦主義」とはいかなるモデルであるのかについて、それぞれ概観する。

(2)　州予算構造が抱えるバイアス
(a)　州予算と景気循環

　連邦政府と異なり、ほとんどの州政府は均衡予算要求を法的義務として自らに課している。均衡予算要求とは、州予算を予算サイクルの様々な時点で、公債発行に頼らずに財政を均衡させるルールである（小泉 2004 : 191-224）。州憲法や州法に規定している州や、明文規定がなくとも債務に関する憲法や州法の規定の解釈から導く州もあり、すべての州で統一的に運用されているルールではなく、要求される「均衡」の厳格度は州によって多様である。共通しているのは、均衡が要求される「予算」が経常予算（operating budget）である一般会計基金のみに限定され、資本事業予算は含まれないという点であり、そのため実際上「均衡」が要求される予算規模は州政府予算全体の 50％から 60％にとど

まっているといわれている。均衡予算要求の違反に対する法的制裁は存在しないが、翌年の会計年度への債務繰越が禁止され、州政府の起債を制限し赤字ファイナンスの予防として機能している。

均衡予算要求の下では、州政府は、景気循環の影響を緩和するケインズ主義的な経済政策を適切にとれず、景気循環的政策を採用する傾向が強まることが一般に指摘されている（Super 2005 : 2605-2614; 小泉 1999 : 944-945）。均衡予算への配慮が不要となる好況期に減税および支出増によるさらなる景気刺激策をとり、不況期には増税および支出減による緊縮財政政策をとるという、景気の安定化に逆行する財政行動をとる傾向があるからである。このため、不況期に高まる福祉給付の需要に対する積極的な財政出動が、均衡予算のルールによって妨げられる結果となる。

(b) **州予算手続におけるバイアス**

また州の予算手続には、福祉プログラムの財源確保を困難にする重大なバイアスが存在しているため、福祉プログラム実現に向けた政治的支持と不釣り合いなほどのわずかの基金しか確保されないということが指摘されている。

---

14) 経常予算には、職員の俸給、地方政府への補助、医療および福祉給付その他の毎年繰り返される支出項目が含まれる。他方、資本事業支出には、主に土地、ハイウェイ、ビル建設などであり、債券発行によって財源調達される（Super 2005 : 2624-2626）。
15) 一般会計基金すなわち経常的な事業予算に対して記載を制限する仕組みであり、日本の自治体予算でいう「赤字地方債」発行に対する法的制約に相当する（小泉 2004 : 193）。
16) もっとも、片桐は、州・地方政府が景気安定に逆行的な景気循環順応的な行動に出るという考え（「ハンセン＝パーロフ説」）についての実証研究からすると、1920年代から30年代において、州・地方政府が景気循環に対して順応的な財政行動に出ていたが、第二次大戦から70年代までは、むしろ財政行動は反景気循環的であったことを指摘する。80年代以降、80年代初頭と90年代初頭の不況期において州・地方政府は支出削減をし、増税をはかるという景気循環に順応的で、経済安定化に逆行する財政行動に出たことで、「ハンセン＝パーロフ説」の復活が見られたという。ただし、20年代30年代と異なり、扶養児童世帯への公的扶助（AFCD）やメディケイドといった福祉政策実施が州・地方政府の役割とされている80年代以降にあっては、不況期においてもその支出等は抑えがたく、結果的にこれらの財政出動が反景気循環的に作用し、経済の安定化に貢献していた。その意味で、片桐は「ハンセン＝パーロフ説」の「部分的復活」にとどまるという（片桐 2005 : 391-429）。この点、スーパーが州政府による景気循環順応的な財政行動の例として挙げるのは、1982年から1984年に実施された増税、1990年から1992年に実施された増税であり、片桐のいう「部分的復活」の時期を念頭に置いているようである。さらに、1995年から2001年までの好況期における減税、その後2001年の不況期の増税も挙げている（Super 2005 : 2609-2010）。

一つは、多くの州憲法が、景気循環対策とは直接関係しない特定の公共サービスに対する優先的支出を規定していることである。たとえば、公教育への支出、地方政府への一定水準の補助金支出、刑事裁判政策などであり、これらの支出が憲法上優先的地位を付与されている場合、低所得者層に対する福祉プログラムの財源が犠牲とならざるをえない（Super 2003：2615-2617）。

　また、教育やインフラ整備といったある種の支出プログラムのために充当される特別目的基金（dedicated funding streams）や特殊課税（special assessments）の存在が、低所得者層向けの福祉プログラムへの圧力になることが指摘されている。特別目的金や特殊課税は、市民にとって直接的もしくは極めて広範に恩恵をもたらす公共活動のために向けられるものであるため、低所得者のみを対象とした福祉プログラムに資することはほとんどなく、むしろ福祉プログラムへの支持を弱体化させることになるのである（Supere 2005：2617-2620）。

　さらに支出の方法や時期をめぐる予算手続上の問題も指摘されている。

　まず、財源獲得競争において低所得者プログラムが抱える不利な地位である（Super 2005：2621-2623）。不況期に支出削減を迫られる場合、支出プログラムのうち、支出額が長期——数ヶ月あるいは数年——にわたって分散的に予算計上されるプログラム（Slow-Spending Program）よりも、当該会計年度に直ちに支出され予算計上されるプログラム（Fast-Spending Program）の方が削減対象とされ易い。福祉権保障にとって問題なのは、多くの低所得者向け給付プログラムがFast-Spending Programであるという点にある（Super 2005：2623）。福祉給付はニードが特定されれば直ちに支出されなければならず、給付実施を延期して次年度に支出を繰り越すといったことはおよそ正当化されない。これに対して、Slow-Spending Programは支出総額を将来世代へ分散的、かつ定額の負担で転嫁させる効果を有するため、不況期における支出削減の影響をほとんど受けない[17]。かくして、低所得者向け給付を多く含むFast-Spending Programには、不況

17）　たとえば、現物給付は、サプライヤーが州政府へ請求書を送付し、償還されるまでの時間差がある。また、新職員の配置や新給付プログラムに要する費用は、各職場への配置・就任、新プログラムへの申請の受付など一定の時間を要する。より典型的な例は、複数年にわたる建設事業であり、その初年度には設計研究など、総費用のわずかだけが予算計上されるにとどまる（Super 2005：2622）。

期における削減圧力がより強くのしかかることになる。

　また、一定の支出負担を将来へ転嫁することを可能にするいくつかの仕組みのために、州予算の柔軟性が長期的に奪われているという問題が指摘されている（Super 2005 : 2624-2626）。支出プログラムのうち、法的に削減不能とされているものが一定存在するという点である。その中心は、均衡予算要求が適用されない資本事業のファイナンスとして行われる債券発行であり、前述の通り資本事業は均衡予算の制約を受けないため、資本事業における支出事業や減税は将来の景気後退にほとんど影響されることなく、将来の会計年度に支出の大部分を転嫁させる効果を持つ。このため、資本事業の財源確保を起債によって賄うことへの強いインセンティブを政策立案者に与えており、その継続的な費用償還の支出の犠牲を福祉給付プログラムが被る格好となっている。[18]

　あるいは、企業誘致のための減税といった優遇政策を行えば、事後的にそれを廃止することは事実上極めて困難であるため、州政府の歳入構造への長期的な制約になる。さらに租税優遇措置の恩恵を受ける経済活動に従事できるのは、事実上、富裕層に限られている。結果として、低所得者を対象にする福祉プログラムは、資本事業や租税支出といった富裕層へ恩恵を及ぼす支出と競合する場合、削除の対象とならざるをえないという不利な地位に立たされることになる（Super 2005 : 2625-26）。

　さらに、均衡予算要求の下では減税圧力が継続し、景気循環に感応性の高い税の占める割合が高くなる傾向になる。[19] その結果、州全体の税制は景気循環への感応性がより高められることとなり、いっそう景気循環に敵対的な財政行動に出る要因が強まる。問題を深刻化させているのが、70年代半ばから広まった減税運動の動きであり、コロラド納税者の権利章典（Colorad's Taxpayers' Bill

---

18) 同様の効果は、たとえば州政府の事務所建物のような必要な資産を売却した上で借り受けることで、将来へそのリース費用を転嫁させるということでも行われる。また、州政府は、裁量的支出を契約に編入することで、それらに憲法上の地位を付与することができる。州政府が私人との間で将来に支払いを行う契約を締結すれば、州政府が当該事業への関心を失った場合でも、これを履行しないことは契約条項（the Contracts Clause）によって禁じられることになる。
19) 財産税は、所得税や売上税に比べて相対的に不況期における租税負担感が納税者に重くのしかかり、家に住み続けるためには納税を回避できないといいたことから、不況期には財産税の減税圧力が高まるという（Super 2005 : 2637-39）。

of Rights〔TABOR〕)に典型的に見られる州政府の課税権に対する制約である[20]。これは課税や支出のベースを前年度の水準に置き、インフレや人口増によって調整するというもので、好況期にインフレや人口以外の要因で歳入が増加する場合には歳入上限のある他の州と同様の減税が要求される。減税により縮小した歳入が翌年度以降のベースとなるため、不況期に議会が積極的に増税を行わない限り、景気循環を経るたびに州政府の歳入は劇的に減少していくといわれている（Super 2005 : 2638-2639)。

(3) 連邦議会と連邦最高裁による州政府課税権への侵害

上記で見た州政府の予算手続に見られるバイアスに加えて、連邦議会および連邦最高裁によって州政府の課税権限が侵害されているとスーパーは指摘する。以下、順に概観する。

(a) 連邦税法と州税法との連関

各州は独自の課税権限に基づき課税制度を構築しているが、そのほとんどが連邦課税制度と密接に関連し、協調する仕組みとなっている。調整後総所得や資産価値のような重要な概念を連邦税法の定義に合わせ、低所得労働者の勤労所得控除を連邦勤労所得控除の割合として定義するなどして、多くの州の所得税・法人税の課税ベースが連邦税に連関させて設定されている。連邦税制度との関連性を持つことは、納税者にとっては州税制度を順守するコスト削減となり、州にとっては納税者の法令順守を促す効果を得られるばかりでなく、州が他の領域における独自の優先事項を追求する余地を拡大させることにつながるメリットが指摘されている。

このような連関が存在するため、連邦税の課税ベースの構造に変更が加えられると、当然それに連動して州政府の歳入が影響を受ける。たとえば、1986年のレーガン政権期における税制改革法[21]により、多くの連邦税額控除や他の優遇税制が廃止された結果、連邦税制に準拠していた州には大規模な歳入増がもたらされた[22]。またブッシュ政権下で断行された財産税の減税および調整後総所

---

20) COLO. CONST. art. X , §20.
21) Pub. L. No. 99-514, 100 Stat. 2085.

得からの様々な投資収益の除外によって、州の財政危機が極めて深刻化したこともよく指摘されている（片桐 2005：230）。その際、州政府は、短期的には低所得者へのプログラム支出の削減によって、長期的には必要な財源を確保するため連邦政策から所得税および財産税政策を切り離すことによって、深刻な歳入減に対応した。連邦税制が変更された結果として、課税政策における連邦─州の協調関係を導いてきた重要な理念が、大幅に掘り崩されてしまったのである（Super 2005：2596-2598）。

(b) 連邦法による先占

また連邦議会が租税分野で州法に先占する連邦法を制定し、州・地方の課税権限を直接的に侵害する動きを見せていることも指摘される[23]。スーパーが強調するのは、インターネット販売税に対する連邦政府の介入である（Super 2005：2595）。1998年に制定されたインターネット課税停止法は、州がすでに行っていた課税を除き、3年間インターネット取引に対する州政府の課税を広範に禁止した。その後、2004年インターネット課税被差別法、2007年インターネット課税停止修正法などを経て、2016年2月に貿易円滑化及び貿易執行法（Trade Facilitation and Trade Enforcement Act of 2015）の成立により恒久化されている[24]。インターネット販売の拡大は州歳入の大部分を占める店舗販売を犠牲にして成り立つものであるため、インターネット販売への課税禁止は州政府にとって大きな歳入源の喪失であり、財政上深刻な打撃となっている。さらに、州・地方政府が地方の長距離電話サービスへの課税から得ている歳入も、サービスのインターネット化が進むことで喪失する問題が指摘されている（Super 2005：2595-96）。

---

22) 1986年連邦税制改革については、渋谷 2005：11以下、特に43-92参照。片桐 2005：90-104も参照。

23) 主だったものに、1959年制定のPub. L. No. 86-272、1996年制定の州・地方政府による非住民の年金所得課税禁止法、1976年制定の4-R法、1998年制定のインターネット課税停止法（The Internet Tax Freedom Act）等がある（片桐 2005：154-146; Lav 2003）。なお、インターネット課税停止法は、2015年にTrade Facilitation and Trade Enforcement Actとして恒久法化されている（Pub. L. 114-125.）。

24) Pub. L. No. 114-125（02/24/2016）.

(c) 休眠的通商条項の法理

インターネットによる遠隔地販売に対する州政府の課税権限を制限することは、連邦最高裁の判例法理によっても追認されている。連邦議会は州際通商条項の下で州際通商に対する広範な権限を有しているところ、積極的に先占する連邦法を制定していない場合——休眠している場合であっても、通商条項の消極的効果として州法が無効とされる場合がある。いわゆる休眠的通商条項の法理（Dormant Commerce Clause）であり、典型的には、州外の通商への差別的・保護主義的な規制、または州際通商の自由な流通に過度な負担を課す規制と見なされる場合に、州際通商条項違反として州法が違憲無効とされる。州際通商に対する州政府の課税権行使が認められるためには、1977年 Complete Auto Transit, Inc. v. Brady 判決で示された4基準——当該課税が、①当該州との間に「実質的な関連」（substantial nexus）のある行為に適用されるものであること、②公正に割り当てられたものであること、③州際通商に対して差別的でないこと、④提供されるサービスに公正に関連していること——を満たすものでなければならないとされている。[25]

このように州際通商に対する州政府の課税権限の問題は、州際通商に不適切な負担を課しているかどうかを審査するものであるところ、スーパーは、この基準は州内および州外企業に対する相対的な負担についての極めて複雑かつ主観的な審査を裁判所に求めるものであり妥当ではないと批判する（Super 2005：2598-2603）。たとえば、最高裁は、州内企業にのみ恩恵を与える支出プログラムは憲法上認められるとする一方で、それと同額の税額控除は、まったく同等の経済的恩恵を与えるものであるにも拘らず許されないとの判断を下している（Super 2005：2599）。[26]また、遠隔地電子商取引を行う州外企業に対する使用税（州間取引にかかる売上税）徴収の強制が争われた事件において、最高裁は、①の「実質的な関連」が認められるためには、対象とされる企業が当該州内に「物理的実体」（substantial presence）を有していなければならないとの判断を下した。[27]こ

---

25) *See* Complete Auto Transit, Inc. v. Brady. 430 U.S. 274 (1977). 1977年以来、合衆国最高裁判所はこの4基準を用いて休眠通商条項の適合性審査を行っている。
26) *See* New Energy Co. of INd. v. Limbach, 486 U.S. 269, 278 (1988). このような優遇税制と直接支出との区別を批判するものとして、Zeilinsky1998：399.

の判例法理に従えば、インターネット販売がますます拡大するにも拘らず、州政府はこれを税源として確保することができず、同時並行して「物理的実体」を備えた州内企業が減少してゆくため、州政府の歳入状況をさらに悪化させることになる。

2　新たな財政連邦主義

(1)　協調的財政連邦主義の三つのモデル

　以上のような機能不全状態に対して、いかなる財政連邦主義を構想すべきであるのか。スーパーによれば、連邦政府の州政府との協調的財政関係は一般的に以下の三つの基本的モデル――「補償モデル（the compensatory model）」、「優越能力モデル（the superior capacity model）」、「リーダーシップモデル（the leadership model）」――を反映しているという。これらのモデルは、これまで展開してきたアメリカ財政連邦主義のあり様を説明する視角ともいうべきものであり、ある財政関係を説明する際に必ずしも相互が排他的関係に立つというわけではない。しかし、景気循環対策や福祉政策の実施につき、より適切かつ効果的な責任分配をなしうるためには、「優越能力モデル」に従って財政連邦主義を構築すべきであるとスーパーは主張する。[28]

　まず「補償モデル」に基づけば、連邦政府はその活動によって州政府に直接的に負担させる費用、もしくは主に連邦政府の政策統制内に含まれる活動領域から生じる費用を州・地方政府に補償するというものである。連邦政府の諸活動が州・地方政府に消極的な外部効果を及ぼすという問題は、特に第二次世界大戦後に顕在化し、州・地方政府の費用負担を連邦政府により補償する動きをもたらした。もちろん何が補償を要する負担かどうかが大問題ではあるが、「補償モデル」は主権の二元性を強調し、州政府自身の政策実行能力を阻害しないよう、連邦政府の活動範囲を州政府に課すことのできる費用の範囲内に限定しようとする考えに基づいているとされる。

---

27)　*See* Quill Corp. v. North Dakota, 504 U.S. 298, 313（1992）.
28)　以下の説明につき、Super 2005：2571-2579.

「優越能力モデル」は、連邦政府は強力な財政資源を有しているため、州が自身では対応困難な問題を抱える場合には、財源を与え、援助することが要請されるという考えである。1930年代以前は、社会的支出に対する責務のほとんどは州政府や特定の地方政府に委ねられていたが、ニューディールを期に大転換し、景気循環対策的な援助の提供は連邦政府の新たな責務と考えられるようになった。州・地方政府が失業者の深刻な困窮に全く対応できなかったため、連邦政府が積極的に全国的な福祉政策の立案に乗り出すようになり、「優越能力モデル」が台頭したのである。このように、連邦政府が優越的な財政能力を持つこと——より大規模かつ効果的な歳入基盤、事実上無制限の借入能力、圧倒的に優越した経済規模——に、協調的財政連邦主義の基盤を求める考えが「優越能力モデル」といわれる。[29]

「リーダーシップモデル」は、連邦政府は、自身で判断するところの国家的に優先すべき特定の類の諸活動に対して財政資源を活用できるとする考えであり、州政府や地方政府による関与の是非、関与の仕方についての選択を連邦政府自身が行うとするものである。連邦政府の政策立案者は、州政府が評価し損なうであろう問題の重要性を自身の全国的視野によって認識できるという信念の下、州政府の参加協力をしばしば要請することになる。「優越能力モデル」と同じく大恐慌、ニューディールがもたらした財政構造の変革によって展開されたものである。[30]

このうち「補償モデル」は、それを全面的に適用することは財政的に不可能であること、連邦政府による補償に基づく協調的財政連邦主義を維持させるには、州政府への補償に対する連邦政府の政治的コミットメントを長期的に同一水準で保つ必要があるが、それは現実の政治過程において極めて困難な期待で

---

29) もっとも、ニューディール立法を支持する哲学的合意は比較的限定されたものでしかなく、福祉給付の責務を連邦政府が包括的に引き受けるというまでには至らなかった。その結果、たしかに第二次世界大戦後以来、連邦政府の租税および支出政策は所得や富の再配分の主な手段を担ってきたが、その役割はレーガン政権以来、攻撃の的にされており、実際、90年代半ば以降に州に対する連邦の財政責務の移譲の矢面に立たされてきたのは、まさにそのような再配分政策である。
30) 「リーダーシップモデル」も「優越能力モデル」と同様に、州に対して支出政策に対する裁量を相当程度残したものであったといわれている（Super 2005：2577-2579）。

あることなどを理由に、補償を基盤に財政連邦関係を構築することは安定性に欠けるとされる。

　他方、「リーダーシップモデル」は、州政府に一定の協力を求めつつ連邦政府が積極的な役割を果たすこと基礎づける上で魅力的なモデルであり、実際に連邦政策の多くがリーダーシップモデルに基礎づけられてきた。しかし、二元的主権体制の連邦制度の下で、全国的な視野から推進すべき政策選択を連邦政府が主導する根拠自体にそもそも問題があると、スーパーは指摘する。主権を有する州政府は、導かれる存在ではなく自ら導く存在のはずであり、ある政策が一般的に重要だと見なされるとしても、それを採用するよう州政府を説得すべきであると連邦政府が判断する根拠は何であるのか。この問題に「リーダーシップモデル」は有効に対処できないという。結局のところ「リーダーシップモデル」に従えば、州政府が連邦政府との協調──一定の領域における連邦政府のリーダーシップの発揮──を受容する限りにおいてのみ関係が維持されるにすぎず、ひとたび連邦政府への不信が高まれば、連邦政府がリーダーシップを発揮する正当性は脆く崩れ去ることになる。

　これに対し、「優越能力モデル」であれば、連邦政府が主導してきた方向性の支持が失われた場合であっても、従前の政策が廃止されることを回避しうるという。「優越能力モデル」によれば、連邦政府の積極的な役割を果たす根拠は、そのリーダーシップにではなく、財政上の優越的地位に求められるため、当該政策に対する州政府の受容や連邦政府のコミットメントといった主観的な事情は問題とならないからである。連邦政府は州・地方政府に比して圧倒的な財政能力を有するがゆえに、全国的な福祉政策を実施する責務を引き受けなければならないとされているのである。また、「リーダーシップモデル」によれば、連邦政府によるリーダーシップの正当化根拠を、州政府が適切な判断をなしえず連邦政府からの指導を必要とするところに求める以上、州政府に対して政策実施に関する強制の度合いが比較的強いものが想定される。他方「優越能力モデル」は連邦政府の財政上の地位に介入の根拠が求められるため、政策実施に課される条件は州政府が負担する財源を確保するのに十分な程度に限定されるのが一般的となる。

　したがってスーパーは、連邦─州政府間の協調的財政関係を持続的に構築す

る基礎付けとして、「優越能力モデル」が最も有望であると結論づける。ところが現実の多くの政策が「優越能力モデル」の基本的前提と根本的に調和しない形で設計されているため、連邦財政主義が適切に機能していないという。そこで以下では、スーパーが提示する「優越能力モデル」に基づく協調的財政連邦主義――「新たな財政連邦主義」について簡単に見ていきたい。スーパーは「新たな財政連邦主義」の構築に向けた処方箋を詳細に検討しているが、基本的な枠組みは、州政府の財政能力を改善すること、それと同時に連邦政府が中央政府としてより積極的な役割を果たすことを求めるものといえる。

(2) 州政府予算構造の改革

　均衡予算要求によって州政府の財政行動が強く規定されているものの、スーパーは、均衡予算要求はなお維持すべきであり、問題は近視眼的にではなく長期的な財政規律を維持しながら、いかにして景気変動に対する州予算の感応性を軽減するかという点にあるという。

　第一に、不況期における公共プログラムの財源確保を、起債や緊急時の補填用基金（雨天気金 rainy day fund）によって賄えるようにすることである[31]。これによって不況期に入り失業率が一定程度上昇した場合には起債制限を緩和し、経済状況が改善すれば再び厳格化することで柔軟な財源確保手段を保障することによって、現在の起債制限の不透明な回避手段の制限を明文化できる上に、好況期における浪費を防ぐことにもつながる。また、雨天基金強化のため、基金の出入を均衡予算要求の対象から除外し、州法により、景気状況に応じて一定の金額を基金に充当することを義務付ける。それによって一定の景気循環対策となり、好況期における不必要かつ負担しきれない支出プログラムや減税のための浪費を軽減することにもなるという。

　第二に、資本事業についての起債制限である。資本事業の財源を経常予算内に組み入れることで、負債の将来世代へ転嫁することを阻止し、事業実施に最適な財政健全期に財源確保することを促す効果が期待できる。また、後の経済

---

31) 雨天基金とは、不況期の財政難に備えて、好況期に増えた税収を積み立てる財政安定化基金のことをいう。1980年代前半の不況期の行動の反省から各州に急速に広まったといわれている（片桐 2005：423-425）。

危機を悪化させる不相応な減税を好況期に行うインセンティブを軽減することにもなり、結果として福祉政策への削減圧力の緩和につながるという。

　第三に、均衡予算を、現実に財源移転を伴う「支出 (outlays)」ではなく、支払の責務が発生するにとどまる「予算権限 (budget authority)」を含めて、均衡を要求するルールとして採用することである。Fast-Spending Program である福祉給付に対する削減圧力の要因となっている Slow-Spending Program の抑制のためには、将来の支出へのコミットメントを含めて予算均衡を要求しなければならないからである（Super 2005 : 2627-28, 2644-46）。

　第四に、連邦税制度と収税制度との関連を確立することである。連邦税制度と州税制度との連関は安定的に維持すべきであり、そのためには連邦政府としては州政府に不測の歳入減をもたらさないよう、連邦税の減税は課税ベースではなく、税率の変更によって行うべきであるという。連邦議会がこの問題に無関心であれば、州政府は連邦税制度から離脱せざるをえなくなり、協調的な財政関係を破壊してしまうことになる。

　第五に、予算の透明性を向上させることである。多くの州では、過去、現在および提案中のあらゆるプログラムの支出についての明確かつ詳細なステイトメントを必要としていない。そうではなくて、州予算分析は主要な課税や支出の提案について、その評価を準備し提示すべきであり、楽観的、悲観的、その中間的な見通しとともに、それぞれが根拠とする前提を説明しなければならない。将来への費用転嫁が過度になされることを防ぐために、これらの評価は10年間のスパンで行われることを要する。必要なニーズを反映して予算のベースラインを設定することで、単純な前年度予算の踏襲や全般的な歳出削減を阻止し、より現実的な評価に基づく予算設計を期待できるようになるという。

　以上のように、可能な限り州予算過程に埋められたバイアスを除去し、財政の健全性を高めるとともに、景気循環対策的政策を採用するよう向かわせることが、アメリカ財政連邦主義の改善に向けた第一の柱とされる。

(3) 連邦政府の役割

　第二の柱は、連邦政府の役割の再考であり、それは連邦支出政策の再構築と、州政府の財源獲得能力の確保に求められる。景気循環対策政策、特に低所得者

への給付を安定的に維持できない州政府の財政上の限界のために、連邦政府には二つの課題が突きつけられる。一つは、州予算政策の効果を埋め合わせる追加的な景気刺激策——特に低・中所得者への給付政策——を実施すること、もう一つは、州政府に予算サイクルの悪化による混乱や浪費に陥ることなく、財政政策を選択し実施できる能力を獲得させることである。

　第一の点につき、スーパーは、「優越能力モデル」に基づき、支出プログラムにおける連邦政府の役割を改めて措定する。州政府の財政上の限界、特に不況期における限界を考えれば、連邦の政策立案者はすべての景気循環政策に対する完全な責務（full responsibility）を負うと想定すべきであるという（Super 2005 : 2649）。理想的には、州政府が当該プログラムを運営し、その実施費用の半額を拠出することを通じて、州政府による関与を維持し、地域的特性に応じた広範な政策設計権限を与えることだとされる。連邦政府が州政府を全面的に財政援助する用意がない場合には、他の非景気循環対策を犠牲にしてでも景気循環対策の財源が確保されなければならない。

　また、福祉プログラムの実施に州政府を関与させ続けるために、連邦政府は景気循環に応じてマッチング率を調整すべきであるという（Super 2005 : 2649-2650）。好況期・不況期を通じて一定のマッチング率を維持するのではなく、不況により失業率が上昇した場合にはマッチング率を緩和し、景気が改善すれば半分もしくはそれ以上のマッチング率を負担させるなどの運用をスーパーは提唱する。このように景気循環に応じて調整することで、景気安定化に逆行する財政行動を抑止することが期待される。

　そして、州政府が景気循環に対する財政政策の適切な実施が困難であるため、連邦政府は景気循環対策を迅速に提供する制度を強化しなければならない。不況に陥ってからの対応ではタイミングを失するため、不況に陥れば自動的に州政府に援助を行えるような仕組みを常設する必要性をスーパーは指摘する（Super 2005 : 2650）。

　第二は、州政府の財政政策に対して過度の負担を課さないことである。上記の通り、連邦税と州税との連関を安定的に維持するために、減税は税率の変更によって行うべきだと主張する。また、インターネットを通じた経済活動に対する連邦政府の積極的な介入は、州政府の歳入を大きく侵害するものであり慎

重な配慮が求められるという（Super 2005：2650-2651）。

　さらにスーパーは、合衆国最高裁による休眠的通商条項の運用に対しても再考を求める。休眠的通商条項の法理を適用する場合であっても、連邦議会がインターネット販売等に対して広範囲に及ぶ規制に乗り出している状況に鑑みれば、連邦議会が介入にしていない領域については、連邦議会は州の自由に委ねる意図であったと合理的に評価できるのであって、現在のような積極的な無効判断は不適切だと批判する（Super 2005：2651）。

　また、そもそも休眠的通商条項に対しては、憲法上そのような法理を採用すべきでないという原理的な批判も少なくない。州際通商の規制権限は連邦議会に付与されており、連邦議会が沈黙しているにも拘らずその意図を推定して州法を無効にすることは、裁判所による政策形成にほかならず、それ自体民主的統治の原理と整合するかという問題がある。また、連邦法が最終的に制定されるまでの立法手続の困難さは、連邦政府による州への介入に対する障壁として憲法上構造化されたものであり、それを明文根拠のない休眠的通商条項なる法理によって裁判所が容易に覆すべきではないという指摘もある（Redish & Nugent 1987：592-594）。休眠的通商条項の法理は、権限の構造的配分の重要性を無視するものであり、合衆国憲法に明確に示された慎重な連邦主義の均衡を様変わりさせることになると批判されている（Mcginley 1992：453-456）。

　さらに休眠的通商条項の法理に基づき州法を積極的に無効とする態度は、他の憲法法理と平仄が合わないという批判もある（Super 2005：2600-03; Mcginley 1992：431-437）。休眠的通商条項によって保護される利益は、自由な通商活動という営利的利益であるが、これは実体的デュープロセスや平等審査において最も緩やかなレベルの審査を受ける範疇に属するはずであるところ、なぜこれが通商条項を介することで厳しい司法審査を受けるようになるのか。[32] 全国的に自由な通商を手厚く保護すべきであるというような、司法府がもつ特定の信念を立法政策に注入することは、憲法が定めた民主主義の構造的保護の性質に真

---

[32] マクギンリーは、かつて合衆国最高裁裁判官ブラックが、ある事件の反対意見の中で、休眠的通商条項の法理には、ロクナー的実体的デュープロセス論を駆り立てていた裁判所の図々しさと同じ特徴が見てとれると述べていたことを指摘する（Mcginley 1992：436-437, 453. *See*, Southern Pacific Co. v. Arizona, 325 U.S. 761, 789（1945）（Black, J., dissenting）.

っ向から反すると批判されている。

　あるいは、人、資本、財の可動性が著しく増大している時代に、休眠的通商条項の法理のいう州内企業と州外企業との峻別は、市場に対する不必要な抑制であり、時代遅れとなっていることも指摘されている（Super 2005 : 2602）。いまや多くの州政府が、当該州内における経済活動を活性化させるため、州外企業の誘致策として数億ドルの税制上の優遇措置を講じる等のビジネス環境の整備を行っており、州間における租税競争が進んでいる。州政府の通商政策は、州際通商市場における州外企業の監視にさらされた状態にあり、したがって、休眠通商条項の法理が想定する前提――州政府は州外企業に対して保護主義的・差別主義的政策を採用する傾向にある――は、少なくとも課税権限の領域では実態に適合していない、過度に単純化されたものである。最高裁は、文面上中立的な州政府の歳入ルールを規制するため、複雑かつ分析的に説得力のない試みを放棄すべきであるとスーパーは批判する（Super 2005 : 2651）。

(4)　小　活

　以上のようにしてスーパーが試みているのは、二元的主権体制に配慮しつつ、連邦政府の積極的な役割を正当化しながら、なお州政府にも相当の役割を担わせ、かつそれらを安定的に持続・機能させるための理論枠組みの構築といえる。連邦政府が積極的な役割を担う根拠を、連邦政府が中央政府として全国的視野に立った判断をなしうるところにではなく、財政上の優越した能力を有しているところに求める議論には、幾分の物足りなさは否定できないものの、しかしここにはアメリカ連邦制度独自の問題意識がよく現れている。財政上の能力という客観的な指標への着目は、連邦政府による州政府に対する協調要請の根拠付けだけではなく、協調要請が認められる範囲の限定という機能も担わされている。「優越能力モデル」の下では、連邦政府の活動が正当化されるのは、財政能力の限界から州政府が対応できない問題を処理する限りにおいてであって、それ以上に連邦政府が州政府を主導したり強制することはできず、州政府の権限・裁量がなお保持されているということである。

　このように財政上の優越的地位を根拠に連邦政府の積極的責務を導く見解は、スーパーだけではない。ジョン・ミカエルは、福祉政策の州政府に対する権限

移譲は三つの弊害――制度的弊害（institutional harm）、運営上の弊害（managerial harm）、市民権への弊害（civic-citizenship harm）があるとするが、このうち制度的弊害と運営上の弊害はいずれも州政府の財政上の限界を指摘するものである（Michaels 2004 : 598-624）。すなわち、州政府は経済成長・拡大を図る手段をほとんど有しておらず、特に雇用に関しては職業訓練や児童ケアなどを通じた労働力供給側を下支えすることはできるが、新規の雇用創出という労働力の総需要に影響を及ぼすことができない。そのため人々を福祉依存から脱却させ、自立した主体として労働市場への参画を促すことを十分になしえず、福祉改革にとって不完全な機関だといわれる（制度的弊害）。また運営上の弊害は、地方が福祉政策を担うことにより他の地方との関係で「囚人のジレンマ」もしくは「底辺への競争」が生じてしまうという点が指摘されている（Michaels 2004 : 613-622）。いわゆる福祉マグネット効果（Welfare Magnet）への懸念であり、中央政府と異なり地方政府は他の地方政府への負担転嫁を期待できることから、負担軽減、貧困層の流入阻止のため福祉給付全体を抑制する動きに出てしまうという問題である（運営上の弊害）。これらの限界のために、州政府に福祉政策の実施につき幅広い裁量を移譲することは、自立支援、就労支援にとって適切ではなく、福祉政策連邦政府が引き受けるべき責務だとされる。スーパーの議論と同様に、連邦政府の財政上の優越的能力を根拠に、州政府への権限委譲を批判していることは明らかであろう。

　スーパーの議論は、アメリカ型福祉国家の理念を維持しながら、連邦政府による福祉政策の実質化を正当化する理論として巧みに作り上げられている。州政府が財政的に対処できない問題という場合、そこには「対処すべき」問題が存在し、その対処が政府によってなされなければならないという前提が置かれている。したがってその後は、どの水準の政府に委ねるべきかという問題が残されているが、州政府にはそもそも対処できないことが出発点にある以上、財政能力のある連邦政府が引き受けなければならないという結論が導かれるのである。

3　日本型福祉国家への示唆

　以上のスーパーの議論から、日本における財政上の責任分担についてどのような示唆を得られるであろうか。この点、そもそも日本は単一主権国家であって、地方自治体は州政府とは大きく異なる存在である。しかしながら、福祉政策が伝統的に州政府の責務であるといいながら限定的ではあれニューディールを画期に連邦政府の役割が拡大してきたこと、そして近年の州政府への大幅な権限委譲に対する批判が存在することなどを踏まえれば、福祉政策の実施責務の分配を、中央政府と地方政府という水準で比較することは十分可能であると思われる。合衆国憲法の構造上、福祉権保障の責務が直ちに連邦政府に認められないものの、現実問題として連邦政府が「中央政府」として福祉政策の責務を担わなければならない状況は存在する以上、その理論的根拠や基盤をめぐる議論は、日本の福祉国家体制を再考する上で示唆を与えるものといえる。

　スーパーの「新たな連邦財政主義」が「優越能力モデル」に基づく形で相当慎重に構想されなければならなかったのは、二元的主権体制を前提に、かつアメリカ型福祉国家の理念を維持した上で展開される必要があったからである。これに対して、日本は連邦制ではなく単一主権国家であり、二元的主権体制への配慮は不要である。地方自治体には州政府のような均衡予算要求やそれに関連するバイアスは存在しないが、財源の多くを国からの財政移転に依存しており、起債能力、徴税能力において国の財政能力上の優位性は明らかである。また、ある研究によれば生活保護財政につき国が費用負担割合を下げようとした場合、自治体が負担増加による財政破綻を恐れて、福祉事務所も申請に対して厳しい対応をとる（却下率を上げる）ということが指摘されている（川島 2015：45）[33]。この背後には、福祉マグネット効果への警戒があり、地方自治体が福祉政策の財源負担をする限界が現れているといえよう。実際、国庫負担割合の削減を通じた生活保護の制度運営に対する統制は、これまでも国側に意識されてきたものである。たとえば1984年の補助金一括法案による負担割合一律削減と同時に「生活保護臨時財政調整補助金」が創設されたが、その趣旨は、補助割合削減による「地方公共団体の急激な財政負担増を緩和し、円滑・適正な生活保護制度の運営の確保を図る」ことだとされていた。これは厚労省自身が、

地方公共団体の負担が増えれば制度運営に影響を与えると認識していた証左といえよう（岩永 2011：228-230）。

そして何より、日本国憲法は 25 条の下で福祉国家体制を宣言し、福祉権保障が国の法的責務であると明言している。スーパーの言葉を借りれば、生活保護の設計・運営に関して、国がリーダーシップを発揮することが憲法上明らかに要請されているのである。そうであれば、生活保護費用の国と地方との責任割合について、憲法 25 条から直ちに引き出すことが容易でないとしても、日本における福祉政策をめぐる国と地方との政府間関係は、「優越的能力モデル」および「リーダーシップモデル」に基づいて構想されるべきであり、基本的には全額国庫負担が望ましく、財政上の困難を理由とした負担割合の後退は原則として認められるべきではないといえよう。

この点について、三位一体改革の提言を受けて開催された 2005 年「生活保護費及び児童扶養手当に関する関係者協議会」において、地方側は、生活保護は憲法 25 条に基づくナショナルミニマム保障であり、1999 年の地方分権一括法において第 1 号法定受託事務に分類された経緯を根拠に、国庫責任負担割合の削減に激しい反発を見せていた。この主張に対して、「生活保護は『憲法 25 条（生存権）→国の責任（法定受諾事務）→国の高率負担率』とはストレートに単純に結びつかないことに留意する必要がある」との批判がある（京極 2008：56 以下）。それは、「現行の地方財政法における国と地方の財政規律の原則は、法定受諾事務においても地方の事務は地方公共団体が負担するのが原則（地財法第九条）であり、その例外として『国が進んで経費を負担するもの』（同法十条）において国も一定の割合の国庫負担を行うこととされている」からである。「国庫負担の割合は、財政事情やその他社会環境を考慮して、国と地方のある

33）　2005 年に「生活保護費及び児童扶養手当に関する関係者協議会」の下で国庫負担割合の削減が議論された末、現状維持という結論が下され、決着は将来の持ち越しとなったところ、その翌年の 2006 年度に却下率が上昇したことが指摘されている。川島によれば、1998 年度から 2005 年度の間に却下率にほとんど変化はなく、最大が 2005 年度の 3.73％、最小が 2003 年度の 3.29％であったが、2006 年度の却下率は 4.42％へと前年度比 2 割程度上昇した。たしかに従前の推移に照らせば有意な変化といってよいであろう。上昇した却下率はその後高止まりし、2009 年度に 3.60％と低下したものの、再度上昇し、2011 年度には過去 14 年間で最大の 4.53％まで達している。

べき関係から定められねばならない」ものであり、「生活保護は憲法二十五条の規定との関係上、国家責任が重いから、効率の負担割合を必須とする論理」は「法制度上の誤解」があると指摘される（京極 2008：56 以下）。たしかに法定受諾事務であることから直ちに国の高率負担が導かれるわけではないとしても、留意すべきは生活保護法が憲法 25 条を具体化した立法であるという点である。生活保護法の法制度上の位置付けが何であれ、財源責任の分配は生存権の実効的保障という憲法上の観点から考察すべき事柄であり、財政事情やその他社会環境といった要素を過度に重視することは、立法政策上の他事考慮になるおそれがあるというべきであろう。

　一定の地方負担を許容するにせよ、そもそも地方負担の根拠が何であるかは改めて検討されなければならない問題である。生活保護制度の発足当初、保護費等の地方負担 20% を課されたのは、実施責任と財政責任を一致させ、「濫給」を防止するという政策目的によるものであり、それ以上の何らかの規範論に基づいて配分されたわけではなかった（阿部 2012：265-266; 岩永 2011：209 以下）。「濫給」防止が根拠であるとすれば、国の負担割合削減を正当化するには「濫給」のおそれが立法事実をもって基礎付けられなければならないはずであるが、負担割合をめぐる昨今の議論は、国の経費節減および地方分権に専ら依拠する形で展開されているにとどまる。それらが果たして正当な根拠たりうるのか、より深刻に問われるべきであろう。その際に重要なことは、国民の「健康で文化的な最低限度の生活」の保障に支障をきたすものとならないかどうかという観点であることはいうまでもない[34]。

　このように見れば、生活保護費の国庫負担割合は憲法 25 条の統制下にあり、国が進んでその重要な部分の費用を負担することが憲法上要請されているといわざるをえない。国と地方との政府間財政のあり方が福祉権保障・ナショナルミニマム保障のあり様を大きく規定するものであり、個人が自律し、かつ自立

34）1984 年補助金一括法案をめぐる一連の議論の過程で、生活保護の国庫負担削減は、憲法二十五条に反するのではないかという批判もあったが、厚生省と大蔵省は、財政の負担の仕方と制度の運営は無関係という論を立てていた。岩永 2011：232。第 102 回国会衆議院大蔵委員会・内閣委員会・地方行政委員会・文教委員会・社会労働委員会・農林水産委員会審査会議録第一号（1985 年 4 月 8 日）、五十嵐広三委員や増岡博之厚生大臣の発言、第 102 回国会参議院補助金等に関する特別委員会会議録第三号（1985 年 4 月 22 日）、竹下登大蔵大臣の発言等参照。

した経済生活を可能とすることが公的扶助の目的の一とするならば、生活保護事務にかかる費用負担について、少なくとも著しく国庫負担割合を削減する措置をとることは、憲法25条との関係で問題とされなければならないのである（尾形 2006：330）[35]。

むすびにかえて

財政と福祉権保障の問題は、本稿で扱った生活保護法における負担割合の問題に限られるものではない。深刻化する財政の危機的状況、ますます拡大する少子高齢社会、今後の対外諸政策の帰趨とも関わって、「持続可能な社会保障制度」を実現するため、社会保障予算への削減圧力は継続的に強まっている。この厳しい状況下にあって改めて想起しなければならないのは、「予算を潤沢にすることによって最低限度以上の水準を保障することは立法政策としては自由であるが、最低限度の水準は決して予算の有無によって決定されるものではなく、むしろこれを指導支配すべきものである」という朝日訴訟第一審判決の言明である[36]。これは最低限度の水準そのものだけでなく、その給付を適切に実現するための予算体制を確保することも憲法上要請された国家の責務であると宣言したものといわなければならない[37]。そして最低限度の水準を保障するための予算を編成することが憲法上要請されるとするならば、そのような歳出予算を可能にする歳入構造を構築することも、憲法によって要請されていると考えるのが論理の必然であろう（多田 2011：118-119）。言い換えれば、福祉権保障

---

35) また阿部は、「自治体に過度の財政負担を課した結果、実施機関が保護を抑制することになれば、国の生活保護責任は果たされない。これは重大な違憲状態であり、裁判所の司法判断のレベルとは別に、国家の道義が問われる問題である」と述べる（阿部 2012：262）。
36) 朝日訴訟第一審判決・東京地判昭和35（1960）・10・19行集11巻10号2921頁。
37) 阿部 2012：263は、そして「生存権とりわけ生活保護を基礎づける『緊急的生存権』ともいうべき公的扶助請求権は、国の諸施策野中で第一順位の優先権が与えられるべきであり、それは憲法規範の要請であると解される。朝日訴訟第一審判決が述べるように、『最低限度の生活水準は決して予算の有無によって決定されるものではなく、むしろ予算を指導支配すべきである』という考え方が、生活保護財政の基本原則とされなければならない」と述べる。本稿が扱った国庫負担割合の問題だけでなく、財政調整制度としての地方交付税算定のあり方を含めた検討が必要といえよう。

を実現する財源保障を可能とする財源確保体制を構築することが、国家に対して憲法上要請されているということである。その一例として、社会保障制度を持続させるために今後の増税が必要であることは否定できないにせよ、社会経済構造の実態を踏まえた上で、そのあり方につき福祉権保障の観点から十分な検討が必要とされなければならないといったことが指摘できよう。

　スーパーのいう「優越能力モデル」や「リーダーシップモデル」も、財源抜きには語ることはできない。結局のところ、福祉権保障の問題は政治判断に大きく依拠せざるをえない以上、今後は財政政策全般にわたる国家権力の発動・行使のあり方を統制する政治規範・立法規範として、憲法 25 条を機能させることがいっそう重要となる（神野＝村田 2009：94 以下、特に 100）。国民の福祉権保障を実現するための福祉国家体制のあり方、福祉国家型財政のあり方をめぐる規範的議論が憲法学に要請された課題といえるが、これをいかに展開すべきか。生存権―福祉権が憲法によって保障されていることの意味が深刻に問われている。[38]

[参考文献]
《邦文文献》
阿部和光　2012『生活保護の法的課題』成文堂
新井光吉　2002『アメリカの福祉国家政策――福祉切捨て政策と高齢社会日本への教訓』九州大学出版会
池田和彦＝砂脇恵　2009『公的扶助の基礎理論』ミネルヴァ書房
岩永理恵　2011『生活保護は最低生活をどう構想したか――保護基準と実施要領の歴史分析』ミネルヴァ書房
上原紀美子　2013「財源保障からみた生活保護行政の問題と課題第 2 回」賃金と社会保障 1599 号
　　――　2014「財源保障からみた生活保護行政の問題と課題第 3 回」賃金と社会保障 1606 号
尾形健　2006「憲法と社会保障法の交錯」季刊社会保障研究 41 巻 4 号
　　――　2011『福祉国家と憲法構造』有斐閣
岡本英男　2001「アメリカにおける福祉国家財政の再編」『社会保障と財政』龍星出版
葛西まゆこ　2004「アメリカにおける福祉改革――日本における生存権保障への示唆」法

---

[38]　二宮 2013 では、新自由主義型国家に対抗する「新しい福祉国家」の構想が掲げられている。

政論叢 41 巻 1 号
―― 2011『生存権の規範的意義』成文堂
片桐正俊 1999「米国の福祉をめぐる政府間財政関係」坂本忠次＝和田八束＝伊東弘文＝神野直彦編『分権時代の福祉財政』敬文堂
―― 2005『アメリカ財政の構造転換――連邦・州・地方財政関係の再編』東洋経済新報社
加藤美穂子 2006「州・地方財政の基本構造――分権社会における自立のための自律システム」渋谷博史＝前田高志編『アメリカの州・地方財政』日本経済評論社
川島佑介 2015「生活保護行政と福祉マグネット」季刊行政管理研究 151 号
京極高宣 2008『生活保護改革と地方分権化』ミネルヴァ書房
小泉和重 1999「アメリカ連邦制財政システムと州財政の変貌――財政連邦主義理論の現実との乖離」岡山大学経済学会雑誌 30 巻 4 号
―― 2004『アメリカ連邦制財政システム――「財政調整制度なき国家」の財政運営』ミネルヴァ書房
小西砂千夫 2009『基本から学ぶ地方財政』学陽書房
椎川忍 2005a「『三位一体の改革の全体像』に至る過程とその評価（上）」自治研究 81 巻 4 号
―― 2005b「『三位一体の改革の全体像』に至る過程とその評価（下）」自治研究 81 巻 5 号
指定都市市長会 2004「生活保護費負担金の負担率引き下げに対する意見と提案」（2004 年 7 月 28 日）賃金と社会保障 1379 号
渋谷博史 2005『20 世紀アメリカ財政史Ⅲ――レーガン財政からポスト冷戦へ』東京大学出版会
―― 2006「アメリカ・モデルの分権システム」渋谷博史＝前田高志編『アメリカの州・地方財政』日本経済評論社
神野直彦＝村田尚紀 2009「財政学からの問題提起と憲法学からの応答」法律時報 81 巻 5 号
多田一路 2011「社会権的利益の実現のための予算の憲法的統制」市川正人＝徐勝編著『現代における人権と平和の法的探求』日本評論社
二宮厚美＝福祉国家構想研究会編 2013『福祉国家型財政への転換』大月書店
林健久 1992『福祉国家の財政学』有斐閣
藤原千沙＝江沢あや 2007「アメリカ福祉改革再考――ワークフェアを支える仕組みと日本への示唆」季刊社会保障研究 42 巻 4 号
古川俊一 2000『政府間財政関係の政治分析』第一法規出版
―― 2006「財政調整制度の長き不在――アメリカ」持田信樹編『地方分権と財政調整制度』東京大学出版会
星野菜穂子 2009「生活保護費を対象とした地方交付税の財源保障」自治総研 367 号
根岸毅宏 2006『アメリカの福祉改革』日本経済評論社

《欧文文献》
Kincaid, John 1990 *From Cooperative to Coercive Federalism*, the Annals of The American Academy

of Political and Social Sciences, vol. 509.

Lav, I.J. 2003 *Piling of Problems: How Federal Policies Affect State Fiscal Conditions*, National Tax Journal, Vol. LXI, No. 3.

Mcginley, Patrick C. 1992 *Trashing the Constitution: Judicial Activism, the Dormant Commerce Clause, and the Federalism Mantra*, 71 OREGON L. REV. vol. 71.

Michaels, Jon Deforming Welfare 2004 *How the Dominant Narratives of Devolution and Privatization Subverted Federal Welfare Reform*, SETON HALL L. LEV. vol. 34.

Redish, Martin H. & Nugent, Shane V. 1987 *The Dormant Commerce Clause and The Constitutional Balance of Federalism*, DUKE L.J vol. 1987.

Rivlin, Alice M. 1992 *Reviving the American Dream: The Economy, the States, and the FederalGovernment*.

Super, David A. 2005 *Rethinking Fiscal Federalism*, HARV. L. REV, vol. 118, no. 8.

Van Wiggeren, Michelle L. 1997 *Experimenting with Block Grant & Tenporary assistance*, Emory L.J. vol. 46.

Zeilinsky, Edward A. 1998 *Are "Tax Benefits" Constitutionally Equivalent to Direct Expediutres?* HARV. L. REV. vol. 112.

あとがき

　福祉国家における権利保障の諸相を、「福祉権」というキーワードで、領域横断的に考察しようとする、やや風変わりなこの研究書が成るに至るまでには、次のような経緯を辿った。
　まず、ことの発端は、2005年5月に福祉権理論研究会が発足したことがある。編者の理解するところでは、憲法学界にかぎっていえば、生存権論をはじめとする社会権研究は、すでに1980年代には学界の関心も高くなく、1990年代には福祉国家批判なども有力となっており、ある意味では「斜陽産業」となりつつあった（ように思っている）。1990年代末から2000年代初め頃にかけて研究キャリアをスタートさせた者達にとって、生存権論に関心を向けて研究するというのは、英語でいえばQuixoticというところもあり、その一方で、なかなか心細いものであった。そのようなことで、当時、それぞれが、自身の関心で、細々と地味に研究を進めていたのだが、学会や研究会などで、その少ない者なりに顔を合わせる機会も重なる中で、社会権論に関心をもつ（当時の）若手研究者の間で、ちょっとした研究会を立ち上げてはどうか、との話が出た。そこで発足したのが、福祉権理論研究会である。
　この研究会は、全国に散在し、社会権的テーマに関心を寄せる法学研究者が、数ヶ月に一度会合をもち、それぞれのその時々の研究の成果を発表するという形で続けてきた。共通の関心があることもさることながら、世代が近く、境遇もお互いに共感するところが多かったことも手伝い、この研究会は、特に後ろ盾もなく、文字どおり自発的なものであったが、回数を重ねて継続することができた。次の転機は、福祉権理論研究会名義で、研究助成を獲得し、まとまった研究プロジェクトを実施してはどうか、という声があがったことである。それは、公益財団法人ユニベール財団から研究助成（2013年度）を受け、「『生きる場所』をめぐる公法学的・実証的研究」（代表者・今川奈緒）として実現した。ここでは、これまで通りの研究報告のほか、東日本大震災後の東北地方の現地調査等、より実証的な研究活動をしたことに加え、ゲストスピーカーをお招き

する形で、研究会メンバー以外の方にもご尽力いただき、実り多いものとなった。

　この時の研究活動をふまえ、さらに、研究会として、一冊の研究書をまとめることはできないか、という話が出たのが、次の契機であり、本書誕生の直接的な要因である。当初の研究会メンバーに加え、上記の研究助成時にゲストスピーカーとしてご協力いただいた方、さらに、当初のメンバーよりも比較的若い世代で関心の近い方にもお声かけをして執筆陣を揃え、本書の企画が立ち上がった。出版事情の厳しい折柄、その実現には紆余曲折があったが、最終的にこのような形でまとめることができ、研究会発足から今日までご一緒させていただいた者として、格別の想いでいる。編者個人の見解ではあるが、憲法体制下での福祉国家のありようをどのように理解するかは、法学・政治学・社会学等、多様な学問分野にまたがる諸問題を提起するものであり、それは、学界のトレンドや関心の高低に関係なく、現実的問題として、これまでも、そしてこれからも、様々な形で私達が直面せざるをえないものと考えている。本書の成り立ちは、以上のように、その時々の当事者の「思いつき」（？）で、多分に場当たり的に進んだところがあるものの、結果として、こうして学際的な作業の一つとなりえたことに、幾ばくかの社会的貢献があればと、心密かに願っている。

　以上のように、本書が成立するには、実に様々な方々のご尽力なしにはありえなかったことを、ここで明記しておきたい。まず、この風変わりな企画に共感して下さり、力作を寄せて下さった方々には、編者として深甚の謝意を表したい。「福祉権」という聞き慣れないタームを、それぞれのお立場から咀嚼し、ご自身の見解へと昇華していただいたことで、本書は各論考が響き合う作品となった。次に、本書の大本のきっかけであった、福祉権理論研究会発足を支えて下さった山本まゆこ氏（元東北学院大学）と熊谷恵氏（元国立社会保障・人口問題研究所）にも、篤く御礼申し上げたい。お二人のお力添えは、この研究会の礎として、その後の活動の大きな原動力を与えて下さった。そして、公益財団法人村田学術振興財団には、学術研究会助成という形で本書の出版をバックアップしていただいた。出版事情の厳しい昨今、まだまだ駆け出しの者達のこ

の企画を応援して下さったことに、感謝申し上げる。最後に、本書を完成まで導いて下さった日本評論社の皆様、特に編集をご担当いただいた鎌谷将司さんには、お礼の言葉が見つからないほどの想いである。いちどは挫折しかけ、暗礁に乗り上げたこの企画の意義を認めて下さり、全面的に出版に向けてサポートしていただいたことは、編者として誠に幸運なことであった。書物は編集者との共同作業とはよくいわれることであるが、最もよい形でそれを体験できたこと、そしてよき編集者に出会えたことの僥倖に、執筆者一同、重ねて心より御礼申し上げたい。

2018年4月

執筆者を代表して　　尾形　健

索　引

あ　行

アーレント, H ……………………………………… 69
IASC ガイドライン ………………………………… 169
旭川学テ事件最高裁判決 ………………………… 129
朝日訴訟第一審判決 ……………………………… 241
新たな財政連邦主義 ……………… 222, 229, 232
アリストテレス ……………………… 6, 66, 68, 69
伊勢湾台風 ………………………………………… 161
瘖啞者 ……………………………………………… 201
　　──の責任能力 ……………………………… 201
インクルーシブ教育 …… 9, 143, 144, 145, 146,
　158, 159
羽越水害 …………………………………………… 161
運の平等主義 ………………… 7, 46, 49, 50, 51, 52, 53, 54
エスピン＝アンデルセン, G ………………………… 2
欧州人権条約 ……………………………………… 36
オウム真理教教祖事件 …………………………… 202
大河内一男 ………………………………………… 103
小川政亮 ………………………………… 8, 122, 134
奥むめお …………………………………… 105, 106

か　行

格差原理 ……………………………… 51, 52, 57, 60
学習権 ……………………………………………… 145
学習権・人間的発達権説 ………………… 143, 146
学習障害 ………………………… 152, 153, 155, 156, 157
学生無年金訴訟 …………………………………… 18
学齢児童就学奨励規程 …………………………… 123
学校給食法 ………………………………… 127, 133
学校教育法 …………………………………… 9, 144
　　──6条 …………………………………… 125
　　──19条 ………………………………… 126
　　──施行令 …………………… 143, 144, 158
学校保健安全法 …………………………………… 127
学校保健法 ………………………………………… 133
亀尾英四郎 ………………………………………… 93
規制国家 …………………………………………… 2
帰宅困難者 ………………………………………… 178
義務教育諸学校の教科用図書の無償措置に関
　する法律（教科書無償法）………………… 125
義務教育諸学校の教科用図書の無償に関する
　法律 ………………………………………… 125
義務教育における学級定員および教職員標準
　法 …………………………………………… 158
義務教育費国庫負担法 …………………… 158, 159
義務教育無償 …… 8, 9, 121, 122, 125, 129, 132,
　134, 136, 139, 140
救護法 ……………………………………………… 123
休眠的通商条項 …………………………………… 235
休眠的通商条項の法理（Dormant Commerce
　Clause）…………………………… 228, 235, 236
教育基本法
　　──4条 ………………………………… 126
　　──5条4項 ……………………………… 125
教育権 ……………………………………………… 4
教育の自由 ………………………………………… 4
教育費支援制度 …………………………………… 122
教育扶助 …………………………… 124, 127, 135, 139
教育を受ける権利 ……………………………… 4, 143
教科書費国庫負担請求事件最高裁判決 ……… 130
教科書無償 ………………………………………… 125
共助 …………………………………… 9, 164, 182
協調的財政連邦主義 …………………… 229, 230
ギリガン, C …… 6, 66, 67, 71, 72, 73, 81, 83, 85
均衡予算要求 ……………… 222, 223, 225, 232

勤労権 …………………………………… 4
勤労の義務 ……………… 7, 44, 45, 46, 49, 60, 61, 62
熊本地震 ……………………………………… 161
ケアの倫理 ……………… 6, 67, 71, 73, 75, 84
経済的自由 …………………………………… 61
刑事訴訟法
　――314条 ………………………………… 193
　――314条1項 …………………………… 192, 193
　――314条1項本文 ……………………… 207, 213
　――338条4号 ……………… 192, 194, 210, 212, 213
　――339条1項3号 ……………………………… 212
　――339条1項4号 ……………………………… 212
刑事手続 ……………………………… 10, 190
憲法
　――13条 ………………………… 47, 66, 165
　――14条 ………………………………… 18, 165
　――22条 ………………………………………… 45
　――24条 ………………………………………… 65
　――25条 …… 3, 6, 16, 19, 20, 43, 93, 97, 113, 114, 139, 140, 165, 217, 218, 239, 240, 241, 242
　――26条 ……………………………… 136, 139, 140
　――26条1項 …………………………………… 143
　――26条2項 ………………………… 125, 126, 130, 139
　――26条2項後段 …………………… 125, 131, 138
　――27条1項 ……………………………………… 7, 44
　――29条 ………………………………………… 45
　――31条 ………………………………… 193, 213
　――32条 ………………………………… 193, 211
　――37条1項 …… 193, 207, 208, 209, 211, 213
　――76条 ……………………………………… 213
　――82条1項 …………………………………… 211
　――92条 ……………………………………… 218
　――94条 ……………………………………… 218
憲法裁判所 ……………………………… 21, 22, 25
公開裁判 ……………………………………… 211
高校無償化法（公立高等学校に係る授業料の不徴収及び高等学校等就学支援金の支給に関する法律）………………………………… 126

公助 ………………………………………… 9, 164
高等学校等就学支援金（高校授業料無償）… 126
高等学校等就学費 ……………………………… 124
合理的配慮 ……… 9, 145, 146, 147, 148, 149, 150, 166, 167, 176
　――・差別禁止 …………………………… 149, 150
　――の提供（不提供）……………………… 157, 167
国賠法 ………………………………………… 185
個人情報 ……………………………………… 181
個人の自律 ………………………………………… 46
国家からの自由 ……………………………… 114
　――としての生存権 ……………………… 93, 96, 97
国家による自由 ……………………………… 114
　――としての生存権 …………………………… 93
国家への自由 ………………………………… 107
　――としての生存権 …………………………… 93
子どもの貧困対策法 ………………………… 128
個別教育プログラム ……………………… 147, 151
雇用保険 ……………………………………… 174
雇用保険法 …………………………………… 173
コロンビア憲法裁判所 ………………………… 25

さ　行

災害救助法 …………………… 161, 170, 176, 184
災害時要配慮者 ………………………………… 175
災害対策基本法 ………………………… 161, 166
災害弔慰金等法 ………………………… 161, 172
財産権 ……………………………………………… 45
財産私有型民主制 ……………………………… 58
財政連邦主義 ………………………………… 222
最低限の中核 ……………………………………… 25
裁判を受ける権利 …………… 193, 210, 211, 213
佐々木惣一 …………………………………… 103
三位一体改革 …………………………… 217, 239
GHQ ……………………… 105, 108, 111, 112
自己決定権 …………………………………… 165
自助 ……………………………………… 9, 164
自然災害 ……………………………… 162, 163, 164

私的所有権 …………………… 81, 82, 83, 85
信夫清三郎 …………………………… 104
社会権 ……………………… 4, 21, 43, 47, 71
　　――規定 ……………………………… 16
社会権規約 ………………………… 24, 25, 38
社会権規約委員会 ……………………… 25
社会国家原理 ………………………… 165
就学援助 …………………………… 135, 139
　　――請求権 …………………… 122, 134, 135
　　――請求権構想 ………………… 134, 135
　　――制度 …… 8, 9, 121, 122, 123, 126, 127, 132, 134, 135, 136, 137, 138, 139, 140
　　――制度請求権 ……………………… 135
就学奨励法（就学困難な児童及び生徒に係る就学奨励についての国の援助に関する法律）…………………………… 123, 127
就学必需費無償説 …………… 131, 132, 136
自由権 …………………………………… 47
州際通商 ……………………………… 228, 235
　　――条項 ……………………………… 228
囚人のジレンマ ………………………… 237
授業料無償説 ……………… 131, 136, 137, 138
主婦の会 ………………………………… 105
主婦連合会（主婦連）………………… 105, 106
障害児の教育を受ける権利 …………… 143
障害者基本法 ………………………… 167
障害者教育法（IDEA）……… 9, 146, 147, 148, 149, 150, 151, 152, 153, 154, 155, 156, 157, 158
障害者権利条約 …… 9, 10, 143, 144, 145, 158, 166, 189, 190
障害者差別解消法（障害を理由とする差別の解消に関する法律）…… 144, 145, 158, 167, 189
障害者自立支援法 ……………………… 35
障害を理由とする差別の禁止 ………… 148
少子高齢化 ……………………………… 1
職業選択の自由 ………………………… 45
食糧管理法 …………… 91, 95, 97, 98, 104, 107
食糧管理法違反事件 …………… 97, 103, 106

自立支援金訴訟 ……………………… 184
人権法（1998年）…………………… 32, 36
心神喪失 ……………………………… 195, 199
迅速な裁判を受ける権利 …… 207, 208, 209
スーパー, D ……… 10, 218, 221, 222, 227, 228, 229, 234
スティグマ ……………………………… 54, 60
生活権 ……………………………………… 3
生活困窮者自立支援法 …………… 125, 173
生活福祉資金貸付制度 ………………… 124
生活保護 ……… 10, 44, 93, 124, 174, 217, 218, 238, 239, 240
生活保護財政 ………………………… 238
生活保護法 ……… 43, 44, 49, 93, 113, 115, 116, 173, 217, 240, 241
　　――4条1項 ……………………… 43, 62
　　――13条 ……………………………… 124
　　――17条 ……………………………… 124
　　――32条 ……………………………… 124
　　――36条 ……………………………… 124
生活保護法上の能力活用要件 …………… 7
生活保護法（旧法）…………………… 123
正義の倫理 ……………………………… 71, 72
生業扶助 ………………………………… 124
正義論 …………………………… 7, 57, 60
生存権 ……… 3, 4, 7, 15, 16, 38, 43, 46, 47, 60, 113, 114, 116
　　――の基礎づけ ………………… 55, 56
　　――の社会史 ………………… 90, 91, 94, 116
　　――保障 ………………………………… 45
　　――論 ……………………………… 21, 38
責任能力 ……………………………… 195
責任無能力 …………………………… 198
仙台防災枠組 2015-2030 ……………… 169
訴訟能力 …… 10, 190, 192, 193, 194, 195, 196, 197, 198, 201, 202, 203, 205, 206, 207, 208, 209, 210, 211, 212, 213, 214
訴訟無能力 …………………………… 198

索 引

た 行

対話的審査 …………………………………… 33
高田事件最高裁判決 ……………207, 209, 212, 213
タシュネット, M……………………… 32, 34, 36
男女共同参画 ………………………………… 168
聴覚障害者等の訴訟能力 …………………… 199
通常学級 ……… 9, 145, 146, 152, 156, 157, 158, 159
底辺への競争 ………………………………… 237
適正手続の保障 ………… 193, 209, 210, 211, 213
ドゥオーキン, R……………………… 7, 49, 52, 53
特別基準 ………………………… 170, 179, 180, 184
特別教育 ……… 9, 147, 150, 153, 154, 155, 156, 157, 158
特別支援学校 …………………………… 9, 144, 146
特別支援教育 ……………… 9, 143, 144, 158, 159
特別支援就学奨励法（特別支援学校への就学奨励に関する法律）……………………… 127
独立行政法人日本スポーツ振興センター法 ……………………………………………… 127

な 行

南海地震 ……………………………………… 161
日本型福祉国家 ……………………………… 238
日本学校安全会法 …………………………… 133
日本国憲法 →憲法
ニューディール ………………………… 220, 230
認定特別支援学校就学者制度 ………… 144, 158

は 行

長谷川如是閑 ………………………………… 103
ハルツⅣ法判決 ……………………… 28, 30, 31
阪神・淡路大震災 ……………… 161, 179, 182
判断過程審査 ………………………………… 19
東日本大震災 ……… 161, 162, 164, 174, 177, 178, 179, 182
比嘉正子 ……………………………………… 105
被災者生活再建支援法 ………… 161, 171, 179

被災者台帳 ……………………… 179, 182, 183
避難行動要支援者 …………………………… 175
──名簿 ………… 175, 179, 181, 182, 183, 185
被扶養児童援助（ADC）……………………… 77
被扶養児童世帯補助
　→要扶養児童家庭扶助（AFDC）
貧困家庭一時扶助（TANF）…………………… 77
フェミニスト ………………… 67, 71, 72, 73, 74
フェミニズム運動 …………………………… 76
　第二波── ……………………………… 66, 76
福祉改革法（1996年）……………………… 219
福祉権運動 …………………… 4, 6, 76, 79, 80, 84
福祉国家 ………………… 1, 2, 15, 58, 65, 83, 90, 116
　──体制 ………………………………………… 65
福祉社会 …………………………………… 98, 99
福祉マグネット効果 …………………… 237, 238
福田徳三 ……………………………………… 96
普通教育 ……… 9, 144, 150, 151, 156, 157, 158, 159
物価統制令 …………………………………… 95
ブッシュ政権 ………………………………… 226
ブッシュ大統領 ……………………………… 219
不当な差別的取扱い ………………………… 167
母子父子寡婦福祉資金貸付金制度 ………… 125
堀木訴訟最高裁判決 ……………… 15, 16, 17, 18

ま 行

マーシャル, T.H ………………… 6, 66, 70, 71
南アフリカ …………………………………… 21
　──共和国憲法 ……………………………… 22
　──憲法裁判所 ……………………………… 27
ミニマム・コア ………………… 25, 27, 28, 29
三淵忠彦 ……………………………………… 103
無償かつ適切な公教育 …………… 147, 148, 149
メディケイド ………………………………… 219
『もうひとつの声』………………… 66, 67, 85

や 行

安井誠一郎 …………………………………… 108

山口良忠……………………………… 93
要扶養児童家庭扶助（AFDC）……… 4, 77, 219

ら　行

罹災証明………………………………… 185
　——書………………………………… 184
リハビリテーション法 ……… 147, 148, 149, 150
リベラリズム ……………………… 67, 70
臨時物資需給調整法 …………………… 95
レーガン政権 ……………………… 221, 226
ロールズ, J ………… 7, 46, 51, 52, 57, 58, 59, 60
ロールズ理論 …………………………… 52

●執筆者紹介（執筆順、編者は奥付に記載）

遠藤美奈（えんどう・みな）［第1章］
早稲田大学教育・総合科学学術院教授、憲法
［主な著作］「社会保障からの排除と法」浅倉むつ子＝西原博史編著『平等権と社会的排除——人権と差別禁止法理の過去・現在・未来』（成文堂、2017年）所収、『憲法〔第4版〕』（共著、青林書院、2016年）、「雇用・社会保障」佐々木弘通＝宍戸常寿編著『現代社会と憲法学』（弘文堂、2015年）所収ほか

辻　健太（つじ・けんた）［第2章］
早稲田大学教育学部非常勤講師、早稲田大学現代政治経済研究所特別研究所員、憲法
［主な著作］「人間本性による生存権の基礎づけは可能か——アラン・ゲワースの道徳的人権論の意義と限界」早稲田政治公法研究112号（2016年）、「個人から、再び国家へ——戦後日本憲法学における生存権論の批判的考察（1）（2・完）」早稲田政治公法研究103号・104号（2013年）ほか

岡野八代（おかの・やよ）［第3章］
同志社大学大学院グローバル・スタディーズ研究科教授、フェミニズム理論・政治思想
［主な著作］『思想の廃墟から——歴史への責任、権力への対峙のために』（共著、彩流社、2018年）、『戦争に抗する——ケアの倫理と平和の構想』（岩波書店、2015年）、『フェミニズムの政治学——ケアの倫理をグローバル社会へ』（みすず書房、2012年）ほか

冨江直子（とみえ・なおこ）［第4章］
茨城大学人文社会科学部准教授、社会学
［主な著作］「1918年米騒動における二つの「生存権」」福祉社会学研究14号（2017年）、「戦後史のなかの朝日訴訟」貧困研究11号（2013年）、「最低生活保障の理念を問う」駒村康平編『最低所得保障』（岩波書店、2010年）所収、『救貧のなかの日本近代』（ミネルヴァ書房、2007年）ほか

藤澤宏樹（ふじさわ・ひろき）［第5章］
大阪経済大学経営学部教授、憲法・教育法・社会保障法
［主な著作］「中嶋訴訟」矢嶋里絵ほか編『社会保障裁判研究』（ミネルヴァ書房、2018年〔近刊〕）所収、「教育と福祉の倒錯」大阪経大論集67巻2号（2016年）、「教育支援と社会保障」日本社会保障法学会編『新・講座社会保障法3　ナショナルミニマムの再構築』（法律文化社、2012年）所収ほか

今川奈緒（いまがわ・なお）［第6章］
茨城大学人文社会科学部准教授、行政法・障害児教育法
［主な著作］「障害児教育における合理的配慮の射程」社会保障法30号（2015年）、『障害法』（共著、成文堂、2015年）、「インクルージョンと分離を巡る一考察——障害者教育法におけるLREの原則について」大原社会問題研究所雑誌640号（2012年）ほか

山崎栄一（やまさき・えいいち）［第7章］
関西大学社会安全学部教授、憲法・災害法制
［主な著作］「熊本地震における被災者支援」関西大学社会安全学研究7巻（2017年）、「災害時における個人情報の利活用」自治体法務研究47号（2016年）、「災害時要配慮者への支援と課題」法律のひろば69巻3号（2016年）、『自然災害と被災者支援』（日本評論社、2013年）ほか

坂田隆介（さかた・りゅうすけ）［第9章］
立命館大学大学院法務研究科准教授、憲法
［主な著作］「最高裁の「公的正当性」（Public Legitimacy）——「司法的ステイツマンシップ」論を手がかりに」立命法學361号（2015年）、「医療保険改革法とアメリカ憲法（1）（2・完）」立命法學356号（2014年）・359号（2015年）ほか

●編者紹介

尾形　健（おがた・たけし）　[序章、第8章]
同志社大学法学部教授、憲法
[主な著作]『憲法学からみた最高裁判所裁判官——70年の軌跡』（共編、日本評論社、2017年）、『START UP　憲法判例50！』（共著、有斐閣、2016年）、『憲法論点教室』（共編、日本評論社、2012年）、『福祉国家と憲法構造』（有斐閣、2011年）ほか

福祉権保障の現代的展開
——生存権論のフロンティアへ

●………2018年6月15日　第1版第1刷発行

編者………尾形　健
発行者……串崎　浩
発行所……株式会社　日本評論社
　　　　　〒170-8474　東京都豊島区南大塚3-12-4
　　　　　電話　03-3987-8621（販売）　振替　00100-3-16
　　　　　https://www.nippyo.co.jp/
印刷所……平文社
製本所……牧製本印刷
装幀………図工ファイブ

Ⓒ Takeshi Ogata 2018
ISBN978-4-535-52332-6

JCOPY　〈（社）出版者著作権管理機構委託出版物〉
本書の無断複写は著作権法上での例外を除き禁じられています。複写される場合は、そのつど事前に、（社）出版者著作権管理機構（電話03-3513-6969、FAX03-3513-6979、e-mail: info@jcopy.or.jp）の許諾を得てください。また、本書を代行業者等の第三者に依頼してスキャニング等の行為によりデジタル化することは、個人の家庭内の利用であっても、一切認められておりません。